应用技术型高校汽车类专业规划教材

Qiche Gouzao　　Shangce
# 汽车构造·上册

（第二版）

陈德阳　王林超　**主编**
冯晋祥　**主审**

人民交通出版社股份有限公司
China Communications Press Co.,Ltd.

## 内 容 提 要

全书共分上下两册,从汽车使用和维修的角度出发,分发动机、传动系、行驶系、转向系、制动系五部分介绍了汽车主要总成的作用、组成与工作原理。

本书可作为高等学校汽车工程类(车辆工程、交通运输、汽车服务工程等)专业教材,也可供汽车制造、汽车维修等行业工程技术人员参考。

**图书在版编目(CIP)数据**

汽车构造·上册/陈德阳,王林超主编. —2版
. —北京:人民交通出版社股份有限公司,2016.8
应用技术型高校汽车类专业规划教材
ISBN 978-7-114-13075-5

Ⅰ.①汽… Ⅱ.①陈… ②王… Ⅲ.①汽车—构造
Ⅳ.①U463

中国版本图书馆 CIP 数据核字(2016)第 127775 号

应用技术型高校汽车类专业规划教材

| | |
|---|---|
| 书　　名: | 汽车构造·上册(第二版) |
| 著 作 者: | 陈德阳　王林超 |
| 责任编辑: | 夏　犇 |
| 出版发行: | 人民交通出版社股份有限公司 |
| 地　　址: | (100011)北京市朝阳区安定门外外馆斜街3号 |
| 网　　址: | http://www.ccpress.com.cn |
| 销售电话: | (010)59757973 |
| 总 经 销: | 人民交通出版社股份有限公司发行部 |
| 经　　销: | 各地新华书店 |
| 印　　刷: | 北京市密东印刷有限公司 |
| 开　　本: | 787×1092　1/16 |
| 印　　张: | 13.75 |
| 字　　数: | 320千 |
| 版　　次: | 2007年8月　第1版<br>2016年8月　第2版 |
| 印　　次: | 2019年5月　第2次印刷　累计第8次印刷 |
| 书　　号: | ISBN 978-7-114-13075-5 |
| 定　　价: | 33.00元 |

(有印刷、装订质量问题的图书由本公司负责调换)

# 应用技术型高校汽车类专业规划教材编委会

**主　任**
　　于明进(山东交通学院)

**副主任**(按姓名拼音顺序)
　　陈黎卿(安徽农业大学)　　　　　　　陈庆樟(常熟理工学院)
　　关志伟(天津职业技术师范大学)　　　何　仁(江苏大学)
　　唐　岚(西华大学)　　　　　　　　　于春鹏(黑龙江工程学院)

**委　员**(按姓名拼音顺序)
　　曹金梅(河南科技大学)　　　　　　　慈勤蓬(山东交通学院)
　　邓宝清(吉林大学珠海学院)　　　　　邓　涛(重庆交通大学)
　　付百学(黑龙江工程学院)　　　　　　姜顺明(江苏大学)
　　李　斌(人民交通出版社股份有限公司)　李学智(常熟理工学院)
　　李耀平(昆明理工大学)　　　　　　　廖抒华(广西科技大学)
　　柳　波(中南大学)　　　　　　　　　石传龙(天津职业技术师范大学)
　　石美玉(黑龙江工程学院)　　　　　　宋长森(北京理工大学珠海学院)
　　宋年秀(青岛理工大学)　　　　　　　谭金会(西华大学)
　　尤明福(天津职业技术师范大学)　　　王慧君(山东交通学院)
　　王良模(南京理工大学)　　　　　　　王林超(山东交通学院)
　　吴　刚(江西科技学院)　　　　　　　吴小平(南京理工大学紫金学院)
　　谢金法(河南科技大学)　　　　　　　徐　斌(河南科技大学)
　　徐立友(河南科技大学)　　　　　　　徐胜云(北京化工大学北方学院)
　　杨　敏(南京理工大学紫金学院)　　　衣　红(中南大学)
　　赵长利(山东交通学院)　　　　　　　赵　伟(河南科技大学)
　　周　靖(北京理工大学珠海学院)　　　訾　琨(宁波工程学院)

**秘　书**
　　夏　韡(人民交通出版社股份有限公司)

# 前言 FOREWORD

当前随着汽车行业的快速发展，汽车人才需求激增，无论是汽车制造企业对于汽车研发和汽车制造人才的大量需求，还是汽车后市场对于汽车服务型人才的大量需求，这些都需要高校不断地输送相关人才。而目前，我国高等教育所培养的大部分人才还是以理论知识学习为主，缺乏实践动手能力，在进入企业一线工作时，往往高不成低不就，一方面企业会抱怨招不到合适的人才，另一方面毕业生们又抱怨没有合适的工作可找，主要问题就在于人才培养模式没有跟上社会发展实际需求。

《国家中长期教育改革和发展规划纲要(2010—2020年)》中明确指出，要提高人才培养质量，重点扩大应用型、复合型、技能型人才培养规模。培养理论和实操兼具的人才，使之去企业到岗直接上手或稍加培养即可适应岗位。2014年2月26日，李克强总理在谈到教育问题时指出，要建立学分积累和转换制度，打通从中职、专科、本科到研究生的上升通道，引导一批普通本科高校向应用技术型高校转型。可见国家对于应用型技术人才的培养力度将持续加大。

教材建设是高校教学和人才培养的重要组成部分，作为知识载体的教材则体现了教学内容和教学要求，不仅是教学的基本工具，更是提高教学质量的重要保证。但目前国内多家高校在应用型人才培养过程中普遍缺乏适用的教材，现有的本科教材远不能满足要求。因此，如何编写应用型本科教材，是培养紧缺人才急需解决的问题。正是基于上述原因，人民交通出版社经过充分调研，结合自身汽车类专业教材、图书的出版优势，于2012年12月在北京组织召开了"高等教育汽车类专业应用型本科规划教材编写会"，并成立教材编写委员会。会议审议并通过了教材编写方案。

本系列教材定位如下：

(1)使用对象确定为拥有车辆工程、汽车服务工程或交通运输等专业的二三本院校；

（2）设计合理的理论与实践内容的比例，主要解决"怎么做"的问题，涉及最基本的、较简单的"为什么"的问题，既满足本科教学设计的需要，又满足应用型教育的需要；

（3）与现行汽车类普通本科规划教材是互为补充的关系，与高职高专教材有明显区别，深度上介于两者之间，满足教学大纲的需求，有比较详细的理论体系，具备系统性和理论性。

汽车品种繁多，构造复杂，更新频繁，发展迅速，随着经济社会特别是汽车电子技术的发展，加速了汽车工业的发展，以环保、节能、安全为主旨的新文化、新理论、新技术、新材料、新工艺、新结构不断涌现，使汽车成为人民生活的重要组成部分。本书传承以叙述基本结构和基本原理为主，通过典型车型和结构的分析，以期使读者在掌握基本原理和规律的基础上，对汽车各类车型结构具有举一反三、触类旁通的能力，为从事汽车技术与管理工作打下坚实的基础。

本书是应用技术型高校汽车类专业规划教材，全书力求系统性、针对性、实用性、前瞻性，注意了内容的取舍及主次的选择。

本书上册由陈德阳、王林超主编，冯晋祥主审；下册由王林超、陈德阳主编，冯晋祥主审。编写组成员（分工）是：冯晋祥（第一、二、七章及第十九章第六节）、陈德阳（第三、四、五、六、十二章）、王林超（第八、九、十一、十八、十九、二十章）、王志萍（第十章）张桂荣（第十三、十四章）、贾倩（第十五章）、姜华平（第十六、十七章）。

本书由山东交通学院吴际璋教授主审。他对本书进行了认真的审阅，并提出了许多宝贵的意见。本书在编写过程中，得到了许多相关企业单位专家和工程人员的大力支持与帮助，提供了相关的资料，在此表示衷心的感谢。本书疏漏与不妥之处。恳请专家和读者指正。

编　者
2016 年 5 月

# 目录 CONTENTS

第一章　汽车的发展 ································································· 1
第二章　汽车的基本知识 ························································· 5
　第一节　汽车的组成与分类 ·················································· 5
　第二节　汽车总体结构 ························································ 9
　第三节　汽车主要参数 ······················································· 15
　第四节　汽车行驶基本原理 ················································ 18
　第五节　国产汽车产品型号 ················································ 19
　第六节　车辆识别代号 ······················································· 22
第三章　发动机的基本知识 ····················································· 29
　第一节　发动机的分类与基本构造 ······································ 29
　第二节　发动机工作原理 ···················································· 33
　第三节　发动机总体构造 ···················································· 39
第四章　曲柄连杆机构 ···························································· 42
　第一节　概述 ····································································· 42
　第二节　机体组 ································································· 44
　第三节　活塞连杆组 ··························································· 51
　第四节　曲轴飞轮组 ··························································· 66
　第五节　平衡轴 ································································· 72
第五章　配气机构 ··································································· 74
　第一节　概述 ····································································· 74
　第二节　气门传动组 ··························································· 81
　第三节　气门组 ································································· 87
　第四节　配气相位 ······························································ 91
第六章　汽油机燃料供给系 ····················································· 99
　第一节　汽油机燃料供给系的分类与组成 ··························· 99
　第二节　汽油及混合气的表示方法 ···································· 101

1

第三节　电控汽油喷射的空气供给系统 106
　　第四节　电控汽油喷射的燃油供给系统 115
　　第五节　电控汽油喷射的控制系统 124
　　第六节　智能电子节气门控制系统（ETCS-i） 136
　　第七节　汽油机缸内直喷系统 138
　　第八节　汽油机排放控制 141
第七章　柴油机燃料供给系 151
　　第一节　柴油机燃料供给系概述 151
　　第二节　柴油及其使用性能 152
　　第三节　电控高压共轨柴油喷射系统 153
　　第四节　废气涡轮增压 158
　　第五节　中冷器 170
　　第六节　柴油机排放控制 174
第八章　发动机冷却系 179
　　第一节　概述 179
　　第二节　水冷系的主要机件 183
　　第三节　电子控制发动机冷却系统 196
第九章　发动机润滑系 199
　　第一节　概述 199
　　第二节　润滑油 204
　　第三节　润滑系主要总成 206
参考文献 212

# 第一章　汽车的发展

## 一、汽车的产生

车是人类文明、社会发展的产物,中国是世界上最早使用车的国家之一。中国人早在大约4600年前已经创造了车。远古时期,人类依靠其特有的聪明才智以及在长期的生产活动中所积累的知识和经验,创造了由人力推挽、逐步发展为畜力牵引的车,对人类社会的发展曾起着重大的促进作用。

1876年德国科学家奥托研制成功了四冲程内燃机。1886年德国人卡尔·奔驰和戴姆勒分别成功地将内燃机装在三轮车和四轮车上。1886年1月29日卡尔·奔驰以一辆0.65kW单缸汽油机为动力的三轮车申请了汽车发明专利(图1-1为世界上第一辆汽车),人们将这一天作为世界第一辆汽车的诞生日。

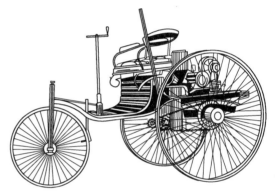

图1-1　世界上第一辆汽车

## 二、汽车的作用

汽车是一种快速而机动的陆路运输或专项作业的工具。汽车的诞生开辟了人类交通发展的新纪元,汽车的作用不仅使人们超越自身体力的局限,跨入了"汽车时代",而汽车工业的迅猛发展,为人类的行走艺术赋予了新的内涵,它改变了人们的生活方式;也变革了世界经济、文化……渗透到了人类生产、生活等各个领域,直接影响着经济社会的发展进程,激励着社会向更高更强更快迈进,特别是轿车的普及极大地扩大了人们的活动时空,加快了人们的生活节奏,提高了人们的生活品质;汽车不仅是数量最多、应用最广、运量最大的现代化交通工具,也是其他任何方式所难以替代的运输或专项作业工具,已经成为当代文明与经济社会发展的重要标志。

随着经济社会的发展,人们对汽车的使用功能不断提出了新的要求,使汽车在社会商品、信息、人员流通中起着重要的作用。汽车的经济效益不只在于汽车生产的本身,而是更集中体现在汽车使用和流通的全过程。经济的发展对汽车运输工具在各种功能和性能方面要求越来越高,对运输服务的品质以及运输服务的多元化、个性化要求越来越强,从而推动着各类汽车的迅速发展,使汽车更好地满足用户的使用要求,更有效地发挥汽车运输的经济效益和社会效益。

## 三、汽车的发展

汽车这个最具影响力的重大发明,它是改变世界的机器。百余年来,人们将智慧的结晶凝聚于汽车工业技术之中，使这个以单缸汽油机为动力的简单的三轮车发展到现在由几万个零部件组合的智能行走机器，它迸发出的社会文化的意念，凝结着人类智慧的结晶，闪耀着当代科学技术、造型艺术、人机工程的光芒，诠释着当今人类的文明与骄傲。

　　汽车的地位与作用激励着汽车工业的发展，汽车工业的发展促进了人类文明与社会进步，而社会的进步、科技的崛起加速了汽车工业的发展。汽车工业从无到有、从小到大迅猛发展，由小作坊、小规模的单件生产，通过激烈的竞争与合作发展成为大规模、现代化的国际合作、跨国经营的大集团运作；汽车技术日新月异，使汽车成为新文化、新理论、新技术、新材料、新工艺的集中体现；汽车产品日益普及，世界汽车年产量超过9131万辆，世界汽车的保有量超过12亿辆；目前，中国汽车保有量约为14000多万辆，汽车已发展成为人们生活的重要组成部分。

　　1931年5月31日，在张学良的支持下，辽宁迫击炮厂以美国"瑞雪"牌车为样车，试制成功了"民生牌"75型1.8t载货汽车。这辆车除少数部件如发动机曲轴等，是委托国外厂家依照本厂图样代制外，其余部件均由本厂自制，这是我国试制的第一辆国产汽车。

　　新中国成立初期25年（1953～1978年），我国汽车工业在计划经济的指导下，集中力量首先于1953年7月开始在长春兴建第一汽车制造厂，1956年7月13日第一辆解放CA10型载货汽车（图1-2）下总装线，由工业流水线生产的第一辆国产汽车诞生了。随后又于1958年5月5日新中国第一辆东风CA71轿车在第一汽车制造厂研制成功，相继又开始小批量生产红旗CA7560牌高级轿车。继我国第一汽车制造厂投产之后，先后建成了南京汽车制造厂、上海汽车制造厂、济南汽车制造厂、北京汽车制造厂、陕西汽车制造厂等，第二汽车制造厂于1967年4月在湖北省十堰镇兴建，1975年7月1日第一辆东风EQ240越野汽车下线，1978年7月15日东风EQ140汽车下线。上海汽车制造厂也于1958年开始小批量生产上海SH760牌轿车。但此时的汽车工业完全依赖国家计划供应原材料，由国家统配包销汽车产品，企业缺乏自主权和内动力，汽车产品单一，汽车工业发展缓慢，而且只重视中型货车，导致我国汽车工业"缺重少轻"、"轿车基本是空白"的畸形发展。1977年我国的汽车年产量仅为12.54万辆。

图1-2　第一辆解放CA10型载货汽车

　　我国改革开放15年（1978～1993年），汽车工业进入了大发展时期。汽车行业开始以各大型骨干企业为主，联合一批相关的中小型企业组建汽车集团。国家"六五"计划期间，汽车工业加快了主导产品更新换代的步伐，注重提高产品质量、增添汽车品种。1985年，中央在"七五"计划建议中提出了要把汽车工业作为支柱产业的方针;1987年,国务院又确立了发展轿车工业来振兴我国汽车工业的战略。这就确立了汽车工业在我国国民经济中的重要地位和发展重点,并有计划、有重点地引进国外先进技术和整车项目,发展我国的轿车工业,确定了"三大三小"基地(即一汽、二汽、上海和天津、北京、广州)。在此期间,我国的汽车工业在项目引进、合资协作、产品产量和国产化等方面均取得了长足的发展,汽车产量从1978年的14.9万辆到1983年的23.99万辆、1988年的64.7万辆,于1993年达到了129.7万辆而跃居世界第12位。

我国快速发展10年(1993~2003年),汽车工业跨入了快速发展时期。我国的汽车工业以国家经济计划委员会1994年2月颁布的《汽车工业产业政策》为发展纲领,重点支持2~3家汽车企业集团迅速成长为具有相当实力的大型企业,支持6~7家汽车企业成为国内的骨干企业;解决重复引进低水平产品的问题,花大气力增强汽车产品自主开发能力,从与国外联合开发逐步走向成熟的自主开发,提高产品质量和技术装备水平,迅速赶上国际先进水平。国民经济翻两番的战略为汽车工业创造了快速增长的市场条件,汽车工业发展势头更加强劲,已经连续四年保持两位数以上的增长幅度,为推动国民经济的持续增长做出了突出的贡献,成为中国第三大产业。2003年汽车产量444万辆,增长35.2%,稳居世界第四。其中轿车产量201万辆,增长83.25%;载货汽车123万辆,增长10%;客车119.5万辆,增长12%。当年销售新车439万辆,二手车交易100万辆。成为继美国、日本、德国之后的世界第四大汽车生产国和世界第三大汽车销售市场。截至2006年年底,中国民用汽车保有量已达4985万辆(包括三轮汽车和低速货车1399万辆),其中私人汽车保有量2925万辆。

我国汽车工业经过50年的发展,其加速趋势越来越明显:从1953年到1992年,汽车工业达到年产量100万辆,用了近40年时间;从1992年到2000年,年产量完成了从100万辆到200万辆的增长,用了8年时间;从2000年到2002年年底,年产量实现了从200万辆到300万辆的增长,用了2年时间;到2014年中国汽车的年产量已达到2300万辆,连续6年蝉联世界第一。

现代汽车工业具有世界性,是开放型的综合工业,竞争越来越激烈。我国目前只是汽车产销大国而不是汽车产业强国,特别是轿车,自主品牌、专有技术和自主知识产权匮乏,整体竞争力不强。而国民经济的腾飞和汽车工业的快速发展以及世界新技术革命和世界经济一体化进程的加快,奠定了21世纪我国汽车工业由大到强发展的基础,中国汽车工业已经跟上了世界汽车工业前进的步伐,正在朝着世界汽车生产强国的目标迈进。为适应不断完善的社会主义市场经济体制的要求以及加入世贸组织后国内外汽车产业发展的新形势,推进汽车产业结构调整和升级,全面提高汽车产业国际竞争力,满足消费者对汽车产品日益增长的需求,促进汽车产业健康发展,经国务院批准,2004年6月1日国家发改委正式颁布实施《汽车产业发展政策》,通过本政策的实施,发挥市场配置资源的基础性作用与政府宏观调控相结合的原则,创造公平竞争和统一的市场环境,健全汽车产业的法制化管理体系;促进汽车产业与关联产业、城市交通基础设施和环境保护协调发展。创造良好的汽车使用环境,培育健康的汽车消费市场,保护消费者权益,推动汽车私人消费;激励汽车生产企业提高研发能力和技术创新能力,鼓励开发具有自主知识产权的产品。使我国汽车产业在2010年前发展成为国民经济的支柱产业,为实现全面建设小康社会的目标做出更大的贡献。

中国从汽车制造大国向产业强国迈进科技创新是关键,人才培养是根本。未来汽车工业的竞争关键是人才的竞争。未来的汽车将具有以下七大特点:安全、价廉、环保、实用、高效、省时以及提供与外部世界的联系。这就意味着汽车行业必须围绕低价位、实用性、设计和技术进行创新,充分体现"人、车、环境"的有机结合。总之,汽车的发展趋势,对环境的污染越来越小,燃油经济性越来越好,安全舒适性越来越高,车辆专业性越来越强,以人为本体现得越来越充分。

# 第二章  汽车的基本知识

## 第一节  汽车的组成与分类

### 一、汽车的组成

汽车通常由发动机、底盘、车身、电气设备四大部分组成,汽车的组成如图2-1所示。

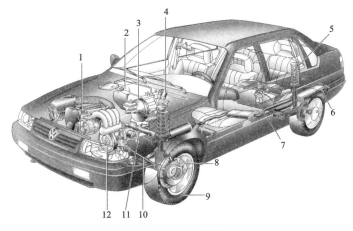

图2-1  轿车的总体构造

1-发动机;2-空调装置;3-真空助力器;4-动力转向装置;5-后悬架;6-车身;7-燃油箱;8-制动器;9-轮胎;10-半轴;11-传动轴;12-变速器

1. 发动机

发动机是为汽车行驶提供动力的装置。现代汽车广泛采用往复活塞式内燃机。它是通过可燃混合气在汽缸内燃烧膨胀产生的压力,推动活塞往复运动并通过连杆使曲轴和飞轮旋转而对外输出做功的。汽油发动机主要由两大机构和五大系统组成,即曲柄连杆机构、配气机构、燃料供给系统、冷却系统、润滑系统、点火系统和起动系统。发动机的组成如图2-2所示。

2. 底盘

底盘的功用是接受发动机的动力,使汽车产生运动,并保证汽车按照驾驶员的操纵正常行驶。底盘由传动系统、行驶系统、转向系统和制动系统四大系统组成。底盘的组成如图2-3所示。

图2-2  发动机

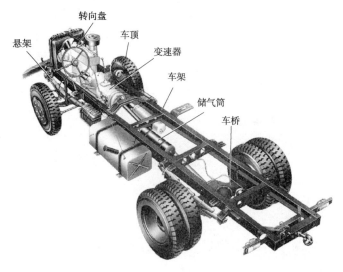

图 2-3 底盘

3. 车身

车身是驾驶员工作的场所,也是装载乘客和货物的场所。车身应为驾驶员提供方便的操作条件,以及为乘客提供舒适安全的环境或保证货物完好无损。典型的货车车身包括驾驶室、车厢等部件,乘用车通常应用承载式车身,由纵梁立柱等组成,如图 2-4 所示。专用车辆还包括其他特殊装备。车身还包括车门、车窗、车锁、内外饰件、附件、座椅及钣金件等。

图 2-4 车身

4. 电气设备

电气设备由电源、起动系统、点火系统、照明和信号装置等组成。是保证汽车动力性、经济性、安全性和可靠性,提高汽车品质的重要组成部分,电气设备如图 2-5 所示。

## 二、汽车的分类

汽车一般可按用途、发动机排量、乘客座位数、汽车总质量、汽车总长度、车身或驾驶室特点的不同等分类,也可以取上述特征量中的两个指标作为分类的依据。

# 第二章 汽车的基本知识

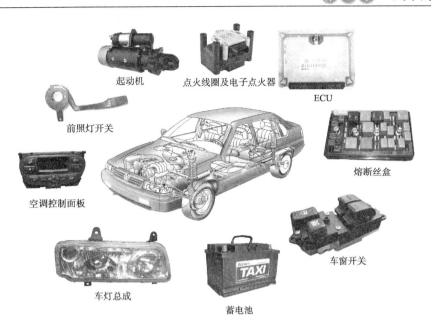

图 2-5 汽车电气设备

1.《机动车及挂车分类》(GB/T 15089—2001) 对汽车作表 2-1 所示的分类。

**汽车的分类**(GB/T 15089—2001)                       表 2-1

| 汽车类型 | | 乘客座位数 | 厂定汽车最大总质量(t) | 说 明 |
|---|---|---|---|---|
| M 类 | 至少有四个车轮并且用于载客的机动车辆 | | | |
| | $M_1$ 类 | ≤9 | — | 包括驾驶员座位在内,座位数不超过 9 座的载客车辆 |
| | $M_2$ 类 | ≤9 | ≤5.0 | 包括驾驶员座位在内,座位数不超过 9 个,且最大设计总质量不超过 5.0t 的载客车辆 |
| | $M_3$ 类 | >9 | >5.0 | 包括驾驶员座位在内,座位数不超过 9 个,且最大设计总质量超过 5.0t 的载客车辆 |
| N 类 | 至少有四个车轮并且用于载货的机动车辆 | | | |
| | $N_1$ 类 | — | ≤3.5 | 最大设计质量不超过 3.5t 的载货车辆 |
| | $N_2$ 类 | — | >3.5~12 | 最大设计质量超过 3.5t,但不超过 12t 的载货车辆 |
| | $N_3$ 类 | — | >12 | 最大设计质量超过 12t 的载货车辆 |
| O 类 | 挂车(包括半挂车) | | | |
| | $O_1$ 类 | — | ≤0.75 | 最大设计质量不超过 0.75t 的挂车 |
| | $O_2$ 类 | — | >0.75~3.5 | 最大设计质量超过 0.75t,但不超过 3.5t 的挂车 |
| | $O_3$ 类 | — | >3.5~10 | 最大设计质量超过 3.5t,但不超过 10t 的挂车 |
| | $O_4$ 类 | — | >10 | 最大设计质量超过 10t 的挂车 |

注:1. 乘客座位的数包括驾驶员在内。
　　2. 该标准还包括两轮或三轮机动车辆(L 类)和满足特定要求的 M 类、N 类的越野车(G 类)的分类。

2. 国家标准 GB/T 3730.1—2001 将汽车分为乘用车和商用车。

乘用车是指在设计和技术特性上主要用于载运乘客及其随身行李和(或)临时物品的汽车,包括驾驶员座位在内最多不超过9个座位。它也可以牵引一辆挂车。乘用车又有多种,我们习惯把部分乘用车称为轿车。乘用车分类如图2-6所示。

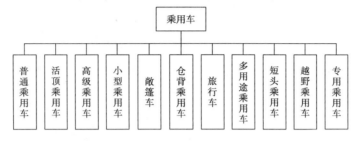

图 2-6　乘用车分类

商用车是指在设计和技术特性上用于运送人员及其随身行李和货物的汽车,并且可以牵引挂车。商用车又有客车、半挂牵引车、货车之分,商用客车的座位数包括驾驶员座位在内一般超过9座,当座位数不超过16座时,称之为小型客车。商用车的详细分类如图2-7所示。

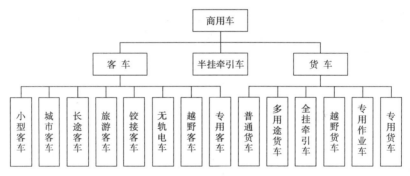

图 2-7　商用车分类

3. 按动力装置类型分为内燃机汽车、电动汽车、混合动力汽车、太阳能汽车等。

(1)往复活塞式内燃机汽车。是当前应用最为广泛、占绝大多数的车辆,其内燃机又以汽油机和柴油机为绝大多数。为解决能源和环境的问题,液化石油气(LPG)、压缩天然气(CNG)、醇类等各种代用燃料汽车不断发展。

(2)电动汽车。是指由电动机驱动且自身装备供电电源(不包括供电线架)的车辆。主要有蓄电池电动汽车和燃料电池电动汽车。电动汽车具有零排放、高效率、低噪声、结构简单、维修使用方便的优点,但由于电池的功率密度和能量密度低、充电时间长、使用寿命及续驶里程短等技术、性能和价格的原因,还不能广泛使用;燃料电池电动汽车,简称燃料电池汽车,是将外界供给的活性物质的化学能通过电化学方式直接转换为电能,持续推动车辆,燃料电池是一种能量转换装置,如果在耐久性和成本方面有所突破的话将有美好的前景。

还有电容电动汽车,其储能装置是一种具有高功率密度、充放电时间短、效率高、寿命长、适温宽等特点的超级电容,利用公交电车停靠站乘客上下车时快速充电,保证车辆区间行驶3~5km。

(3)混合动力汽车。又称混合动力电动汽车,是指具有两种及以上车载动力源并协调工作的车辆。它是鉴于电动汽车存在的问题,综合考虑环保节能的需要,混合动力汽车是一种现实的选择,是将电驱动系统与汽油机、柴油机、代用燃料发动机等另一种动力系统在同一车辆上使用,可以充分利用各动力源的优点,降耗节能。

(4)太阳能汽车。取自太阳能的车载动力源的车辆,具有绿色能源的优点,但有动力不足、价格高等问题,难以推广应用。太阳能汽车是真正意义上的无公害无能源消耗的绿色汽车。

## 第二节 汽车总体结构

汽车总体结构主要由其轴数、驱动形式、布置形式、动力装置等彰显着汽车的特性。

### 一、轴数

如图2-8所示,汽车轴数有两轴、三轴、四轴甚至更多。影响选用汽车轴数的因素主要有汽车总质量、道路法规对轴载质量的限制和轮胎的负荷能力以及汽车的结构等。

随着汽车技术和社会经济的发展,汽车的使用范围不断拓宽,整备质量和总质量不断增大,质量系数即汽车装运质量与整车整备质量的比值不断提高(通常整备质量每减少10%,燃油消耗可降低6%~8%)。在汽车轴数不变的情况下,汽车总质量增加以后,使道路承受的负荷增加,车辆的通过性降低。当这种负荷超过了公路的承载能力以后,导致公路的使用寿命缩短,甚至被破坏。因此,在公路上行驶车辆的轴载质量应符合道路法规的规定。当车辆的轴荷超过道路法规的限定值时,可增加汽车轴数。随着车辆轴数增加,车轮、制动器、悬架等均相应增加,使整车结构变得复杂,整备质量以及制造成本增加。若转向轴数不变,车辆的最小转弯直径也增大,后轴轮胎的磨损加剧。

汽车总质量小于19t的公路运输车辆和轴荷不受道路、桥梁限制的不在公路上行驶的车辆,如矿用自卸车等,均采用结构简单、制造成本低廉的两轴方案。总质量在19~26t的公路运输车采用三轴形式,总质量更大的汽车宜采用四轴和四轴以上的形式。

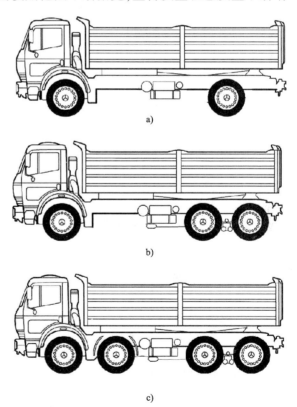

图2-8 两轴、三轴、四轴汽车
a)两轴;b)三轴;c)四轴

## 二、驱动形式

驱动形式有 4×2(参见图 2-9)、4×4(参见图 2-10)、6×2、6×4、6×6、8×4、8×8 等,"×"前的数字表示汽车车轮总数,"×"后的数字表示驱动轮数。汽车的用途、总质量和对车辆通过性能的要求等是影响选取驱动形式的主要因素。增加驱动轮的数量能够提高汽车的通过能力,驱动轮数越多,汽车的结构越复杂,整备质量和制造成本也随之增加,同时也使汽车的总体布置工作变得困难。总质量小的车辆,多采用结构简单、制造成本低的 4×2 驱动形式。总质量在 19～26t 的公路用车辆,采用 6×2 或 6×4 驱动形式。对于越野汽车,为提高其通过性,可采用 4×4、6×6、8×8 的驱动形式。

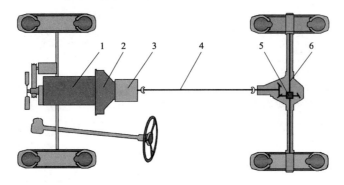

图 2-9　4×2 驱动
1-发动机;2-离合器;3-变速器;4-万向传动装置;5-主减速器差速器;6-半轴

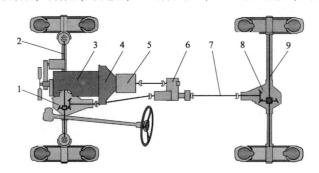

图 2-10　4×4 驱动
1-前桥主减速器差速器;2-前桥半轴;3-发动机;4-离合器;5-变速器;6-分动器;7-万向传动装置;8-后桥主减速器差速器;9-后桥半轴

## 三、布置形式

布置形式是指动力装置、驱动桥、上装部分和车身(或驾驶室)的相互关系和布置特点。汽车的使用性能取决于整车和各总成的有关参数,其布置形式对使用性能也有重要影响。

### 1. 发动机布置和驱动形式

发动机布置和驱动形式主要有发动机前置桥前驱动、发动机前置后桥驱动、发动机后置后桥驱动、发动机中置后桥驱动,少数汽车采用四轮驱动或全轮驱动,如图 2-11 所示。

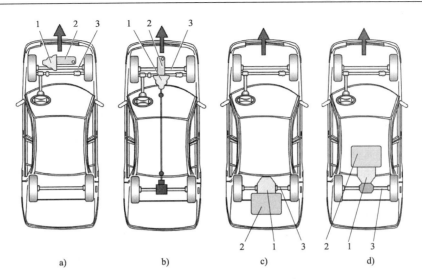

图 2-11 发动机布置形式和驱动形式
a)发动机前置前桥驱动;b)发动机前置后桥驱动;c)发动机后置后桥驱动;d)发动机中置后桥驱动
1—驱动桥;2—发动机;3—传动轴

1)发动机前置前桥驱动(FF)

发动机可以横置或纵置,也可以布置在轴距外、轴距内或前桥的上方。发动机的布置对前排座椅的位置、汽车总长、轴距、车身造型、轴荷分配、整备质量、主减速器齿轮形式以及发动机的接近性等均有影响。前置前桥驱动可提高前驱动桥的轴荷,易获得明显的不足转向;前轮驱动可提高越过障碍的能力;主减速器与变速器装在一个壳体内,因而动力总成结构紧凑,且不再需要在变速器与主减速器之间设置传动轴,车内地板凸起高度可降低(此时地板凸起仅用来容纳排气管和加强地板刚度),有利于提高乘坐舒适性;发动机布置在轴距外或布置在前轴上方时,可以缩短轴距,有利于提高汽车的机动性;散热器布置在汽车前部,散热条件好,发动机可得到足够的冷却;行李舱布置在汽车后部,故有足够大的行李舱空间;容易改装为客货两用车或救护车;供暖机构简单,管路短使供暖效率高;因为发动机、离合器、变速器与驾驶员位置近,所以操纵机构简单;发动机横置能缩短汽车的总长,加上取消了传动轴等因素的影响,汽车消耗的材料明显减少,使整备质量降低;发动机横置时,主减速器可用圆柱齿轮取代锥齿轮,降低了制造成本,省去了复杂的锥齿轮装配调整,变速器和主减速器也可用同一种润滑油,如图 2-11a)所示。

发动机前置前桥驱动的主要缺点是前轮驱动并转向,需要采用等速万向节,其结构和制造工艺均复杂;前桥的负荷较后轴重,前轮既驱动又转向,故其工作条件恶劣,前轮轮胎寿命较短;上坡行驶时因前驱动轮上的附着力减小,汽车爬坡能力降低,特别是在爬越泥泞的坡道时,前驱动轮容易打滑并使汽车丧失操纵稳定性;由于后轴负荷小而且在制动时轴荷要前移,后轮容易制动抱死并引起汽车制动侧滑;发动机横置受空间限制,总体布置较困难,维修时的接近性变差;汽车一旦发生正面碰撞事故,发动机及其附件损失较大。

2)发动机前置后桥驱动(FR)

发动机前置后桥驱动的汽车其底盘通用性好,动力总成操纵机构结构简单;轴荷分配合理,有利于提高轮胎的使用寿命;前轮不驱动,不需要采用等速万向节,有利于降低制造成本;采暖机构简单,保温条件好,且管路短,供暖效率高;发动机冷却条件好;上坡行驶时,驱动轮的附着力增大,爬坡能力强;变速器与主减速器分开,容易布置,拆装、维修容易;发动机的接近性良好。如图2-11b)所示。

发动机前置后驱动的主要缺点是:汽车的总长、轴距均较长,整备质量增大,同时影响到汽车的燃油经济性和动力性;若采用平头式驾驶室,而且将发动机布置在前轴之上,处于驾驶员、副驾驶员座位之间时,驾驶室内部比较拥挤,隔绝发动机工作噪声、气味、热量和振动较困难,离合器、变速器等操纵机构复杂;若采用长头式驾驶室,在增加整车长度的同时,为保证驾驶员有良好的视野,需将座椅布置得高些,这又会增加了整车和质心高度。

3)发动机后置后桥驱动(RR)

发动机后置后桥驱动可使车辆的发动机、离合器、变速器和主减速器布置成一体,整车结构紧凑;能较好地隔绝发动机的气味和热量,发动机噪声和振动的影响小;整车整备质量小;检修发动机方便;轴荷分配合理,上坡行驶时,由于后驱动轮上附着力增加,爬坡能力提高;当发动机布置在轴距之外时,汽车轴距短,机动性能好;由于后桥的簧上质量与簧下质量之比增大,可改善车厢后部的乘坐舒适性,如图2-11c)所示;发动机后置时,车厢面积利用好,座椅布置受发动机影响较少;作为长途客车使用时,能够在地板下方和客车的全宽范围内设立很大的行李舱;作为客车不需要行李舱时,因后桥前面的地板下方没有传动轴,则可以降低地板高度,乘客上、下车方便;传动轴长度较短。

发动机后置后驱动的主要缺点是:后桥负荷重,使汽车具有过度转向的倾向,操纵性变坏;前轮附着力小,高速行驶时转向不稳定,影响操纵稳定性;发动机的冷却条件不好,必须采用冷却效果好的散热器;动力总成的操纵机构复杂;驾驶员不容易发现发动机故障。

4)发动机中置后桥驱动(MR)

发动机中置后桥驱动一般是将水平对置式发动机布置在货厢或地板下方,在前轴与后桥之间,如图2-11d)所示。该形式的优点是:轴荷分配合理;传动轴的长度短;车厢内面积利用最好,并且布置座椅不会受发动机限制;乘客车门能布置在前轴之前,有利于实现单人管理。

中置后桥驱动的发动机需用水平对置式的,因布置在货厢或地板下部,不容易发现和检修发动机故障;发动机的冷却条件和保温条件较差;发动机的工作噪声、气味、热量和振动易传入车厢,影响乘坐舒适性;动力总成的操纵机构复杂;受发动机所在位置影响,地板平面距地面较高;汽车质心位置高;在泥泞路上行驶时,发动机极易被污染。

5)四轮驱动(4WD)与全轮驱动(nWD)

四轮驱动或全轮驱动可提高车辆的通过性和安全性,提高路面的适应性。一般发动机前置,在变速器后面装有分动器,将动力输送到全部车轮上。图2-10所示为发动机前置四轮驱动的形式。

2. 驾驶室的布置形式

汽车按照驾驶室相对位置的不同可分为平头式、短头式、长头式和偏置式四种形式。

1)平头式

发动机位于驾驶室内或下面时,称为平头式汽车。发动机可以布置在驾驶员和副驾驶员座位中间,因此驾驶室的前端不必外凸,没有独立的发动机舱,如图2-12a)所示;也可以布置在驾驶室座椅下后部,此时中间座椅处没有很高的凸起,可以布置三人座椅,故得到广泛应用。

平头式汽车总长和轴距尺寸短,最小转弯直径小,机动性能良好;不需要发动机罩和翼子板,加上总长缩短等因素的影响,汽车整备质量减小;驾驶员视野得到明显改善;采用翻转式驾驶室时能改善发动机及其附件的接近性;平头式货车的面积利用率(汽车货厢与整车的俯视面积之比称为面积利用率)较高。

平头式汽车空载时前轴负荷大,在较差路面上的汽车通过性差;驾驶室有翻转机构和锁止机构,使结构复杂;进、出驾驶室不如长头式汽车方便;离合器、变速器等操纵机构复杂;发动机的工作噪声、气味、热量和振动对驾驶员等均有较大影响;汽车发生正面碰撞时,特别是驾驶室高度较低的平头汽车,易使驾驶员和前排乘员受到严重伤害的可能性增加。

图 2-12 专用汽车的布置形式
a)平头式;b)短头式;c)长头式;d)偏置式

2)短头式

发动机的大部分在驾驶室前部,少部分位于驾驶室内的汽车,称为短头式汽车,如图2-12b)所示。发动机大部分突出在驾驶室前部,发动机有独立的发动机舱和单独的发动机罩,发动机舱与驾驶室共同形成汽车的车头部分。

短头式汽车与长头式汽车相比,其总长和轴距较短,最小转弯直径小,机动性能好,驾驶人视野也得到改善,但都不如平头式汽车;动力总成操纵机构简单;发动机的噪声、气味、热量和振动对驾驶员的影响比平头式汽车有很大改善,但不如长头式汽车;位于驾驶室内的发动机后部的接近性不好,并且导致驾驶室内部空间拥挤,给踏板的布置带来困难,同样给前轮后移也带来类似的问题,通过增加地板高度可以改善踏板的布置,不过这又导致上、下车不方便;汽车发生正面碰撞时,驾驶员和前排乘员受到的伤害程度比平头式汽车轻得多。

3)长头式

发动机位于驾驶室前部,称为长头式汽车,如图2-12c)所示。这种形式的汽车车身部分的结构特点与短头式汽车相同,只是发动机舱和车头部分更长些。

长头式汽车的发动机及其附件的接近性好,便于检修;汽车满载时前轴负荷小,有利于提高在较差路面上的汽车通过性;地板低,驾驶人上、下车方便;离合器、变速器等操纵机构简单,易于布置;汽车发生正面碰撞时,驾驶员和前排乘员受到的伤害程度最小;长头式汽车较平头式汽车的迎风面积和迎风阻力小。

长头式汽车的总长与轴距均较长,因而最小转弯直径较大,机动性差;汽车整备质量大;驾驶员的视野不如短头,更不如平头式汽车好;面积利用率低。

4) 偏置式

驾驶室偏置于发动机的侧面,称为偏置式汽车,如图2-12d)所示。偏置式驾驶室多用于重型矿用自卸车、起重汽车等专用汽车上。它具有平头式汽车轴距短,视野良好,驾驶室通风条件好,发动机的噪声、气味、热量对驾驶员的影响很小,维修发动机方便等优点。

3. 越野车的布置形式

越野车特别是多轴的越野车,主要是在传动系、轴距和采用转向轮的方案上有较大的区别,它对传动系的复杂程度、汽车的通过能力、最小转弯直径以及零部件的互换性等有影响。根据驱动桥数不同,越野车分为4×4、6×6、8×8等几种形式。

图2-13a)所示为具有非贯通式驱动桥的6×6越野汽车。其布置特点是动力由发动机传至分动器,由分动器的三个输出轴和万向节传动装置分别传给三个桥。

图2-13b)所示为具有贯通式驱动桥的8×8越野汽车。其布置特点是从分动器输出的动力传至各桥时所经过的各传动轴,皆布置在同一纵向铅垂平面内,且通往一或四驱动桥的传动轴要穿过第二或第三驱动桥。这种布置方案的万向节可使传动轴数不仅少而且桥壳、半轴等零部件有互换的可能。

图2-13c)所示为侧边传动8×8汽车。除此之外,还有采用混合传动的8×8汽车[图2-6d)]。

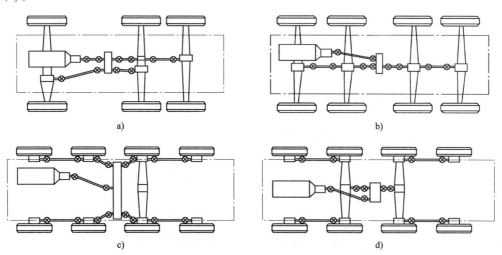

图2-13 越野汽车多驱动桥布置方案
a)非贯通式驱动桥6×6汽车;b)贯通式驱动桥8×8汽车;c)侧边传动8×8汽车;d)混合传动8×8汽车

当越野汽车桥数多且轴距长时,采用多桥转向能减小最小转弯直径,有利于减少轮胎磨损,但是随着转向轮数的增加,等速万向节的数量也相应增多,转向传动机构也更复杂、转向更沉重,此时必须采用动力转向。4×4越野汽车结构简单、机动灵活、制造成本低,在总质量比较小的越野汽车上得到广泛的应用。

## 第三节　汽车主要参数

汽车的主要参数包括尺寸参数、质量参数和性能参数。

### 一、汽车的主要尺寸参数

汽车的主要尺寸参数有车长、车宽、车高、轴距、轮距、前悬、后悬、接近角、离去角和离地间隙等,如图2-14所示。

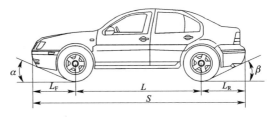

图2-14　汽车主要尺寸

1. 车长 $S$

车长是指汽车长度方向两极端点间的纵向水平距离。车长是对汽车的用途、功能、使用方便性等影响最大的参数。按我国有关规定,公路车辆的极限总长是:货车、越野车、客车≤12m,铰接式客车≤18m,汽车带挂车≤20m。

2. 车宽 $B$

车宽是指汽车宽度方向两极端点间的横向水平距离。车宽主要影响乘坐空间和灵活性。对于轿车来说车宽2m是一个公认的上限。接近或超过2m的车都会很难驾驶。按我国有关规定,公路车辆的极限总宽≤2.5m。

3. 车高 $H$

车高是指汽车最高点至地面间的距离。按我国的有关规定,公路车辆的极限总高≤4m。

4. 轴距 $L$

轴距是指汽车前轴中心至后轴中心的距离。在车长被确定后,轴距是影响乘坐空间最重要的因素。

5. 轮距 $B_1$

轮距是指同一车轴左右轮胎胎面中心线间的距离。轮距直接影响汽车的前后宽度比例。在操控性能方面,轮距越大,转向极限和稳定性也会越高,很多高性能跑车车身的翼子板都向外抛,就是为了尽量扩大轮距。

6. 前悬 $L_F$

前悬是指汽车最前端至前轴中心的距离。

7. 后悬 $L_R$

后悬是指汽车最后端至后轴中心的距离。

8. 接近角 α

接近角是指汽车前端突出点向前轮引切线与地面的夹角。

9. 离去角 β

离去角是指汽车后端突出点向后轮引切线与地面的夹角。接近角和离去角越大,汽车的通过性越好。

10. 最小离地间隙 $H_1$

汽车满载、静止时,支撑平面与汽车上的中间区域最低点之间的距离。它反映了汽车无碰撞地通过地面凸起的能力。

## 二、汽车质量参数

1. 整备质量

汽车整车整备质量就是汽车经过整备后在完备状态下的自身质量,即指汽车上带有全部装备(包括随车工具、备胎等),加满燃料、冷却液,但没有装货和载人时的整车质量。

整备质量对汽车的制造成本和燃油经济性有影响。通过优化结构、采用高强度钢结构件以及铝合金、非金属复合材料等尽可能减少整备质量(通常整备质量每减少10%,燃油消耗可降低6%~8%),提高质量系数,即提高汽车装运质量与整车整备质量的比值。

2. 装运质量

汽车装运质量是指汽车在良好硬路面上行驶时的最大限额(客车用座位数,货车用吨位数)。当汽车在非良好硬路面上行驶时装运质量应适当减少。越野汽车装运质量是指它在越野路面上行驶的最大限额。

3. 最大总质量

汽车最大总质量是指汽车装运质量与整车整备质量之和。它是保证汽车运输安全和运输效率的重要指标,车辆制造厂和行政主管部门都有明确的规定。

4. 轴载质量

轴载质量是指一个车轴上的质量。汽车轴载质量的合理分配,可以提高汽车的稳定性、通过性和制动性,延长轮胎和道路的使用寿命。

理想的轴载质量分配是满载时每个车轮的负荷大致相等。但实际上,还要考虑汽车的动力性、操纵性、通过性、制动性等使用性能。例如,为了提高汽车的驱动力,增加附着质量,常常提高驱动轴的负荷;为了保证汽车在泥泞道路上的通过能力,常常降低前轴的负荷,从而减小前轮的滚动阻力,使后驱动轮有足够的驱动力;为了保证汽车有良好的操纵稳定性,又要求转向轴的负荷不应过小;为了避免转向沉重,前轮的负荷也不能过大,特别是质心高、轴距短的汽车更应考虑;而有些汽车的行驶车速比较低,轴载质量可以根据使用要求适当地增大,这是由于轮胎的承载能力随着车速的降低而增加。

世界各国根据道路表面的坚固性和耐磨性决定公路运输车辆的轴载质量。我国公路工程技术标准 JT B01—2003 规定:总质量为20t 的汽车,单后轴载质量为13t;总质量为30t 的汽车,双后轴载质量为12×2t。

## 三、汽车动力性

汽车的动力性是指汽车以最高车速行驶的能力、迅速提高车速的能力和爬坡的能力。

它主要取决于发动机的性能和传动系的特性参数,是汽车使用性能最基本和最重要的性能。

用汽车满载时在良好路面上的最大坡度阻力系数来表示汽车的爬坡能力。不同汽车的使用条件不同,对它们的爬坡能力要求也不一样。通常要求货车能克服30%坡度,越野汽车能克服60%坡度。此外,还可以用汽车单位总质量的发动机最大功率和发动机最大转矩,即比功率和比转矩来评价汽车的动力性。汽车动力性的好坏主要取决于发动机的性能。一般地讲,发动机的有效功率和有效转矩越大,汽车的动力性越好。为保证路上行驶车辆的动力性不低于一定的水平,防止某些动力性能差的车辆阻碍交通,对车辆的最小比功率作出规定。汽车动力性参数见表2-2。

**汽车动力性参数范围** 表2-2

| 汽车类别 | | | 最高车速 $v_{amax}$ (km/h) | 比功率 $P_b$ (kW/t) | 比转矩 $T_b$ (N·m/t) |
|---|---|---|---|---|---|
| 乘用车 | 发动机排量 $V$ (L) | $V \leq 1.0$ | 110~150 | 30~60 | 50~110 |
| | | $1.0 < V \leq 1.6$ | 120~170 | 35~65 | 80~110 |
| | | $1.6 < V \leq 2.5$ | 130~190 | 40~70 | 90~130 |
| | | $2.5 < V \leq 4.0$ | 140~230 | 50~80 | 120~140 |
| | | $V > 4.0$ | 160~280 | 60~110 | 100~180 |
| 货车 | 最大总质量 $m_a$ (t) | $m_a \leq 1.8$ | 80~135 | 16~28 | 30~44 |
| | | $1.8 < m_a \leq 6.0$ | | 15~25 | 38~44 |
| | | $6.0 < m_a \leq 14.0$ | 75~120 | 10~20 | 33~47 |
| | | $m_a > 14.0$ | | 6~20 | 29~50 |
| 客车 | 车辆总长 $L_a$ (m) | $L_a \leq 3.5$ | 85~120 | — | — |
| | | $3.5 < L_a \leq 7.0$ | 100~160 | — | — |
| | | $7.0 < L_a \leq 10.0$ | 95~140 | — | — |
| | | $L_a > 10.0$ | 85~120 | — | — |

## 四、汽车制动性

汽车的制动性能用制动效能和制动稳定性来评价。制动效能是指汽车迅速降低行驶速度直至停车的能力;制动稳定性是指汽车在制动过程中维持直线行驶或按预定弯道行驶的能力。

汽车制动性能特别重要。它不仅是安全行车的保证,也是下长坡行车车速的主要制约因素,能维持安全车速并有在一定坡道上长期驻车的能力,直接影响其使用性能和生产效率。汽车除了装有必备的行车制动和驻车制动装置以外,有的还装有应急制动装置和辅助制动装置。应急制动是在行车制动气压不足,制动失灵或制动力减弱的时候,迅速发挥作用将车辆制动住,从而使汽车免于发生事故;而辅助制动常常是采用发动机排气制动、液力缓速、电力缓速等装置,以减轻车轮制动器的负担,使汽车更加安全可靠地行驶,提高运输效率。

### 五、汽车通过性和机动性

汽车的通过性参数主要有:最小离地间隙、纵向通过角、接近角和离去角。

汽车最小转弯直径是其机动性的主要参数之一,其数值主要根据汽车用途、道路条件和结构特点选取。大型半挂汽车列车的最小转弯直径一般在 11~15m,也可达 20m 左右。

## 第四节　汽车行驶基本原理

汽车行驶必须具备两个基本的条件:驱动条件和附着条件。

### 一、驱动条件

汽车必须具有足够的驱动力,以克服各种行驶阻力,才能得以正常行驶。这些阻力主要包括滚动阻力、空气阻力、坡度阻力和加速阻力。

1. 驱动力

汽车的驱动力来自发动机。如图 2-15 所示。发动机发出的转矩经过汽车传动系统施加给驱动车轮的转矩,力图使驱动车轮旋转。在驱动车轮的转矩的作用下,由于车轮与路面的附着作用,驱动车轮与路面接触处对地面施加一个驱动力,其方向与汽车行驶方向相反。同时,路面对车轮施加一个大小相等、方向相反的反作用力。驱动力 $F_t$ 克服滚动阻力 $F_f(F_{f1}+F_{f2})$、空气阻力 $F_w$、坡度阻力 $F_i$、加速阻力 $F_j$ 等各种行驶阻力而正常行使。

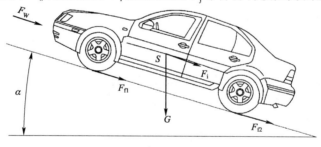

图 2-15　汽车行驶阻力

2. 滚动阻力

滚动阻力是由于车轮滚动时轮胎与路面两者在其接触区域发生变形而产生的。车轮在硬路面上滚动时,驱动汽车的一部分动力消耗在轮胎变形的内摩擦上,而路面变形很小;车轮在软路面(松软的土路、沙地、雪地等)上滚动时,由于路面变形较大,所产生的阻力就成为滚动阻力的主要部分。滚动阻力以 $F_f$ 表示,其数值与汽车的总质量、轮胎的结构与气压以及路面的性质有关,它等于车轮负荷与滚动阻力系数之积。

3. 空气阻力

汽车在空气中向前行驶时,前部承受气流的压力而后部抽空,产生压力差。此外,空气与车身表面以及各层空气之间存在着摩擦,再加上引入车内冷却发动机、室内通风以及外伸零件引起气流的干扰,就形成空气阻力。空气阻力以 $F_w$ 表示,它与汽车的形状、汽车的正面投影面积、汽车与空气相对速度的平方成正比。可见,汽车速度很高时,空气阻力将成为总阻力的主要部分。

**4. 坡度阻力**

汽车在坡道上行驶时，其总重力沿坡道方向的分力称为坡度阻力，以 $F_i$ 表示。汽车只有在上坡时才存在坡度阻力，但汽车上坡所做的功可转化为重力势能。当汽车下坡时，重力势能就转化为动能。

**5. 加速阻力**

汽车加速行驶时，需要克服其自身质量加速运动的惯性力，即加速阻力，以 $F_j$ 表示。

**6. 驱动力与行驶阻力的关系**

汽车的驱动力 $F_t$ 等于各种行驶阻力之和，即

$$F_t = F_f + F_w + F_i + F_j$$

当 $F_j = 0$ 时，汽车匀速行驶；当 $F_j > 0$ 时，汽车加速行驶，但随着速度的增加，空气阻力也随着增加，在某个较高的车速达到新的平衡，然后匀速行驶；当 $F_j < 0$ 时，汽车将减速行驶或停止。当汽车在平直的路面上以最高车速匀速行驶时，只需克服滚动阻力和空气阻力。

## 二、附着条件

汽车驱动力能否有效地发挥，还受到车轮与路面之间附着作用的限制。在平整的干硬路面上，汽车附着性能的好坏决定于轮胎与路面间摩擦力的大小。这个摩擦力阻碍车轮的滑动，使车轮能够正常的向前滚动并承受路面的驱动力。如果驱动力大于轮胎与路面间的最大静摩擦力时，车轮与路面之间就会发生滑转。在松软的路面上，除了轮胎与路面间的摩擦阻碍车轮滑转外，嵌入轮胎花纹凹处的软路面凸起部还起一定的抗滑作用。通常把车轮与路面之间的相互摩擦以及轮胎花纹与路面凸起部的相互作用综合在一起，称为附着作用。由附着作用所决定的阻碍车轮滑转的最大力称为附着力 $F_\varphi$。附着力 $F_\varphi$ 等于驱动轮所承受的垂直于路面的法向力 $G$（称为附着重力）与附着系数 $\varphi$ 的乘积。附着系数 $\varphi$ 与轮胎的类型及路面的性质有关。

由此可知，汽车所能够获得的驱动力受附着力的限制，即 $F_t \leq F_\varphi$ 为汽车行驶的附着条件。

在附着力很小的冰雪或泥泞路面上，由于汽车的驱动力受附着力的限制而不能克服较大的阻力，导致汽车减速甚至不能前进。即使再增大汽车的输出功率和输出转矩，车轮也只能滑动而不能增大驱动力。为了增加附着力，可采用特殊花纹轮胎或在普通轮胎上绕装防滑链，以提高其对冰雪路面的抓地能力。非全轮驱动汽车的附着重力只是分配到驱动轮上那部分汽车重力；而全轮驱动汽车的附着重力则是汽车的总重力，因而其附着力显著增大。

# 第五节　国产汽车产品型号

为了在汽车生产、使用、维修、管理等工作中便于识别不同汽车型号，用简单的编号来表示各种不同汽车的厂牌、类型和主要特征参数等是十分必要的。为了使全国汽车产品型号编制统一，我国于1959年和1988年先后两次颁布标准，1988年以后生产的新车一律采用新标准，即 GB 9417—1988《汽车产品型号编制规则》。

我国于1988年重新颁布了GB 9417—1988《汽车产品型号编制规则》,该标准的基本内容如下。

1. 主题内容与适用范围

本标准规定了编制各类汽车产品型号的术语及构成。

本标准适用于新设计定型的各类汽车和半挂车,不适用于军事特种车辆(如装甲车、水陆两用车、导弹发射车等)。

2. 术语

(1)汽车的产品型号:为了识别车辆而给一种车辆指定的一组汉语拼音字母和阿拉伯数字组成的编号。为了避免拼音字母和数字混淆,不应采用拼音字母中的"I"和"O"。

(2)企业名称代号:识别车辆制造企业的代号。

(3)车辆类别代号:表明车辆所属分类代号。

(4)主参数代号:表明车辆主要特性的代号。

(5)产品序号:表示一个企业的车辆类别代号和主参数代号相同的车辆的投产顺序号。

(6)专用汽车分类代号:识别专用汽车的结构类别和用途的代号。

(7)企业自定代号:企业按需要自定的补充代号。

3. 汽车产品型号的结构

汽车产品型号由企业名称代号、车辆类别代号、主参数代号、产品序号组成,必要时附加企业自定代号(图2-16)。对于专用汽车及专用半挂车还应增加专用汽车分类代号(图2-17)。

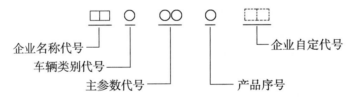

图2-16　汽车产品型号示意

□-用汉语拼音字母表示;○-用阿拉伯数字表示;⃞—用汉语拼音或阿拉伯数字表示均可

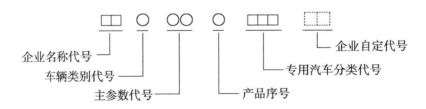

图2-17　专用汽车产品型号示意

□-用汉语拼音字母表示;○-用阿拉伯数字表示;⃞—用汉语拼音或阿拉伯数字表示均可

(1)企业名称代号:位于产品型号的第一部分,用代表企业名称的两个或三个汉语拼音字母表示。

(2)车辆类别代号:位于产品型号的第二部分,用一位阿拉伯数字表示,见表2-3。

## 第二章 汽车的基本知识

**汽车型号中部四位阿拉伯数字的含义**　　　　表 2-3

| 第一位数字表示车辆的类别 | | 第二、三位数字表示各类汽车的主要特征参数 | 第四位数字表示 |
|---|---|---|---|
| 1 | 载货汽车 | 表示汽车的总质量(t)① 数值 | 企业自定产品序号：<br>0—第一代产品<br>1—第二代产品<br>2—第三代产品<br>…… |
| 2 | 越野汽车 | | |
| 3 | 自卸汽车 | | |
| 4 | 牵引汽车 | | |
| 5 | 专用汽车 | | |
| 6 | 客车 | 表示汽车的总长度(0.1m)② 数值 | |
| 7 | 轿车 | 表示发动机的工作容积(0.1L)数值 | |
| 8 | | | |
| 9 | 半挂车及专用半挂车 | 表示汽车的总质量(t)① 数值 | |

注：①当汽车的总质量大于100t时，允许用3位数字。
②当汽车总长度大于10m时，计算单位为 m。

(3) 主参数代号：位于产品型号的第三部分，用阿拉伯数字表示。

①载货汽车、越野汽车、自卸汽车、牵引汽车、专用汽车与半挂车的主参数为车辆的总质量(t)，牵引汽车的总质量包括牵引座上的最大质量。当总质量在100t以上时，允许用3位数表示。

②客车及半挂车的主参数代号为车辆长度(m)。当车辆长度小于10m时，应精确到小数点后一位数，并以长度(m)值的10倍数值表示。

③轿车的主参数代号为发动机排量(L)，应精确到小数点后一位，并以其值的10倍数值表示。

④专用汽车及专用半挂车的主参数代号，当采用定型汽车底盘或定型半挂车底盘改装时，若其主参数与定型底盘原车的主参数之差不大于原车的10%时，则应沿用原车的主参数代号。

⑤主参数的数字修约按《数字修约规则》的规定设定。

⑥主参数不足定位数时，在参数前以"0"占位。

(4) 产品序号：位于产品型号的第四部分，用阿拉伯数字表示，数字由0、1、2、……依次使用。

(5) 当车辆主参数有变化，但不大于原定型设计主参数的10%时，其主参数代号不变；大于10%时，应改变主参数代号，若因为数字修约而主参数代号不变时，则应改变其产品序号。

(6) 专用汽车分类代号：位于产品型号的第五部分，用反映车辆结构特征和用途特征的3个汉语拼音表示。结构特征代号按表2-4的规定(同时适用于专用半挂车)，用途特征代号另行规定。

**专用汽车分类代号**　　　　表 2-4

| 厢式汽车 | 罐式汽车 | 专用自卸汽车 | 特种结构汽车 | 起重举升汽车 | 仓栅式汽车 |
|---|---|---|---|---|---|
| X | G | Z | T | J | C |

(7) 企业自定代号：位于产品型号的最后部分，同一种汽车结构略有变化需要区别时(如汽油、柴油发动机，长、短轴距，单、双座驾驶室，平、长头驾驶室，左、右置转向盘等)，可用汉语拼音字母和阿拉伯数字表示，位数由企业自定。供用户选装的零部件(如暖风装置、收音机、地毯、绞盘等)，不属结构特征变化，应不给予企业自定代号。

例如：中国第一汽车集团公司生产的第二代载货汽车，总质量为9310kg，其型号为CA1091；中国上海汽车厂生产的第二代轿车，发动机排量为2.2321L，其型号为SH7221。

## 第六节　车辆识别代号

车辆识别代号英文为 Vehicle Identification Number，简称 VIN。车辆识别代号是为识别车辆而指定的一组字码组成的代号，这个代号是由制造厂按照一定的规则，依据本厂的实际而指定的，是车辆的身份证，是唯一的。车辆识别代号的基本目的是识别每一辆车，并利用它这个特性，应用在各个方面的统计和计算机检索，因而它与汽车产品型号有着不同的基本目的和用途。

国家标准《道路车辆——车辆识别代号（VIN）》（GB 16735—2004）于 2004 年 7 月 12 日由国家质检总局、国家标准化管理委员会正式批准，于 2004 年 10 月 1 日实施。国家标准《道路车辆——车辆识别代号（VIN）》（GB 16735—2004）与《道路车辆——世界制造厂识别代号（WMI）》（GB 16737—2004）标准配套使用，在全国范围内规范车辆的生产，为管理提供依据。车辆识别代号由一组字母和阿拉伯数字组成，共 17 位，又称 17 位编码，它是识别一辆汽车不可缺少的标识。VIN 的每位字母或数字代表汽车某一方面的信息参数，其中包括生产国别、制造公司或生产厂家、车的类型、品牌名称、车型系列、车身形式、发动机型号、车型年款、安全防护装置型号、检验数字、装配工厂名称和出厂顺序号码等。

本标准参照了 ISO 3779：1983《道路车辆车辆识别代号（VIN）内容与构成》（英文版）、ISO4030：1983《道路车辆车辆识别代号（VIN）位置与固定》（英文版）和美国联邦法典第 49 卷 CFR49§565《车辆识别代号内容要求》、CFR49§568《按两阶段或多阶段制造的车辆》、CFR49§571.115《车辆识别代号基本要求》的技术内容，同时根据我国车辆制造厂的车辆识别代号实际使用情况，对技术要求和管理要求进行了补充和删改。

### 一、车辆识别代号的基本构成

车辆识别代号由世界制造厂识别代号（WMI）、车辆说明部分（VDS）、车辆指示部分（VIS）三部分组成，共 17 位字码。

（1）对完整车辆和/或非完整车辆年产量≥500 辆的车辆制造厂，车辆识别代号的第一部分为世界制造厂识别代号（WMI）；第二部分为车辆说明部分（VDS）；第三部分为车辆指示部分（VIS）（图 2-18）。

（2）对完整车辆和/或非完整车辆年产量＜500 辆的车辆制造厂，车辆识别代号的第一部分为世界制造厂识别代号（WMI）；第二部分为车辆说明部分（VDS）；第三部分 VIN 的第十二、十三、十四位与第一部分 VIN 的一、二、三位字码一起构成世界制造厂识别代号（WMI），其余五位为车辆指示部分（VIS）（图 2-19）。

### 二、世界制造厂识别代号（WMI）

世界制造厂识别代号（WMI）是车辆识别代号的第一部分，WMI 应符合 GB 16737—2004 的规定。

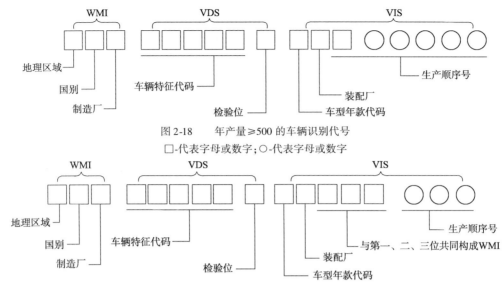

图 2-18　年产量≥500 的车辆识别代号
□-代表字母或数字；○-代表字母或数字

图 2-19　年产量＜500 辆的车辆识别代号
□-代表字母或数字；○-代表字母或数字

## 三、车辆说明部分（VDS）

（1）车辆说明部分（VDS）是车辆识别代号的第二部分，由六位字码组成（即 VIN 的第四~九位）。如果车辆制造厂不使用其中的一位或几位字码，应在该位置填入车辆制造厂选定的字母或数字占位。

（2）VDS 第一~五位（即 VIN 的第四~八位）应对车型特征进行描述，其代号及顺序由车辆制造厂决定。

①VDS 可从以下方面对车型特征进行描述。

车辆类型；

车辆结构特征（如：车身类型、驾驶室类型、货厢类型、驱动类型、轴数及布置方式等）；

车辆装置特征（如：约束系统类型、发动机特征、变速器类型、悬架类型、制动形式等）；

车辆技术特性参数（如：车辆最大总质量、车辆长度、轴距、座位数等）。

②对于以下不同类型的车辆，在 VDS 中描述的车型特征应包括表 2-5 中规定的内容。

车 型 特 征　　　　　　　　　　　表 2-5

| | |
|---|---|
| 乘用车 | 车身类型、发动机特征① |
| 载货车（含牵引车） | 车身类型、车辆最大总质量、发动机特征① |
| 客车 | 车辆长度、发动机特征① |
| 挂车 | 车身类型、车辆最大总质量 |
| 摩托车和轻便摩托车 | 车辆类型、发动机特征① |
| 非完整车辆 | 车身类型②、车辆最大总质量②、发动机特征③ |

注：①发动机特征至少应包括对燃油类型、排量和/或功率的描述。

②用于制造成为货车的非完整车辆的描述项目。

③用于制造成为客车的非完整车辆的描述项目，此时发动机特征至少应包括对燃油类型、发动机布置形式、排量和/或功率的描述。

(3) VDS 的最后一位(即 VIN 的第九位字码)为检验位。检验位可为"0~9"中任一数字或字母"X",用以核对车辆识别代号记录的准确性,检验位应按照检验位计算方法的规定计算。

### 四、车辆指示部分(VIS)

(1) 车辆指示部分(VIS)是车辆识别代号的第三部分,由八位字码组成(即 VIN 的第十~十七位)。

(2) VIS 的第一位字码(即 VIN 的第十位)代表年份。年份代号按表 2-6 规定使用(30 年循环一次)。

**VIN 的 年 份 代 号**  表 2-6

| 年份 | 代号 | 年份 | 代号 | 年份 | 代号 | 年份 | 代号 |
| --- | --- | --- | --- | --- | --- | --- | --- |
| 2001 | 1 | 2011 | B | 2021 | M | 2031 | 1 |
| 2002 | 2 | 2012 | C | 2022 | N | 2032 | 2 |
| 2003 | 3 | 2013 | D | 2023 | P | 2033 | 3 |
| 2004 | 4 | 2014 | E | 2024 | R | 2034 | 4 |
| 2005 | 5 | 2015 | F | 2025 | S | 2035 | 5 |
| 2006 | 6 | 2016 | G | 2026 | T | 2036 | 6 |
| 2007 | 7 | 2017 | H | 2027 | V | 2037 | 7 |
| 2008 | 8 | 2018 | J | 2028 | W | 2038 | 8 |
| 2009 | 9 | 2019 | K | 2029 | X | 2039 | 9 |
| 2010 | A | 2020 | L | 2030 | Y | 2040 | A |

(3) VIS 的第二位字码(即 VIN 的第十一位)代表装配厂。

(4) 如果车辆制造厂生产的完整车辆和/或非完整车辆年产量 ≥500 辆,此部分的第三~八位字码(即 VIN 的第十二~十七位)用来表示生产顺序号。如果车辆制造厂生产的完整车辆和/或非完整车辆年产量 <500 辆,则此部分的第三~五位字码(即 VIN 的第十二~十四位)应与第一部分的三位字码一同表示一个车辆制造厂,第六~八位字码(即 VIN 的第十五~十七位)用来表示生产顺序号。

(5) 字码。在车辆识别代号中仅能采用下列阿拉伯数字和大写的罗马字母:
1 2 3 4 5 6 7 8 9 0;A B C D E F G H J K L M N P R S T U V W X Y Z(字母 I、O 及 Q 不能使用)。

(6) 分隔符。

分隔符的选用由车辆制造厂自行处理,但不得使用以上(5)所述车辆识别代号所用的任何字码,或可能与车辆识别代号中的字码混淆的任何字码,例如:☆、★。

### 五、车辆识别代号的固定方式与标示位置

**1. 车辆识别代号的固定方式**

为了固定 VIN,车辆制造厂可以在以下两种固定方式中进行选择。

(1) 车辆识别代号可直接打刻在车架上,对于无车架车身而言,可以直接打刻在不易拆除或更换的车辆结构件上。

(2) 车辆识别代号还可打印在标牌上,但此标牌应同样是永久固定在以上(1)所述的车

辆结构件上。

2. 车辆识别代号的标示位置

(1) 每一辆车辆都必须具有唯一的车辆识别代号,并标示于车辆的指定位置。

(2) 车辆识别代号应尽量标示在车辆右侧的前半部分、易于看到且能防止磨损或替换的车辆结构件上(玻璃除外),如受结构限制,亦可放在便于接近和观察的其他位置。

(3) 车辆识别代号还应标示在产品标牌上(两轮摩托车和轻便摩托车可除外)。

(4) $M_1$、$N_1$ 类车辆的车辆识别代号还应永久地标示在仪表板上靠近风窗立柱的位置,在白天不需移动任何部件从车外能够分辨出车辆识别代号。

(5) 车辆制造厂至少应在一种随车文件中标示车辆识别代号。

3. 车辆识别代号的标示要求

(1) 车辆识别代号的字码高度:若直接打刻在车辆结构件上,则字高应不小于7mm,深度应不小于0.3mm;对于摩托车和轻便摩托车,若直接打刻在车辆结构件上,则字高应不小于5mm,深度应不小于0.2mm;其他情况字高应不小于4mm。

(2) 车辆识别代号的字码在任何情况下都应是字迹清楚、坚固耐久和不易替换的。

(3) 车辆识别代号可采用人工可读码形式或机器可读的条码形式进行标示。若采用条码,应符合 GB/T 18410—2001 的要求。

(4) 车辆识别代号标示在车辆或标牌上时,应尽量标示在一行,此时可不使用分隔符。特殊情况下,由于技术原因必须标示在两行时,两行之间不应有空行,每行的开始与终止处应选用一个分隔符。

(5) 车辆识别代号在文件上标示时应标示在一行,不允许有空格,不允许使用分隔符。

## 六、车辆制造厂的标示责任

(1) 每个完整车辆和/或非完整车辆制造厂应负责按本标准规定的标示位置和标示形式在每辆车上标示车辆识别代号,并应在随车文件中对车辆识别代号的标示位置、标示方式加以说明。

(2) 中间阶段制造厂和最后阶段制造厂进行改装产品生产时,应保留完整车辆或非完整车辆原有的车辆识别代号,将该车辆识别代号完整地标示在自己改装的部件或产品标牌上,不得更改,并应在随车文件中对车辆识别代号的标示位置、标示方式加以说明。

① 如果最后阶段制造厂在非完整车辆上进行制造作业,改装后的车身部件使原车的车辆识别代号不易被观察到,最后阶段制造厂应负责按照符合本标准规定的标示位置和标示形式将原车的车辆识别代号标示出来。

② 如果最后阶段制造厂在无完整驾驶室的非完整车辆上进行制造作业,且改装后的车辆属于 $M_1$、$N_1$ 类车辆,最后阶段制造厂应负责按照符合本标准对 $M_1$、$N_1$ 类车辆规定的标示位置和标示形式将原车的车辆识别代号标示出来。

## 七、车辆识别代号编制规则

(1) 车辆制造厂应按照本标准的规定制定本企业的车辆识别代号编制规则,车辆识别代号编制规则应包括对车辆识别代号各位字码的编码规则、车辆识别代号的标示位置及标示方式等内容的详细规定。

(2)车辆制造厂的车辆识别代号编制规则应提交经国家汽车主管部门授权的备案机构审核和备案。

(3)车辆制造厂应按照通过审核和备案的车辆识别代号编制规则为每一个车辆产品标示车辆识别代号。

(4)在中华人民共和国境内车辆制造厂生产的出口车辆,可按照车辆进口地的规定编制车辆识别代号。

(5)进口车辆制造商应符合以上(1)、(2)、(2)的规定。

图2-20所示为一汽大众汽车的车辆识别代号,下面介绍各代号的含义。

```
L F V    5    A    1 4    B    8    Y    3 0 0 0 0 0 1
 1~3     4    5    6     7~8   9   10   11      12~17
```

图2-20 一汽大众汽车的车辆识别代号

①第1~3位:汽车制造厂代号。汽车制造厂代号见表2-7。

表2-7 汽车制造厂代号

| 代号 | 制造厂名称 |
| --- | --- |
| L | 中国 |
| FV | 一汽-大众汽车有限公司 |

②第4位:发动机排量代号。发动机排量代号见表2-8。

表2-8 发动机排量代号

| 代号 | 产品特征 | 代号 | 产品特征 | 代号 | 产品特征 |
| --- | --- | --- | --- | --- | --- |
| 1 | $L\leq1.2$ | 5 | $2.4<L\leq2.8$ | 9 | $4.0<L\leq4.4$ |
| 2 | $1.2<L\leq1.6$ | 6 | $2.8<L\leq3.2$ | A | $4.4<L\leq4.8$ |
| 3 | $1.6<L\leq2.0$ | 7 | $3.2<L\leq3.6$ | B | $L>4.8$ |
| 4 | $2.0<L\leq2.4$ | 8 | $3.6<L\leq4.0$ | | |

该车第4位是5,代表该车排量为2.8L。

③第5位:车身类型代号。车身类型代号见表2-9。

表2-9 车身类型代号

| 代号 | 产品特征 | 代号 | 产品特征 | 代号 | 产品特征 |
| --- | --- | --- | --- | --- | --- |
| A | 四门折背式车身 | B | 四门直背式车身 | C | 四门仓背式车身 |

该车第5位是A,代表该车为四门折背式车身。

④第6位:发动机、变速器类型代号。发动机、变速器类型代号见表2-10。

表2-10 发动机、变速器类型代号

| 代号 | 产品特征 | 代号 | 产品特征 | 代号 | 产品特征 |
| --- | --- | --- | --- | --- | --- |
| 1 | 汽油发动机、手动变速器 | 4 | 柴油发动机、自动变速器 | 7 | 气体燃料发动机(LPG或CNG)手动变速器 |
| 2 | 汽油发动机、自动变速器 | 5 | 两用燃料发动机、手动变速器 | 8 | 气体燃料发动机(LPG或CNG)自动变速器 |
| 3 | 柴油发动机、手动变速器 | 6 | 两用燃料发动机、自动变速器 | | |

第二章 汽车的基本知识

该车第6位是1,代表该车使用汽油发动机、手动变速器。

⑤第7～8位：车型代号。车型代号见表2-11。

车型代号(一汽-大众奥迪) 表2-11

| 代号 | 产品特征 | 代号 | 产品特征 | 代号 | 产品特征 |
|---|---|---|---|---|---|
| 4B | AUDI C5 | 1G | JETTA | 1K | BORAA5 SAGITAR |
| 8E | AUDI A4 | 1J | 1J | | |
| 4F | AUDI C6 | 2K | CADDY | | |

该车第7～8位是4B,代表该车是奥迪C5型车。

⑥第9位:检验位。检验位是车辆特征代号最后一位数字,它可为0～9中任意一位数字或字母X,其作用是核对记录的准确性,制造厂在确定了VIN的其他的十六位字码后,检验位应由以下方法计算得出：

a. VIN中的数字和字母的对应值见表2-12、表2-13。

VIN中的数字对应值 表2-12

| 数字 | 1 | 2 | 3 | 4 | 5 | 6 | 7 | 8 | 9 |
|---|---|---|---|---|---|---|---|---|---|
| 对应值 | 1 | 2 | 3 | 4 | 5 | 6 | 7 | 8 | 9 |

VIN中的字母对应值 表2-13

| 数字 | A | B | C | D | E | F | G | H | J | K | L | M | N | P | R | S | T | U | V | W | X | Y | Z |
|---|---|---|---|---|---|---|---|---|---|---|---|---|---|---|---|---|---|---|---|---|---|---|---|
| 对应值 | 1 | 2 | 3 | 4 | 5 | 6 | 7 | 8 | 1 | 2 | 3 | 4 | 5 | 7 | 9 | 2 | 3 | 4 | 5 | 6 | 7 | 8 | 9 |

b. 按照表2-14给VIN中的每一位字码指定一个加权系数。

VIN中加权系数 表2-14

| VIN中的位置 | 1 | 2 | 3 | 4 | 5 | 6 | 7 | 8 | 9 | 10 | 11 | 12 | 13 | 14 | 15 | 16 | 17 |
|---|---|---|---|---|---|---|---|---|---|---|---|---|---|---|---|---|---|
| 加权系数 | 8 | 7 | 6 | 5 | 4 | 3 | 2 | 10 | ※ | 9 | 8 | 7 | 6 | 5 | 4 | 3 | 2 |

c. 检验之外的16位字码,每一位对应的加权系数乘以此位数字或字母的对应值,再将每个乘积相加求和,该和被11所除所得的余数即为检验位的数字,如果余数是10,则检验位为字母X。

例如2000年JETTAGIX轿车总装厂第一辆下线车的VIN代号是：LFVAA11G3Y3000001,其中第九位"3"检验位是这样计算出来的,见表2-15。

VIN中的检验位计算方法 表2-15

| VIN代号 | L | F | V | A | A | 1 | 1 | G | 检验位 | Y | 3 | 0 | 0 | 0 | 0 | 0 | 1 |
|---|---|---|---|---|---|---|---|---|---|---|---|---|---|---|---|---|---|
| 对应值 | 3 | 6 | 5 | 1 | 1 | 1 | 1 | 7 | | 8 | 3 | 0 | 0 | 0 | 0 | 0 | 1 |
| 加权系数 | 8 | 7 | 6 | 5 | 4 | 3 | 2 | 10 | | 9 | 8 | 7 | 6 | 5 | 4 | 3 | 2 |
| 乘积总和 | 24+42+30+5+4+3+2+70+72+24+0+0+0+0+0=278 | | | | | | | | | | | | | | | | |
| 检验位 | 278/11=25余3 此时检验位即3 | | | | | | | | | | | | | | | | |

该车检验位为3。

⑦第 10 位:年款代号。年款代号见表 2-16。

VIN 中的年款代号　　　　　　　表 2-16

| 年　份 | 代　号 | 年　份 | 代　号 | 年　份 | 代　号 |
|---|---|---|---|---|---|
| 1991 | M | 2001 | 1 | 2011 | B |
| 1992 | N | 2002 | 2 | 2012 | C |
| 1993 | P | 2003 | 3 | 2013 | D |
| 1994 | R | 2004 | 4 | 2014 | E |
| 1995 | S | 2005 | 5 | 2015 | F |
| 1996 | T | 2006 | 6 | 2016 | G |
| 1997 | V | 2007 | 7 | 2017 | H |
| 1998 | W | 2008 | 8 | 2018 | J |
| 1999 | X | 2009 | 9 | 2019 | K |
| 2000 | Y | 2010 | A | 2020 | L |

该车第 10 位是 Y,代表该车是 2000 年款车。

⑧第 11 位:装配厂代号。装配厂代号见表 2-17。

装配厂代号　　　　　　　表 2-17

| 代　号 | 产　品　特　征 |
|---|---|
| 3 | 中国长春,一汽-大众汽车有限公司 |

⑨第 12~17 位:车辆生产顺序号。该车的车辆生产顺序号是 000001。

解读上述的车辆识别代号可知,该车由一汽-大众汽车有限公司制造,装备发动机的排量为 2.8L,奥迪 C5 型轿车,四门折背式车身,汽油发动机,手动变速器,检验位为 3,2000 年由中国一汽-大众有限股份公司总装厂下线的第一辆轿车。

# 第三章 发动机的基本知识

## 第一节 发动机的分类与基本构造

### 一、发动机的分类

汽车发动机是将燃料燃烧的热能转换为机械能的装置,它是汽车的动力源。汽车使用的发动机主要是往复活塞式内燃机,即燃料在机器内部燃烧,产生的热能通过活塞的往复直线运动转化为机械能。内燃机具有结构紧凑、热效率高、体积小、质量轻和容易起动等优点,因而广泛用作汽车的动力装置。

用不同的分类方法对发动机进行分类。

1. 根据所用燃料不同分类

如图 3-1 所示,根据所用燃料不同分类,可将发动机分为汽油发动机和柴油发动机。以汽油为燃料的发动机称为汽油发动机,以柴油为燃料的发动机称为柴油发动机,汽油发动机是利用可燃混合气在汽缸内压缩,通过火花塞产生高压电火花点燃混合气产生热量而工作的。柴油发动机是利用高压将柴油喷入燃烧室内,柴油自燃,产生高温高压推动活塞对外输出做功,因此,柴油发动机也称为压燃式发动机。还有以天然气、液化气和其他气体为燃料的发动机称为燃气发动机。

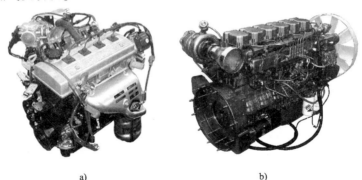

图 3-1 发动机的分类
a) 汽油发动机 b) 柴油发动机

2. 根据发动机完成一个工作循环活塞的行程数不同分类

如图 3-2 所示,根据发动机完成一个工作循环活塞的行程数不同分类将发动机分为四冲程发动机和二冲程发动机,在一个工作循环内活塞需要往复四个行程完成将燃料燃烧的热能转化成机械能的发动机称为四冲程发动机;在一个工作循环内活塞往复两个行程就将燃料燃烧的热能转化成机械能的发动机称为二冲程发动机。由于二冲程发动机的换气品质差,目前在汽车上应用很少。

3. 按照承压元件的运动方式不同分类

如图3-3所示,按照承压元件的运动方式不同分类,可将发动机分为往复活塞式发动机和转子式发动机两类。燃料燃烧产生的气体压力作用在活塞上,活塞作往复运动,将燃料燃烧的热能转化为机械能,这种发动机称为往复活塞式发动机。燃料燃烧产生的气体压力作用在三角转子上,三角转子做旋转运动,将燃料燃烧的热能转化为机械能,这种发动机称为转子式发动机。

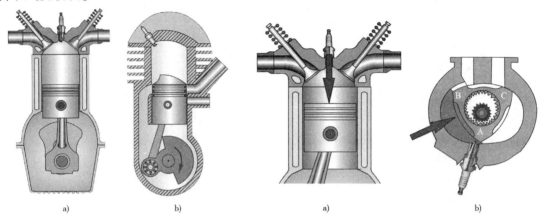

图3-2　四冲程发动机与二冲程发动机
a)四冲程发动机;b)二冲程发动机

图3-3　往复活塞式发动机和转子式发动机
a)往复活塞式发动机;b)转子式发动机

4. 根据冷却方式的不同分类

发动机以水或冷却液为冷却介质的称为水冷发动机,以空气为冷却介质的称为风冷发动机。由于水冷的效果好,冷却强度容易调节,所以现代汽车发动机中绝大多数采用水冷发动机。

此外,发动机还可根据汽缸的数目、汽缸的排列方式、燃油的供给方式、凸轮轴的位置、每缸的气门数目等进行分类。目前,在汽车发动机中应用最为广泛的是四冲程、水冷式、往复活塞式内燃机。其中汽油发动机主要用于轿车、轻型客车和轻型货车上,柴油发动机主要用于中型、重型货车和大型客车上。另外,轿车、轻型汽车的发动机也有柴油发动机化的趋势。气体燃料发动机由于燃料成本较低,汽车运行时废气污染较少、排放性能好,因此,在城市公交运输中得到广泛应用。

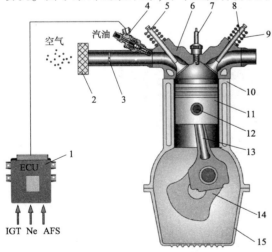

图3-4　单缸四冲程汽油发动机
1-ECU;2-空气滤清器;3-节气门;4-喷油器;5-进气门;6-汽缸盖;7-火花塞;8-排气门;9-气门弹簧;10-汽缸体;11-活塞;12-活塞销;13-连杆;14-曲柄;15-油底壳

二、基本构造

单缸汽油发动机的基本构造如图3-4所示,在汽缸盖6上安装有进气门5和排气门

8，火花塞 7 通过螺纹拧到缸盖上，活塞 11 在汽缸 10 里作往复运动，活塞通过活塞销 12 和连杆 13 与曲轴 14 连接，电脑（ECU）1 接收各传感器传来的信号，控制喷油器 4 喷油。

### 三、发动机的常用术语

1. 上止点

如图 3-5a）所示，活塞向上运动到最高位置，即活塞离曲轴回转中心最远处的位置称作上止点。如在调整气门间隙时，需要将汽缸活塞旋转至压缩行程上止点。

2. 下止点

如图 3-5b）所示，活塞向下运动到最底位置，即活塞离曲轴回转中心最近处的位置称作下至点。

3. 活塞行程

如图 3-5 所示，上、下止点间的距离称为活塞行程。现代发动机其转速较高，因此，活塞的行程都较小。

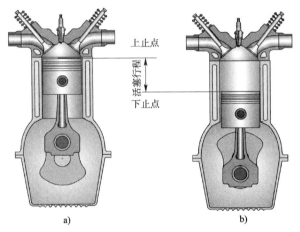

图 3-5　上、下止点
a）上止点；b）下止点

4. 燃烧室容积

如图 3-6a）所示，活塞运行到上止点时，活塞上方的容积称为燃烧室容积。燃烧室容积理论上是不变的，在实际使用中，由于燃烧室积炭等原因，将导致燃烧室容积变小，因此，在维修中，需要清洁燃烧室的积炭。

5. 汽缸工作容积

如图 3-6b）所示，上止点到下止点所让出的空间容积，即上、下两止点间的容积称为汽缸工作容积。随着汽缸的磨损，汽缸工作容积会略有增大。

6. 汽缸总容积

如图 3-7 所示，活塞运行到下止点时，活塞上方的容积称为汽缸总容积。即汽缸工作容积与燃烧室容积之和。

7. 发动机排量

如图 3-8 所示，发动机所有汽缸工作容积之和，称为发动机的排量。对于单缸发动机来说,汽缸工作容积在数值上即为发动机的排量。发动机排量是发动机的一个重要参数,发动机的排量越大,其汽车的动力性越好,乘用车的特征参数即为发动机的排量。

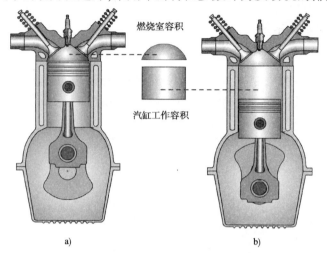

图 3-6 燃烧室容积、汽缸工作容积
a)燃烧室容积;b)汽缸工作容积

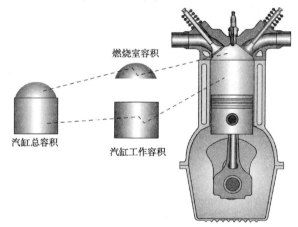

图 3-7 汽缸总容积

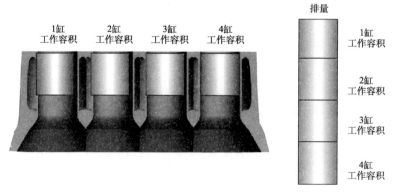

图 3-8 排量

8. 压缩比

如图 3-9 所示,汽缸总容积与燃烧室容积的比值称为压缩比。它表示活塞由下止点运动到上止点时,汽缸内气体被压缩的程度。压缩比越大,压缩终了时汽缸内的气体压力和温度就越高,因而发动机发出的功率就越大,经济性就越好。一般车用汽油机的压缩比为 8 ~ 10,柴油机的压缩比为 15 ~ 22。

9. 曲柄半径

如图 3-10 所示,曲轴连杆轴颈与曲轴主轴颈之间的距离称曲柄半径 $R$,显然,行程 $S = 2R$,曲轴每转一周,活塞移动两个行程。

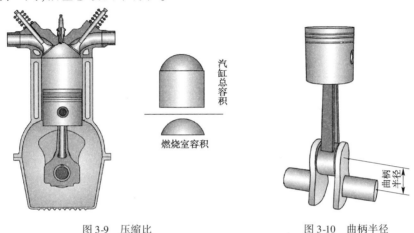

图 3-9　压缩比　　　　　　　图 3-10　曲柄半径

10. 发动机的工作循环

在汽缸内进行的每一次将燃料燃烧的热能转化为机械能的一系列连续过程称为发动机的工作循环。

11. 二冲程发动机

两个行程完成一个工作循环的发动机称为二冲程发动机,二冲程发动机质量轻,制造成本低,但是其经济性和排放性能较差。

12. 四冲程发动机

四个行程完成一个工作循环的发动机称为四冲程发动机,汽车上广泛使用四冲程发动机。

## 第二节　发动机工作原理

### 一、四冲程汽油机工作原理

四冲程汽油机是指通过进气、压缩、做功和排气四个行程,将燃料燃烧的热能转化为机械能,下面介绍其工作原理。

1. 进气行程

如图 3-11 所示,进气行程是活塞由曲轴带动从上止点向下止点运动,此时进气门打开,排气门关闭,由于活塞下移,活塞上腔容积增大,形成一定真空吸力,在真空吸力的作用下,空气与汽油的混合物,经进气道、进气门被吸入汽缸,至活塞运动到下止点时,进气行程结束。

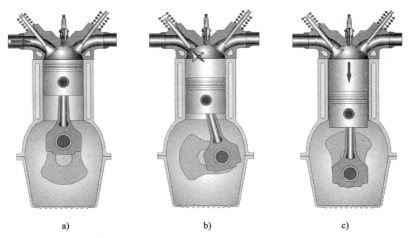

图 3-11　进气行程
a)进气行程开始；b)进气行程中；c)进气行程结束

进气行程结束时,由于进气过程中进气管和进气门等有进气阻力,汽缸内压力低于大气压力,为 75～90kPa。由于汽缸壁、活塞等高温机件及残留高温废气的加热,气体温度为 370～440K。

2. 压缩行程

如图 3-12 所示,进气行程结束时,活塞在曲轴的带动下,从下止点向上止点运动。此时,进、排气门均关闭,随着活塞上移,活塞上腔容积不断减小,混合气被压缩,至活塞到达上止点时,压缩行程结束。

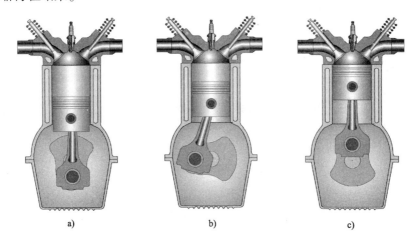

图 3-12　压缩行程
a)压缩行程开始；b)压缩行程中；c)压缩行程结束

在压缩行程过程中,气体压力和温度同时升高,混合气进一步混合,形成可燃混合气。

压缩比越大,压缩终了可燃混合气的压力和温度越高,燃烧速度越快,热效率越高,发动机的动力性和经济性越好。但是,对汽油机来说,压缩比的提高要受到爆震的限制,在汽油机中,爆震是一种不受控制的不正常燃烧,它是由于汽缸内压力和温度过高,在燃烧室内离火花塞较远处的可燃混合气在正常的火焰传播的前锋面到达前就自燃而引起的。爆震时,燃烧室内压力和温度急剧升高,产生具有音速的压力波,冲击燃烧室壁面,产生尖锐的金属敲缸声,它会导致发动机功率下降,转速下降,工作不稳定,发动机过热,排气冒黑烟,$NO_x$排放量增加等,严重时,会导致活塞、缸盖、排气门烧坏,轴承碎裂,火花塞绝缘破坏等严重事故。因此,汽油机的压缩比通常要控制在一定的范围内。汽油机压缩终点时,汽缸内压力为1~1.6MPa,可燃混合气的平均温度为625~725K,远高于汽油的点燃温度,因而很容易点燃。

3. 做功行程

如图3-13所示,压缩行程终了时,火花塞打出电火花,点燃汽缸内的可燃混合气,混合气迅速着火燃烧,产生高温、高压,在气体压力的作用下,活塞由上止点向下止点运动,活塞通过连杆驱动曲轴旋转向外输出做功,至活塞运动到下止点时,做功行程结束。

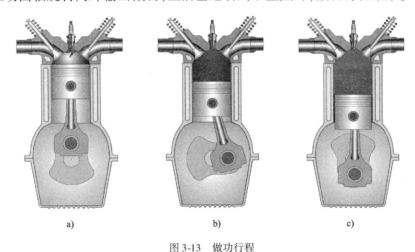

图3-13 做功行程
a) 做功行程开始;b) 做功行程中;c) 做功行程结束

在发动机的四个行程中,只有做功行程是活塞通过连杆带动曲轴旋转,其他几个行程均是曲轴通过连杆带动活塞运动。

在做功行程中,开始阶段汽缸内气体压力、温度急剧上升,瞬时压力可达3~5MPa,瞬时温度可达2200~2800K。随着活塞的下移,压力、温度下降,做功行程终了时,压力为300~500kPa,温度为1500~1700K。

4. 排气行程

如图3-14所示,在做功行程终了时,排气门被打开,活塞在曲轴的带动下由下止点向上止点运动。废气在自身的剩余压力和活塞的驱赶作用下,自排气门排出汽缸,至活塞运动到上止点时,排气行程结束。

排气终了时,由于燃烧室的存在,汽缸内还存有少量废气,气体压力也因排气门和排气道等有阻力而高于大气压力。此时,压力为105~125kPa,温度为900~1200K。

排气行程结束后,发动机再次进行进气行程、压缩行程、做功行程和排气行程,完成下一个工作循环,如此周而复始,发动机就自行运转。

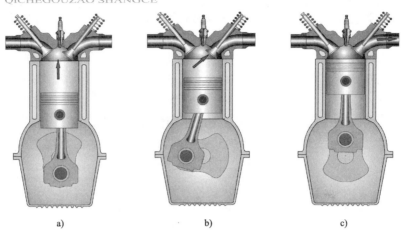

图 3-14 排气行程
a)排气行程开始;b)排气行程中;c)排气行程结束

## 二、四冲程柴油机的工作原理

四冲程柴油机和四冲程汽油机工作原理一样,每个工作循环也是由进气、压缩、做功和排气四个行程所组成。但柴油和汽油性质不同,柴油机在可燃混合气的形成、着火方式等与汽油机有较大区别。下面主要介绍与汽油机工作原理不同之处。图 3-15 ~ 图 3-18 为单缸四冲程柴油机工作原理示意图。

1. 进气行程

如图 3-15 所示,柴油机的进气行程与汽油机不同,柴油机进入汽缸的不是混合气,而是纯空气。

由于进气阻力比汽油机小,上一行程残留的废气温度比较低等原因,进气终了压力和温度与汽油机稍有不同,压力为 800 ~ 900kPa,温度为 320 ~ 350K。

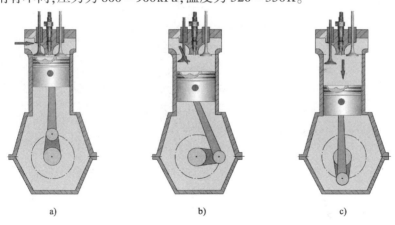

图 3-15 进气行程
a)进气行程开始;b)进气行程中;c)进气行程结束

2. 压缩行程

如图 3-16 所示,柴油机的压缩行程也是进、排气门均关闭,活塞由下止点向上止点运动,与汽油机的压缩行程不同的是柴油机压缩的是纯空气,且由于柴油机压缩比大,压缩终了的温度和压力都比汽油机高,压力可达 3~5MPa,温度可达 800~1000K。

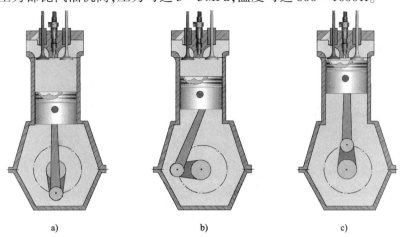

图 3-16 压缩行程
a)压缩行程开始;b)压缩行程中;c)压缩行程结束

3. 做功行程

做功行程如图 3-17 所示。柴油机的做功行程与汽油机的做功行程有很大不同,压缩行程末,喷油泵将高压柴油经喷油器呈雾状形式喷入汽缸内的高温空气中,柴油迅速汽化并与空气形成可燃混合气。因为此时汽缸内的温度远高于柴油的自燃温度(500K 左右),柴油自行着火燃烧,且以后的一段时间内边喷边燃烧,汽缸内的温度、压力急剧升高,推动活塞下行做功。

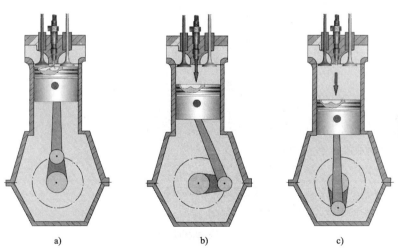

图 3-17 做功行程
a)做功行程开始;b)做功行程中;c)做功行程结束

此行程中,瞬时压力可达 5~10MPa,瞬时温度可达 1800~2200K;做功行程终了,汽缸内的压力为 200~400kPa,温度为 1200~1500K。

4. 排气行程

排气行程如图 3-18 所示。与汽油机排气行程基本相同。排气终了,汽缸压力为 105~

125kPa,温度为800～1000K。

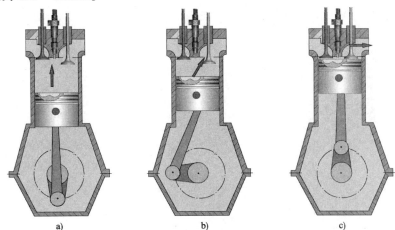

图 3-18 排气行程
a) 排气行程开始; b) 排气行程中; c) 排气行程结束

### 三、汽油机与柴油机工作原理比较

四冲程汽油机与四冲程柴油机相比,在工作原理、结构、性能上,既有相同点也有不同点,其主要异同见表 3-1。

汽油机与柴油机的比较　　　　　　　　　　　　　表 3-1

| 异同点 | | 汽油发动机 | 柴油发动机 |
|---|---|---|---|
| 不同点 | 所用燃料 | 汽油 | 柴油 |
| | 混合气形成方式 | 汽缸外形成 | 汽缸内形成 |
| | 压缩比 $\varepsilon$ | 8～10 | 15～22 |
| | 着火方式 | 火花塞点火 | 自燃(压燃)着火 |
| | 经济性 | 燃油经济性差 | 热效率高,燃油经济性好 |
| | 动力性 | 动力性较差 | 动力性较好 |
| | 排放性 | 排放污染较重 | 排放污染少,排放性能好 |
| | 起动性 | 起动性较好 | 起动性较差 |
| | 工作平稳性 | 工作噪声小,振动小 | 工作噪声大,振动大 |
| | 适用车型 | 轿车,中小型客车,小型货车 | 中、重型货车,大型客车,专用车 |
| 相同点 | 工作循环 | 每一工作循环包括进气、压缩、做功、排气四个过程,曲轴转 2 转 | |
| | 进气行程 | 进气门开启,排气门关闭,曲轴带动活塞下行,曲轴旋转 180° | |
| | 压缩行程 | 进、排气门均关闭,曲轴带动活塞上行,曲轴旋转 180° | |
| | 做功行程 | 进、排气门均关闭,活塞下行带动曲轴转动对外输出做功,曲轴旋转 180° | |
| | 排气行程 | 进气门关闭,排气门开启,曲轴带动活塞上行,曲轴旋转 180° | |

### 四、多缸发动机的工作

从单缸发动机工作原理可知,只有做功行程产生动力,其他三个行程都要消耗动力。为了维持运动,单缸发动机必须有一个储备能量较大的飞轮,即使如此,发动机运转仍然是不平稳的,做功行程快,其他行程慢。另外,单缸发动机还有其他缺点,使其在汽车上的应用受到了限制。

汽车上实际应用的是多缸发动机,它是由若干个相同的单缸排列在一个机体上共用一根曲轴输出动力所组成。现代汽车上用的较多是四缸、六缸、八缸发动机。

多缸发动机是在曲轴转角720°内(四冲程发动机)或曲轴转角360°内(二冲程发动机),各缸都要像单缸发动机一样完成一个工作循环。为了使发动机运转平稳,除少数发动机因结构限制外,各缸做功间隔角大都均等。如四冲程六缸发动机各缸做功间隔角为 $\varphi = 720°/6 = 120°$ 即曲轴每转120°就有一个缸做功,各缸做功行程略有搭接,这样发动机运转较单缸发动机平稳得多。另外,由于各缸的做功行程为其他缸的准备行程提供动力,所以储存能量的飞轮也较单缸发动机小得多。

多缸发动机各缸做功行程发生的顺序,称为发动机的工作顺序或点火顺序,应遵守一定的规律,四缸发动机的做功顺序是 1→3→4→2,六缸发动机的做功顺序是 1→5→3→6→2→4。

## 第三节 发动机总体构造

发动机是许多零部件组成,其结构形式千差万别,虽然是同一类型的发动机,但构造也是各不相同的,但就总体构造而言,汽油机是由两大机构和五大系统组成,如图 3-19 所示,其两大机构为曲柄连杆机构和配气机构,五大系统是燃料供给系、润滑系、冷却系、点火系和起动系。柴油机只有是有两大机构和四个系统组成(无点火系),如图 3-20 所示。

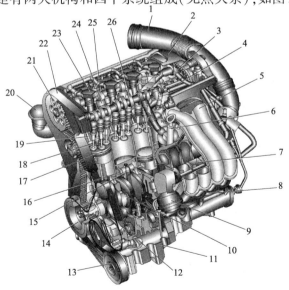

图 3-19 汽油机结构图

1-进气管;2-汽缸盖罩;3-链条;4-喷油器;5-进气歧管;6-机油尺;7-进气歧管切换阀;8-进气总管;9-真空阀;10-曲轴;11-油底壳;12-机油泵;13-空调压缩机皮带轮;14-曲轴皮带轮;15-连杆;16-活塞销;17-活塞;18-进气门;19-排气;20-排气管;21-排气凸轮轴驱动链轮;22-正时齿轮带;23-点火器总成;24-挺柱;25-排气凸轮轴;26-进气凸轮轴

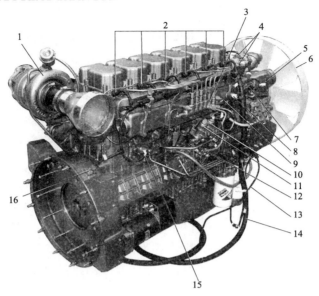

图 3-20 柴油机

1-废气涡轮增压器;2-喷油器;3-共轨管;4-冷却液温度传感器;5-进气加热器;6-风扇;7-进气压力传感器(凸轮轴位置传感器);8-进气温度传感器;9-共轨压力传感器;10-PCV1 供油泵电磁阀;11-PCV2 供油泵电磁阀;12-G 判缸传感器;13-车下发动机停止线;14-发动机线束;15-回油温度传感器;16-Ne 转速传感器

### 一、曲柄连杆机构

曲柄连杆机构由机体组、活塞连杆组和曲轴飞轮组三部分组成,其作用是将燃料燃烧所产生的热能作用在活塞上,由活塞的往复直线运动继而转变成曲轴的旋转运动而对外输出做功。

### 二、配气机构

配气机构由气门组和气门传动组两部分组成。其作用是按照发动机各缸工作顺序和工作循环的要求,定时地开启或关闭气门,以便发动机完成换气过程。

### 三、燃料供给系

汽油机和柴油机的燃料供给系由于供油系和燃烧过程不同,在结构上也有很大的区别,汽油机燃料供给系由空气供给系统、燃油供给系统和电子控制系统组成,其作用是根据发动机不同工况的要求,配制一定数量和浓度的可燃混合气,进入汽缸,并在燃烧做功后将燃烧后的废气排至大气中。

柴油机的燃料供给系由油箱、输油泵、柴油滤清器、高压泵、喷油器、进排气管和消声器等零部件组成。它的作用是向汽缸内供入新鲜的空气,定时、定量、定压地将柴油喷入燃烧室,来满足发动机不同工况的功率和转速的要求,最后还要将废气排出汽缸。

### 四、润滑系

润滑系由机油泵、机油滤清器、机油尺等组成。其作用是将润滑油通过机油泵将机油输送到零部件的摩擦表面,以减小摩擦力,减少零件的磨损,并对零部件的表面进行冷却和清洗,继而延长发动机的使用寿命。

### 五、冷却系

冷却系的的作用是将受热机体的热量散发到大气中去,以保证发动机在最佳的温度下正常工作。

### 六、点火系

点火系的作用是通过火花塞产生火花,点燃汽缸内的可燃混合气,使混合气着火燃烧。

### 七、起动系

起动系的作用是利用起动机带动飞轮旋转,使发动机完成进气、压缩行程,从而自行运转。

# 第四章 曲柄连杆机构

## 第一节 概 述

### 一、曲柄连杆机构的作用与组成

曲柄连杆机构是内燃机完成工作循环、实现能量转换的传动机构。它的作用是将燃料燃烧时产生的热能转变为活塞往复运动的机械能,通过连杆将活塞的往复运动变为曲轴的旋转运动而对外输出做功。

曲柄连杆机构由机体组、活塞连杆组和曲轴飞轮组三部分组成。

### 二、曲柄连杆机构的工作条件及受力分析

曲柄连杆机构是在高温、高压、高速以及有化学腐蚀的条件下工作的。在发动机做功时,汽缸内的最高温度可达 2500K 以上,最高压力可达 5~9MPa,现代汽车发动机最高转速可达 6000r/min 以上,则活塞每秒要行经 100~200 个行程,可见其线速度是很大的。此外,与可燃混合气和燃烧废气接触的机件(如汽缸、汽缸盖、活塞等)还将受到化学腐蚀的作用。

由于曲柄连杆机构是在高压下作变速运动,因此,它在工作时的受力情况是很复杂的,在此只对受力情况作简单分析。

曲柄连杆机构受的力主要有气体压力、往复惯性力、旋转运动件的离心力以及相对运动件接触表面的摩擦力。

#### 1. 气体压力

在每个工作循环的四个行程中,汽缸内气体压力始终存在而且是不断变化的。做功行程压力最高,其瞬间最高压力汽油机可达 3~5MPa;柴油机可达 5~9MPa,这意味着作用在曲柄连杆机构上的瞬间冲击力可达数万牛(N)。下面分析各机件做功行程的受力情况。

如图 4-1a)所示,气体压力对汽缸盖和活塞顶作用有大小相等、方向相反的力,分别用集中力 $P'_P$ 和 $P_P$ 表示。作用力 $P_P$ 经活塞传到活塞销上,分解为 $P_N$ 和 $P_S$ 两个力。$P_N$ 垂直于汽缸壁,它使活塞的一个侧面压向汽缸壁,称

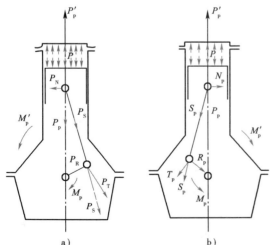

图 4-1 气体压力作用简图
a)做功行程受力情况;b)压缩行程受力情况

为侧压力。该力以 $O$ 为支点形成一个与曲轴转向相反的力矩 $M'_p$，有使发动机向左翻倒的倾向，故被称为翻倒力矩。力 $P_S$ 通过活塞销推压连杆，并沿连杆方向传到曲柄销上，使曲柄销处受压。$P_S$ 又可分解为沿曲轴方向的法向力 $P_R$ 和垂直于曲柄方向的切向力 $P_T$。力 $P_R$ 使曲轴主轴颈处受压并使曲轴弯曲；力 $P_T$ 除了也具有力 $P_R$ 的类似作用外，它以曲柄半径为力臂产生的转矩 $M_p$ 还可使曲轴扭转变形，但也正是此转矩能够对外输出动力，因而它是分解后唯一有效的力。

依此法分析，气体压力较小的压缩行程的受力状况[图4-1b)]。在压缩行程中，气体压力是阻碍活塞向上运动的阻力。这时作用在活塞顶的气体总压力 $P_p$ 也可以分解为两个分力 $P_N$ 和 $P_S$，而 $P_S$ 又分解为 $P_R$ 和 $P_S$。$P_R$ 使曲轴主轴颈与主轴承间产生压紧力；$P_S$ 对曲轴造成一个旋转阻力矩 $M_p$，企图阻止曲轴旋转。而 $P_N$ 则将活塞压向汽缸的另一侧壁。

进、排气行程气体压力很小，可以忽略。

综上所述，气体压力使汽缸盖承受向上的推力，活塞顶承受向下的推力、活塞侧面与汽缸壁间有侧压力，活塞销处、连杆杆身、曲柄销处及曲轴主轴颈处，均受压力，曲轴还承受弯曲力矩和扭转力矩。

在工作循环的任何行程中，气体作用力的大小都是随活塞的位移而变化的，再加上连杆在左右摇摆，因而作用在活塞销和曲轴轴颈的表面以及两者的支承表面上的压力和作用点不断变化，造成各处磨损的不均匀。同样，汽缸壁沿圆周方向的磨损也不均匀。

2. 往复惯性力和离心力

往复运动的物体，当运动速度变化时，就要产生往复惯性力。物体绕某一中心做旋转运动时，就会产生离心力。这两种力在曲柄连杆机构的运动中都是存在的。

为了分析方便，将其产生的惯性力简化为往复惯性力和离心惯性力。

1) 往复惯性力

往复惯性力是指活塞组件和连杆小头在汽缸内作往复运动所产生的惯性力，用 $P_j$ 表示。其大小与机件的质量及加速度成正比，其方向总与加速度的方向相反。

活塞在汽缸内从上止点向下止点运动时，速度由零开始加速运动，至接近中部时速度最大，这一段惯性力向上[图4-2a)]。然后作减速运动，则惯性力变为向下[图4-2b)]，至下止点时速度减为零。活塞从下止点向上运动时，前半行程作加速运动，惯性力向下，后半行程作减速运动，惯性力向上。

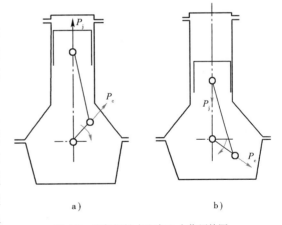

图4-2 往复惯性力和离心力作用简图
a) 活塞上半行程；b) 活塞下半行程

于是可知，活塞上半行程时，惯性力都向上，下半行程时，惯性力都向下。在上下止点处，活塞运动方向改变，速度为零，加速度最大，惯性力也最大；在行程中部附近，活塞运动速度最大，加速度等于零，惯性力也等于零。

由于往复惯性力与汽缸压力都可认为作用于汽缸中心线上，只是上下方向有时不同，因此，惯性力分解后会引起各传动机件受力而使机件损坏，与气体压力大致相似，不再赘述。

但惯性力不作用于汽缸盖上,它在单缸发动机内部是不平衡的,会引起发动机上下振动。多缸发动机有可能在各缸之间相互平衡(有的活塞在上半行程,有的活塞在下半行程),引起发动机振动的倾向大为减小。

2) 离心惯性力

离心惯性力是指曲柄、连杆轴颈、连杆大头等围绕曲轴轴线作圆周运动产生的力,用 $P_c$ 表示,简称离心力。其大小与运动件的质量、旋转半径、角速度的平方成正比,其方向总是背离曲轴中心向外(图4-2),它给主轴颈及主轴承以附加力。连杆下端质量的离心力还给连杆轴颈和连杆轴承以附加力,而加速了这些部位的磨损。另外,离心力也可引起发动机的振动。

由上可知,发动机的振动,绝不是汽缸内燃烧气体的爆炸压力引起的,而是未加平衡的往复惯性力和离心力所致。当发动机高速运转时,后两者叠加在一起,可引起发动机剧烈地振动。为此,发动机在结构上采取了各种平衡措施(如附加的平衡轴和平衡重等),要注意其装配位置。

3. 摩擦力

曲柄连杆机构中相互接触的表面做相对运动时都存在有摩擦力,其大小与正压力和摩擦系数成正比,其方向总与相对运动的方向相反。摩擦力的存在是造成配合表面磨损的根源。

为了方便,上述各力是分别分析的,实际上这些力不是单独存在的,各机件所受的力是各种力的综合。

曲柄连杆机构产生的惯性力和摩擦力都是有害的,现代高速发动机尽量减少运动件的质量和活塞的行程,以减小惯性力;同时,保证运动件有较高的加工精度和装配精度,并采取加强润滑等措施,以减小摩擦力。

上述各种力,作用在曲柄连杆机构和机体的各有关零件上,使它们受到压缩、拉伸、弯曲和扭转等不同形式的载荷,为了保证工作可靠,减小磨损,在结构上必须采取相应的措施。

## 第二节 机 体 组

机体组是发动机的骨架,也是发动机各机构和各系统的安装基础,其内、外安装着发动机的所有主要零件和附件,承受各种载荷。如图4-3所示,机体组主要由汽缸体、曲轴箱、油底壳、汽缸套、汽缸盖和汽缸垫等组成。

### 一、汽缸体

汽缸体的结构如图4-4所示,水冷式发动机的汽缸体和曲轴箱常使用铸铁或铝合金铸成一体,通称为汽缸体。汽缸体是发动机各个机构和系统的装配机体,活塞、曲轴、汽缸盖、油底壳等零部件都安装在汽缸体上,并由它来保持发动机各运动件相互之间准确位置关系。汽缸体上半部有若干个为活塞在其中运动导向的圆柱形空腔,称为汽缸。汽缸数量一般有1、2、3、4、5、6、8等,汽车多为3缸以上。下半部为支撑曲轴的曲轴箱,其内腔为曲轴运动的空间。在汽缸体内部铸有许多加强筋,以增加缸体的刚度,在缸体内铸有冷却水套和润滑油道等。

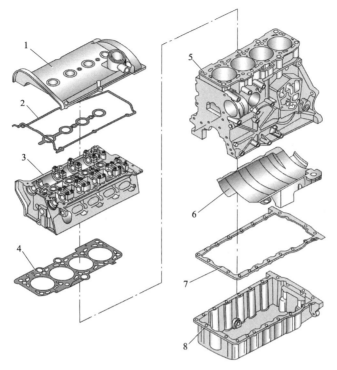

图 4-3　机体组
1-汽缸盖罩;2-汽缸盖罩密封垫;3-汽缸盖;4-汽缸垫;5-汽缸体;6-挡油板;7-油底壳垫;8-油底壳

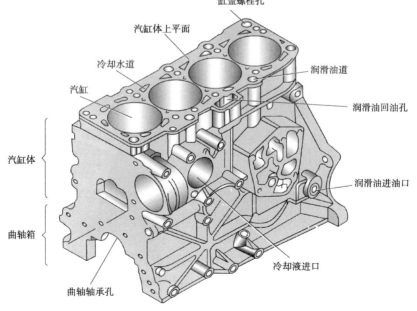

图 4-4　汽缸体

在多缸发动机中，汽缸的排列形式决定了发动机的外形尺寸和结构特点，并影响汽车的总体布置。汽缸的排列形式有直列式、V形式和水平对置式三种，如图4-5所示。

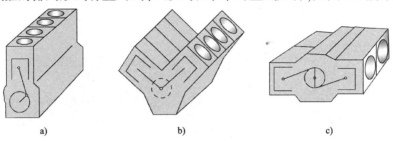

图4-5 汽缸的排列形式
a)直列四缸；b)V形八缸；c)对置四缸

发动机中各汽缸排成一直列的称为直列式，如图4-5a)所示。其特点是汽缸体结构简单，加工容易，机体宽度小，但长度和宽度尺寸较大。为了降低发动机的高度，有时也将汽缸倾斜布置，一般只用于六缸或六缸以下的发动机。

发动机中两列汽缸呈V形排列，且共用一根曲轴对外输出动力的称为V形式，如图4-5b)所示。其特点是结构紧凑，纵向长度短，有利于整车布局，但机体形状复杂，宽度大，一般多用于六缸或六缸以上的发动机。目前有V6、V8、V12和V16等机型。

发动机中两列汽缸呈水平相对排列的称为对置式，如图4-5c)所示。其特点是高度比其他形式要小得多，重心低，便于汽车发动机的总体布置，特别是轿车和大型客车，但机体结构复杂，宽度较大。

## 二、汽缸套

汽缸内表面由于受高温、高压气体的作用，并且与高速运动的活塞接触而极易磨损，当磨损超过使用极限时就需要维修，通常的维修方法是将汽缸重新加工，镶入优质材料制成的汽缸套，恢复原来的几何尺寸。对于使用铝合金材料的缸体，由于铝合金本身不耐磨，因此，在制造缸体时就镶入缸套。

汽缸套按照是否与冷却液直接接触可分为干式汽缸套和湿式汽缸套两种。

### 1. 干式汽缸套

如图4-6所示，干式汽缸套的外表面不直接与冷却液接触，其壁厚一般为1~3mm。为了保证散热效果和缸套的定位，缸套的外表面与汽缸体的缸套孔内表面均有较高的加工精度，并采用一定的过盈量将汽缸套装到缸套孔中。

干式汽缸套的优点是不易漏水、漏气，缸心距小，结构紧凑，缸体结构刚度好；缺点是散热效果差，维修、更换不便。多用于中、小型发动机。

### 2. 湿式汽缸套

湿式汽缸套的结构如图4-7所示，其外表面与冷水直接接触，壁厚一般为5~9mm。如图4-8所示，湿式缸套利用缸套上部凸缘的下平面C为轴向定位，以外圆柱表面上的圆环凸台A和B为径向定位。上支承圆环凸台A直径略大，与缸套座孔配合较紧密；下支承圆环凸台B与缸套座孔配合较松，缸套装入座孔后，缸套顶面略高出汽缸体上平面0.05~0.15mm，这样在拧紧缸盖螺栓时，使缸套凸出部分与汽缸垫压得更紧，起到防止汽缸漏气和水套漏水的作用。为防止漏气、漏水,有的缸套凸缘下平面 C 处还加装有金属垫片。为了防止漏水,在缸套的下部装有 1~3 道耐油、耐热的橡胶密封圈,用以密封。

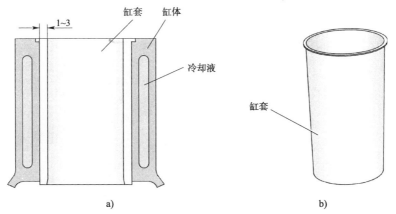

图 4-6　干式汽缸套
a) 装配示意图;b) 干式缸套

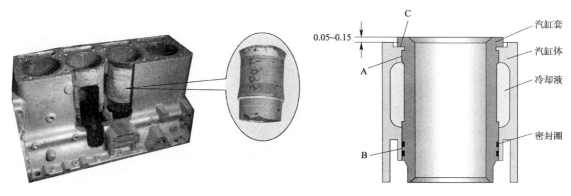

图 4-7　湿式汽缸套的结构　　　　　图 4-8　湿式汽缸套的定位与防漏结构

湿式汽缸套的优点是在汽缸体上没有封闭的水套,铸造较容易,便于修理更换,且散热效果较好。缺点是汽缸体的刚度差,易产生穴蚀,易漏气、漏水等。多用于大负荷或铝合金汽缸体的发动机中。

## 三、汽缸盖

汽缸盖安装在汽缸体的上面,其主要作用是密封汽缸,并于活塞顶部和汽缸壁一起构成燃烧室。汽缸盖一般多用灰铸铁或合金铸铁铸造。一些高转速汽油机为了强化散热及提高压缩比,采用导热性好的铝合金材料铸造。

1. 汽缸盖的结构

如图 4-9 所示,汽缸盖的结构随气门的布置、冷却方式以及燃烧室的形状而异。水冷却发动机的汽缸盖内部铸有冷却水套,且底面的冷却水孔与汽缸体上平面的冷却水孔相通,利用冷却水的循环来冷却燃烧室壁等高温部分;风冷却发动机的汽缸盖外部有许多散热片,以利于散热。

汽缸盖上设有进、排气通道,气门座、气门导管孔,火花塞(汽油机)座孔或喷油器(柴油机)座孔,缸盖螺栓孔,以及供混合气燃烧的燃烧室等。凸轮轴上置式发动机的汽缸盖上还有凸轮轴轴承孔,用以安装凸轮轴。为了润滑凸轮轴,在缸盖上设有与汽缸体相通的润滑油道。

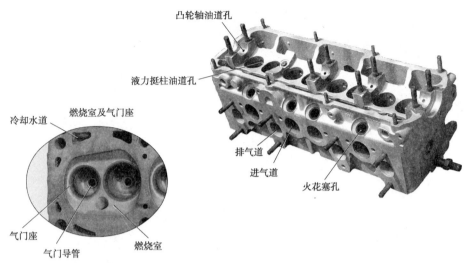

图4-9 汽缸盖

### 2. 汽缸盖的形式

为了便于制造和维修,减少汽缸盖受力和受热后变形对密封性的影响,功率较大的柴油机和部分汽油机多采用分体式汽缸盖,即一缸一盖,二缸一盖或三缸一盖。而汽油机因缸径较小,汽缸盖结构轻巧,负荷较小,故多采用整体式缸盖。

目前,铝合金铸造的缸盖,有取代铸铁的趋势,如桑塔纳、捷达等轿车发动机均采用铝合金材料铸造而成的整体式汽缸盖。因铝的导热性比铸铁好,有利于提高压缩比,以适应高速高负荷强化汽油机散热及提高压缩比的需要。铝合金汽缸盖的缺点是刚度低,使用中容易变形。

### 3. 燃烧室

汽油机的燃烧室是由活塞顶部及缸盖上相应的凹部空间组成。对燃烧室有如下基本要求:一是结构尽可能紧凑,充气效率要高,以减小热量损失及缩短火焰行程;二是使混合气在压缩终了时具有一定压缩涡流,以提高混合气的混合质量,保证混合气得到及时和充分燃烧;三是表面要光滑,不易积炭。

汽油机常用燃烧室形状有以下几种,如图4-10所示。

1) 半球形燃烧室 [图4-10a)]

断面形状为半球形,结构较后两种更紧凑。气门成横向V形排列,其配气机构比较复杂。但由于其散热面积小,有利于促进燃料的完全燃烧和减少排气中的有害气体,对排气净化有利。轿车发动机多采用这种燃烧室。

2) 楔形燃烧室 [图4-10b)]

断面形状为楔形,结构较简单、紧凑。在压缩终了时能形成挤气涡流,可产生高压缩比,因而燃烧速度较快,经济性和动力性较好。是20世纪60年代的主流之一,其燃烧室面积大,可以防止异常燃烧,但热损失较大。

3) 盆形燃烧室[图 4-10c)]

断面形状为盆状,结构也较简单、紧凑。弯曲的进气歧管和排气管,容易产生进气涡流,但进气效率低。

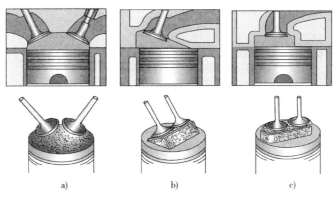

图 4-10　汽油机的燃烧室形状
a) 半球形燃烧室; b) 楔形燃烧室; c) 盆形燃烧室

## 四、汽缸垫

汽缸盖与汽缸体之间置有汽缸盖垫。其功用是填补汽缸体与缸盖接合面上的微观孔隙,保证接合面处有良好的密封性,进而保证燃烧室的密封,防止汽缸漏气和水套漏水。

随着内燃机的不断强化,热负荷和机械负荷均不断地增加,汽缸垫的密封性越来越重要,其对结构和材料要求是:在高温高压和高腐蚀的燃气作用条件下具有足够的强度,耐热;不烧损或变质,耐腐蚀;具有一定弹性,能补偿接合面的平面度,以保证密封;使用寿命长。

目前应用较多的有以下几种汽缸垫,一种是金属—石棉汽缸垫,如图 4-11a)所示。石棉中间夹有金属丝或金属屑,且外覆铜皮或钢皮。水孔和燃烧室周围另用镶边增强,以防被高温燃气烧坏,这种汽缸垫压紧厚度为 1.2~2mm,有很好的弹性和耐热性,能重复使用,但强度较差,厚度和质量也不均匀。另一种汽缸垫采用实心金属片制成,如图 4-11d)所示。这种汽缸垫多用在强化发动机上,轿车和赛车上较多采用这种汽缸垫。这种汽缸垫由单块光整冷轧低碳钢板制成,很多强化的汽车发动机采用实心的金属片作为汽缸盖衬垫,例如,红旗轿车发动机即采用如图 4-11e)所示的钢板衬垫。这种衬垫在需要密封的汽缸孔和水孔、油孔周围冲压出一定高度的凸纹,利用凸纹的弹性变形实现密封。

有的发动机采用中心用编织的钢丝网[图 4-11c)]或有孔钢板(冲有带毛刺小孔的钢板)[图 4-10d)]为骨架,两面用石棉及橡胶黏结剂压成的汽缸盖衬垫。近年来,国内正在试验采用膨胀石墨作为衬垫的材料。

有的发动机采用了较先进的加强型无石棉汽缸垫结构[图 4-10f)],在汽缸口密封部位采用五层薄钢板组成,并设计成正圆形,没有石棉夹层,从而消除了气囊的产生,在油孔和水孔处均包有钢护圈以提高密封性。安装汽缸盖衬垫时,应注意安装方向。一般是衬垫卷边的一面朝汽缸盖,光滑面朝汽缸体,也可根据标记或文字要求进行安装,如衬垫上的文字标记"TOP"'表示此面朝上,"FRONT"表示朝前。

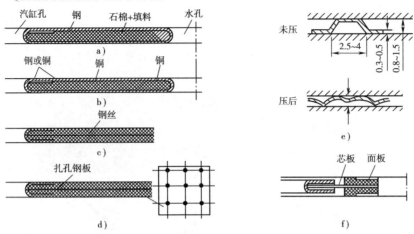

图 4-11 汽缸盖衬垫的结构
a)、b)、c)、d)金属-石棉板；e)冲压钢板；f)无石棉汽缸垫

汽缸盖用螺栓紧固在汽缸体上，拧紧螺栓有两种方法，一种是力矩法，另一种是转角法。

力矩法是将螺栓按由中央对称地向四周扩展的顺序分几次进行，最后一次要用扭力扳手按维修手册规定的拧紧力矩值拧紧。

转角法是首先拧到规定力矩，然后按规定转角分次拧紧。如捷达轿车采用转角法拧紧缸盖螺栓，第一次拧紧力矩为40N·m；第二次拧90°转角，第三次再拧90°转角，通过这样三次将缸盖螺栓拧紧。

## 五、油底壳

油底壳（图4-12）的主要功用是储存和冷却机油并封闭曲轴箱。在最低处设有放油螺塞，以便放出润滑油，有的放油螺塞还带有磁性，可以吸附润滑油中的铁屑，以减小发动机的磨损。为了防止汽车振动时油底壳油面产生较大的波动，在油底壳的内部设有稳油挡板。

由于油底壳受力很小，一般用薄钢板冲压而成，有些铝合金油底壳还带有散热片。曲轴箱与油底壳之间为了防止漏油，其之间装有软木衬垫，也有涂密封胶的。

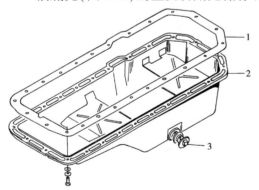

图 4-12 油底壳
1-衬垫；2-油底壳；3-放油螺塞

## 六、发动机的支承

发动机一般通过汽缸体和飞轮壳或变速器壳上的支承安装在车架或车身上。发动机的支承方法一般有三点式支承和四点式支承两种，如图4-13所示。

三点支承可布置成前二后一或前一后二；采用四点支承法时，前后各有两个支承点。

发动机在车架上的支承是弹性的，这是为了消除在汽车行驶中车架的扭转变形对发动机的影响，以及减少传给底盘和乘员的振动和噪声。

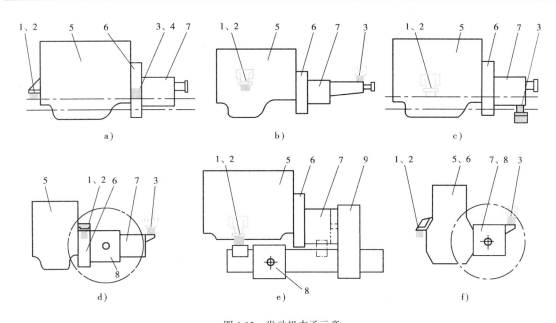

图 4-13 发动机支承示意
a)三点和四点支承;b)、c)、d)、f)三点支承;e)二点支承
1、2、3、4-支承;5-发动机;6-离合器壳;7-变速器;8-主减速器;9-分动器

弹性支承的发动机运转时,特别是在工作不稳定(如低转速或超载荷)时,可能发生横向角振动,因此,与发动机相连的各种管子和杆件等结构必须保证在发动机振动时不致破坏它的正常工作,如采用软管。为了防止当汽车制动或加速时由于弹性元件的变形而产生的发动机纵向位移,有时装用专门拉杆。拉杆的一端与车架纵梁相连,另一端与发动机连接,两端连接处有橡胶垫。不少高档乘用车的支承件为油液减振件。

## 第三节 活塞连杆组

活塞连杆组的功用是将活塞的往复运动转变为曲轴旋转运动,同时将作用于活塞上的力转变为曲轴对外输出的转矩,以驱动汽车车轮转动。它由活塞、活塞环、活塞销和连杆等主要机件组成(图 4-14)。

### 一、活塞

活塞的功用是与汽缸盖、汽缸壁等共同组成燃烧室,承受气体压力,并将此力通过活塞销传给连杆,以推动曲轴旋转。

活塞是在高温、高压、高速、润滑不良和散热困难的条件下工作的,其工作条件如下:

由于活塞顶部直接与高温燃气接触,燃气的最高温度可达 2500K 以上。因此,活塞的温度也很高,其顶部的温度通常高达 600~700K。高温一方面使活塞材料的机械强度显著下降,另一方面会使活塞的热膨胀量增大,容易破坏活塞与其相关零件的配合。

活塞顶部在做功行程时,承受着带有冲击性的高压气体冲击力。对于汽油机活塞瞬时的压力最大值可达 5MPa。对于柴油机活塞其最大值可达 9MPa。增压发动机的最高燃烧压力可达 14～16MPa，这样大的机械负荷突然作用到活塞顶上，高速时每秒要发生 20～40 次，导致活塞的侧压力大，加速活塞外表面的磨损，也容易引起活塞的变形。

活塞在汽缸内作高速运动，一般汽车用汽油机转速为 4000～6000r/min，活塞的平均速度为 8～12m/s，其瞬间速度会更高。由受力分析可知，活塞运动速度的大小和方向在不断地变化，故可引起大的惯性力，它将使曲柄连杆机构的各零件和轴承承受附加载荷。

由于活塞直接与高温燃气接触，同时还受周期性变化的气体压力和惯性力的作用，要求活塞应具有：足够的强度和刚度；质量要尽量小，以保持最小的惯性力；导热性要好，有充分的散热能力；要有足够的耐热性；活塞与汽缸壁间应有较小的

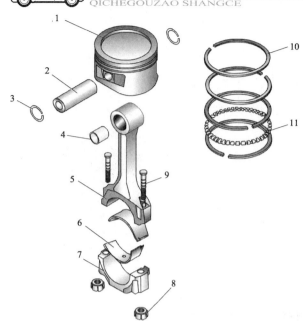

图 4-14　活塞连杆组

1-连杆；2-连杆螺栓；3、4-连杆轴瓦；5-活塞环；6-活塞环槽；7-活塞裙部；8-活塞销；9-卡簧；10-压缩环；11-油环衬簧

摩擦系数；温度变化时，尺寸和形状变化要小；和汽缸壁间要保持最小的间隙。

汽车发动机目前广泛采用的活塞材料是铝合金。铝合金活塞具有质量小（为同样结构的铸铁活塞的 50%～70%），导热性好（约为铸铁的三倍）的优点。因此，铝合金活塞工作温度低，温度分布均匀，对减小热应力、改善工作条件和延缓机油变质都十分有利。铝合金的缺点是热膨胀系数大，另外当温度升高时，其机械强度和硬度下降较快。通过结构设计和调整材料配方等措施可以弥补这些缺陷。

目前铝合金活塞多用含硅 12% 左右的共晶铝硅合金和含硅 18%～23% 的过共晶铝硅合金制造，外加镍和铜，以提高热稳定性和高温力学性能。在铝合金中增加硅的含量，可以提高活塞表面的耐磨性。铝合金活塞毛坯可用金属型铸造、锻造和液态模锻等方法制造。用后一种方法制得的毛坯组织细密，无铸造缺陷，可以实现少切削或无切削加工，使金属利用率大为提高。缺点是热膨胀系数较大，在温度升高时，强度和硬度下降较快。为了克服这些缺点，在结构设计、机械加工或热处理上采取各种措施加以弥补。

近年来柴油机活塞有采用灰铸铁材料，以发挥铸铁的优势（成本低、耐热性好，且膨胀系数小，能减少装配间隙）。新设计的灰铸铁活塞的质量比铝合金的还轻，它完全跳出了一般活塞的结构形式（如薄顶、楔形单销座，只在侧压力的方向保留裙部，再加上喷机油冷却等）。

活塞的基本构造可分为顶部、环槽部、裙部和活塞销座四部分（图 4-15），其中顶部和环槽部也统称头部。

1. 活塞顶部

活塞顶部是燃烧室的组成部分，用来承受气体压力。为了提高刚度和强度，并加强散热能力，背面多有加强筋。根据不同的目的和要求，活塞顶部制成各种不同的形状，汽油机活

塞顶部的几种常见形状如图4-16所示。

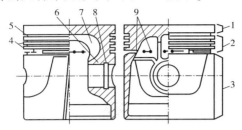
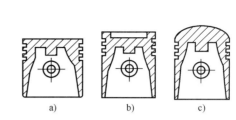

图4-15 活塞
1-顶部；2-环槽部；3-裙部；4-环岸；5-环槽；6-销座；7-加强筋；8-卡环槽；9-泄油孔及泄油槽

图4-16 活塞顶部形状
a）平顶；b）凹顶；c）凸顶

平顶活塞结构简单，且受热面积小、温度低，在汽油机上被广泛采用；凸顶活塞是为了组成半球形燃烧室和增强挤气涡流；凹顶活塞主要是高压缩比发动机为了防止碰气门，也可用凹坑的深度来调整发动机压缩比。有些发动机在活塞顶上设置形状不规则的浅碗形凹坑，是为了与汽缸盖上的凹坑组成结构紧凑的球形燃烧室。

2. 环槽部

活塞的环槽部切有若干环槽，用以安装活塞环，它是活塞的防漏部分，两环槽之间称为环岸。环槽的形状与活塞环断面形状相适应，通常为矩形或梯形。靠顶部的环槽装压缩环（气环），一般为2~3道，下面的环槽装油环，一般为1~2道，油环槽的槽底圆周上制有若干贯通的泄油孔或泄油槽，以便油环从缸壁上刮下的多余润滑油经此流回油底壳。第一道环槽工作条件最恶劣，一般应离顶部较远些。

为了减少摩擦损失，在竞赛汽车发动机的活塞上只安装一道气环和一道油环。

活塞顶部吸收的热量有70%~80%是经过环槽部通过活塞环传给汽缸壁，再由冷却水传出去。

活塞环槽的磨损是影响活塞使用寿命的重要因素。在强化程度较高的发动机中，第一道环槽温度较高，磨损严重。为了增强环槽的耐磨性，通常在第一环槽或第一、二环槽处镶嵌耐热护圈。

3. 裙部

活塞的裙部指从油环下端面起至活塞最下端的部分。其形状为一薄壁圆筒，裙部的形状应该保证活塞在汽缸内得到良好的导向，汽缸与活塞之间在任何工况下都应保持均匀的、适宜的间隙。此外，裙部应有足够的实际承压面积，以承受侧向力。因而裙部要有一定的长度，以保证可靠的导向；又要有足够的面积，以防止活塞对汽缸壁的单位面积压力过大，破坏润滑油膜、加大磨损。

4. 活塞销座

活塞销座是活塞通过活塞销与连杆的连接部分，位于活塞裙部的上部，为厚壁圆筒结构，用以安装活塞销。活塞所承受的气体压力、惯性力都是通过销座传给活塞销的。为了限制活塞销的轴向窜动，大部分活塞在销座孔内接近外端面处车有卡环槽。用以装卡环，两卡环之间的距离大于活塞销的长度，使卡环与活塞销端面之间留有足够的间隙，以防冷却过程中活塞的收缩大于活塞销的收缩而将卡环顶出。

销座孔有很高的加工精度，并且与活塞销分组选配，以达到更高精度的配合，销座孔的尺寸分组通常用色漆标于销座下方的外表面。

为了销座孔的润滑，有些销座上钻有收集润滑油的小孔。

为了保证活塞的正常工作，活塞各部与汽缸壁之间必须保持一定的间隙，其中起导向作用的裙部与汽缸之间的间隙尤为重要，若间隙过小，将因活塞膨胀而出现拉缸、卡死等故障；间隙过大，又将出现敲缸、窜气、上机油等故障。

活塞工作时的变形主要原因是热膨胀，其次是侧压力，另外，气体压力也会引起活塞顶部弯曲变形。在气体压力和侧压力的作用下，其裙部直径在活塞销轴线方向上增大；而热变形是指活塞销座处金属堆积，并在受热后膨胀致使裙部直径在活塞销轴线方向增加。这两种变形的最后结果就是使活塞裙部横断面变成长轴在活塞销轴线方向上的椭圆，如图4-17所示。

为了使活塞在正常温度下与汽缸壁间保持有比较均匀的间隙，以免在汽缸内卡死或引起局部磨损，必须预先在冷态下把活塞加工成其裙部断面为长轴垂直于活塞销方向的椭圆形。为了减少销座附近处的热变形量，有的活塞将销座附近的裙部外表面制成下陷0.5 ~ 1.0mm。

由于活塞沿轴线方向温度分布和质量分布都不均匀。因此，各个断面的热膨胀量是上大下小，铝合金活塞的这种差异尤其显著。为了使铝合金活塞在工作状态（热态）下接近一个圆柱形，有的活塞将其头部的直径制成上小下大的截锥形或阶梯形（图4-18），或将活塞裙部制成上小下大的截锥形。有的活塞为了更好地适应其热变形，把活塞裙部制成变椭圆，即在裙部的不同部位其椭圆度不同，椭圆度由下而上逐渐增大，即裙部横截面越往上越扁。在高速发动机上还采用腰鼓形裙部，这种形状不仅适应活塞的温度分布，而且在活塞上下运动时易形成"油楔"能保证裙部有良好的润滑条件及较高的承载能力。

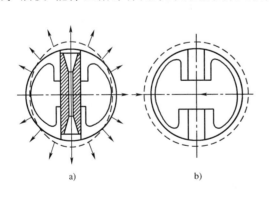

图4-17 活塞裙部的变形
a) 热变形；b) 侧压力变形

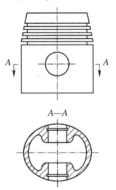

图4-18 椭圆活塞示意图

为了限制活塞裙部的膨胀量，目前在汽车上广泛采用双金属活塞。根据其结构和作用原理不同，双金属活塞可分为筒形钢片式、恒范钢片式等。铸铝活塞的裙部有的镶铸圆筒式钢片，如图4-19所示。这是在浇铸时，将钢筒夹在铝合金中，由于铝合金的膨胀系数大于钢，冷却后位于钢筒外的铝合金就紧压在钢筒上，使外层铝合金的收缩量受到钢筒的阻碍而减小，同时产生预应力（铝合金为拉应力，钢筒为压应力）。钢筒内侧铝合金层由于与钢筒没有金属结合,就无阻碍地向里收缩,在两者之间形成一道"收缩缝隙"。当温度升高时,内层合金的膨胀先要清除"收缩缝隙",而后推动钢筒外胀,外层合金与钢筒的膨胀则首先要消除预应力,从而减小了活塞的膨胀量。

在活塞销座中镶铸恒范钢片的活塞,恒范钢是含镍33%～36%的合金钢,其膨胀系数仅为铝合金的1/10左右,以"恒范钢片"来牵制活塞裙部的热膨胀。图4-20所示为镶铸恒范钢片活塞的结构。

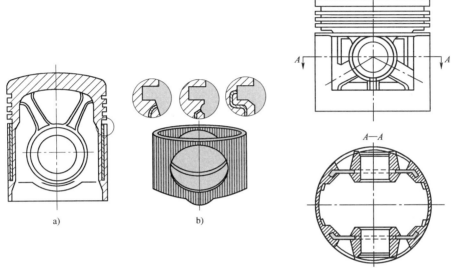

图4-19 镶筒形钢片的活塞示意图　　　　图4-20 恒范钢片活塞
a)活塞裙部镶筒形钢片;b)筒形钢片的形状

另外,有些发动机还采用温控结构,以降低活塞的温度,减少膨胀量。如通过连杆中心油道或在润滑油道处设专用喷嘴对活塞顶部背面喷油冷却。

采取了上述结构措施以后,活塞裙部与汽缸壁之间的冷态装配间隙便可减小,使发动机不产生冷"敲缸"现象。对于新装配的活塞裙部和汽缸表面,为了改善其磨合性,通常都对活塞裙部进行表面处理。汽油机铸铝活塞的裙部外表面镀锡;柴油机铸铝活塞的裙部外表面磷化;对于锻铝活塞,在裙部的外表面上可涂以石墨。

活塞裙部的销孔是用以安装活塞销的,位于活塞裙部的上部,为厚壁圆筒结构,用以安装活塞销。故活塞销座的作用是将活塞顶部气体作用力经活塞销传给连杆。销座通常有筋片与活塞内壁相连,以提高其刚度。销座孔内接近外端面处车有安放弹性卡环的卡环槽,卡环用来防止活塞销在工作中发生轴向窜动。加工时,销座孔要求有很高的精度,并与活塞销进行分组选配,以达到高精度的配合,销座孔的尺寸分组通常用色漆标于销座孔下方的外表面。

一般发动机活塞的销座轴线与活塞的中心线垂直相交,当活塞在上止点改变运动方向时,由于侧压力瞬间换向,使活塞与缸壁的接触面突然由一侧平移至另一侧[图4-21a)],便产生活塞对汽缸壁的"拍击"(俗称敲缸),增加了发动机的噪声。因此,高速发动机,将活塞销座朝向承受膨胀做功侧压力的一面(图中左侧)偏移1～2mm]图4-21b)中$e$]。这样,在接近上止点时,作用在活塞销座轴线以右的气体压力大于左边,使活塞倾斜,裙部下端提前换向。然后在活塞越过上止点侧压力反向时,活塞以左下端接触处为支点,顶部向左转(不是平移),完成换向。可见偏置销座使活塞换向延长了时间且分为两步,第一步是在气体压力较小时进行,且裙部弹性好,有缓冲作用;第二步虽气体压力大,但它是个渐变过程。为此,两步过渡使换向冲击力大为减弱。过渡应早于最高压力形成时刻,过早的点火会引起敲缸。可见,正确的点火提前角是平稳过渡的保证。

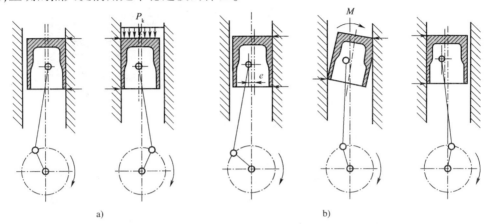

图 4-21　销座的位置与活塞的换向过程
a) 销座对中布置; b) 销座偏置

由于某些活塞顶部形状不对称、气门坑或偏置销座等原因,使活塞安装时有一定的方向,为了防止装错,这种活塞顶面上一般都有方向标记,安装时加以注意。

为了保证发动机的工作平稳,一台发动机一组活塞的尺寸和质量偏差都用分组选配的方法控制在一定范围内。活塞顶面除有方向标记外,还有尺寸分组和质量分组标记,以及加大尺寸的数字和缸号数码。

## 二、活塞环

活塞环是具有一定弹性的金属密封环,它装配在活塞环槽中,与活塞一起密封汽缸,如图 4-22 所示。

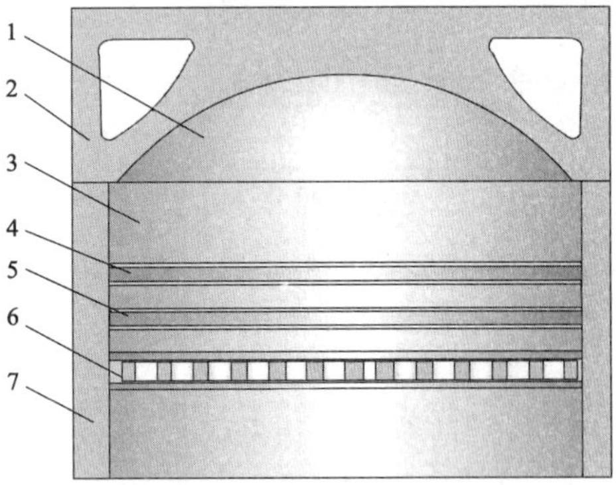

活塞环在工作时受到汽缸中高温、高压燃气的作用,并在润滑很困难的条件下在汽缸内高速运动。特别是第一道环温度可高达 600K,因此,活塞环是发动机中工作环境恶劣、使用寿命最短的零件之一。为了延长活塞环的使用寿命,保证其可靠的工作,制造活塞环的材料应具有良好的耐磨性、耐热性、导热性,同时具有足够的强度、弹性和冲击韧性。目前广泛采用合金铸铁(在优质灰铸铁中加入少量铜、铬、钼等合金元素)或球墨铸铁制造活塞环。

为了进一步提高活塞环的性能,延长其使用寿命,第一道气环外圆面进行多孔镀铬处理,因为多孔

图 4-22　活塞环的作用
1-燃烧室;2-汽缸套;3-活塞;4-第一道气环;5-第二道气环;6-组合式油环;7-汽缸

铬层硬度高,并能存储一定量的润滑油,可以改善润滑条件。其余气环一般采用镀锡或磷化处理,以改善其耐磨性;也可采取喷钼工艺来提高耐磨性。

活塞环按用途不同分为气环和油环两种环。

### 1. 气环

气环又称压缩环,作用是保证活塞与汽缸间的密封,防止汽缸中高温、高压燃气窜入曲轴箱;并将活塞头部的大部分热量传给汽缸壁,避免活塞过热。气环密封效果一般与气环数量有关,汽油机一般采用2道气环,柴油机一般多采用3道气环。

1) 气环的密封原理

如图4-23所示,活塞环在自由状态下其直径略大于汽缸直径,当气环随活塞装入汽缸后,在自身弹力的作用下气环紧贴在汽缸壁上,形成第一密封面,防止了汽缸与活塞环之间漏气,当少量气体窜入环槽内,在背隙处形成背压力,使气环与缸壁间的贴合更可靠,再次提高了密封性能。当活塞带动活塞环移动时,活塞环抵靠在环槽上,形成第二密封面,防止了活塞与活塞环之间漏气,而气体的压力使气环压紧在环槽侧面上,使第二密封面更加密封。几道气环的开口相互错开一定角度,形成"迷宫式"漏气通道,延长了漏气途径,从而对汽缸中的高压燃气进行有效的密封。

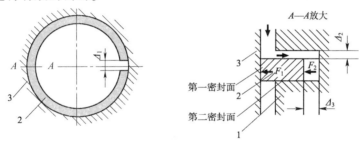

图4-23 气环的密封

1-活塞;2-活塞环;3-汽缸;$\Delta_1$-端隙;$\Delta_2$-侧隙;$\Delta_3$-背隙;$F_1$-自身弹力;$F_2$-气体背压力

2) 气环的断面

气环的断面形状多种多样,选择不同断面形状的气环组合,可以得到较好的密封效果和使用性能。常见的气环断面形状有如下几种:

(1) 矩形环。矩形环断面形状为矩形,如图4-24a) 所示。其结构简单,制造方便,与汽缸壁接触面积大,有利于活塞头部的散热,但气环在环槽内的上下窜动会将缸壁上的润滑油不断挤入燃烧室内,产生"泵油现象",由于润滑油的燃烧,使燃烧室积炭增多,润滑油消耗量增大。

(2) 锥形环。锥环的外圆面为锥角很小(30′~1°)的锥面,因此与缸壁间是线接触,如图4-24b) 所示,有利于密封和磨合,这种环在汽缸内向下运动时刮油,向上移动时由于斜面的油楔作用,环可在油膜上浮起,将机油涂到缸壁上,称为布油,由于这种环能下行刮油,上行布油,既有利于润滑,减少磨损,又能防止机油泵入燃烧室燃烧,所以是一种性能较好的活塞环,但这种环传热性能差,所以不用作第一道环,通常安装到活塞的第二或第三道环槽上。由于锥角很小,一般不易识别,为避免装错,在环的上侧面上标有向上的记号,安装时应注意。

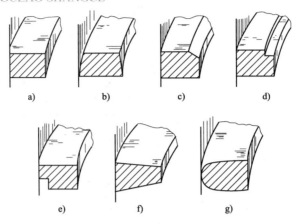

图 4-24 气环断面的形状
a)矩形环;b)锥形环;c)、d)内切口扭曲环;e)外切口扭曲环;f)梯形环;g)桶形环

（3）扭曲环。扭曲环是由矩形环的内圆上边缘或外圆下边缘切去一部分形成的,如图4-24c)、d)、e)所示。由于活塞环在自由状态下其直径大于汽缸直径,因此断面不对称的扭曲环装入汽缸后,在中性层外侧产生拉应力$F_{拉}$,在中性层内侧产生压应力$F_{压}$,由于扭曲环截面不对称,拉、压应力轴线不重合,造成环体发生微量的扭曲变形,如图 4-25a)所示,从而使环的边缘与环槽的上、下端面接触变形,防止环在环槽内的上下窜动,消除了"泵油现象",并增加了密封性。由于环发生了扭曲,使环具有锥形环的优点,即向下刮油、上行布油,如图 4-25b)所示,而在压缩行程和做功行程时,气体压力使环不再扭曲,此时的扭曲环又具有矩形环的优点,如图 4-25c)所示。扭曲环在安装时应注意位置与方向,内切口扭曲环通常安装到第一、第二道环槽上,切口方向向上,外切口扭曲环通常安装到第二、第三道环槽上,切口方向向下。

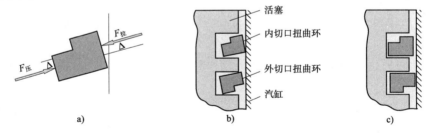

图 4-25 扭曲环工作原理示意图
a)扭曲原理;b)进气、排气行程;c)压缩、做功行程

（4）梯形环。梯形环断面形状为梯形,如图 4-24f)所示。其主要优点是抗黏结性和密封性好。活塞头部温度很高时,窜入第一道环槽中的润滑油容易形成积炭。当活塞在侧压力作用下左右摆动改变位置时,梯形环的侧隙和背隙相应发生变化,使环槽中的积炭挤出,避免环被粘住而引起折断。梯形环多用于热负荷较大的柴油机上,如玉柴 CY6102Q 型柴油机的第一道气环就使用梯形环。

（5）桶形环。桶面环的外圆为凸圆弧形,如图 4-24g)所示,是近年来兴起的一种新型环。当桶面环上下运动时,均能与汽缸壁形成楔形空间,使机油容易进入摩擦面,减小磨损。由于它与汽缸呈圆弧接触,故对汽缸表面的适应性和对活塞偏摆的适应性均较好,有利于密封,但凸圆弧表面加工较困难。奥迪 JW 型等发动机的第一道气环都采用了桶形环。

3)活塞环的安装间隙

发动机工作时,活塞、活塞环等都会发生热膨胀。活塞环既要相对于汽缸上下运动,活塞环又要相对于活塞相对横向移动,因此活塞在安装时应留有端隙、侧隙、背隙三处间隙,以防止胀死于槽内,卡死于缸内,以保证其密封性能。

(1)端隙 $\Delta_1$。如图 4-26 所示,端隙又称为开口间隙,是活塞环装入汽缸后开口处的间隙。多为 0.25~0.50mm,此数值随缸径增大而增大,柴油机略大于汽油机,第一道气环略大于第二、三道环。如捷达发动机要求将活塞环垂直推入汽缸下端 15mm 处,气环端隙为 0.20~0.40mm,油环端隙为 0.20~0.40mm,磨损极限为 0.8mm。

如图 4-27 所示,为了减小气体的泄漏,装环时,各道环口应互相错开,如有三道活塞环,各环应沿圆周成 120°夹角互相错开;如有四道活塞环,第一、二道互错 180°,第二、三道互错 90°,第三、四道互错 180°,从而获得较长的迷宫式漏气路线,增加漏气阻力,减小漏气量。

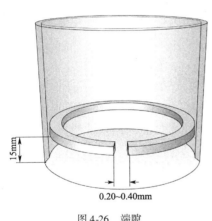

图 4-26 端隙

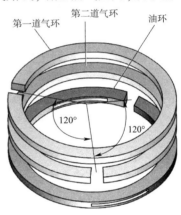

图 4-27 活塞环开口位置

(2)侧隙 $\Delta_2$。如图 4-28 所示,侧隙是指在活塞轴线方向上,活塞环与环槽之间的间隙。第一道环因工作温度高,一般为 0.04~0.10mm;其他气环一般为 0.03~0.07mm。油环的侧隙较小,一般为 0.025~0.07mm。如捷达发动机要求气环侧隙为 0.05~0.09mm,磨损极限为 0.2mm,油环侧隙为 0.03~0.06mm,磨损极限为 0.15mm。

(3)背隙 $\Delta_3$。如图 4-29 所示,背隙是指活塞、活塞环安装到汽缸后,活塞环与环槽之间的间隙。一般为 0.50~1mm,油环的背隙较气环大,目的是增大存油间隙,以利于减压泄油。为了测量方便,维修中以环的厚度与环槽的深度差来表示背隙,此值比实际背隙要小。

4)活塞环的泵油作用

如图 4-30 所示,由于侧隙和背隙的存在,在发动机工作时,当活塞带着活塞环下行,如进气行程时,活塞环抵靠在环槽的上方,活塞环从缸壁上刮下来的润滑油充入环槽下方;当活塞又带动活塞环上行,如压缩行程时,活塞环又抵靠在环槽的下方,在活塞环抵靠在环槽的下方的同时将活塞环下方的机油挤出,挤出的机油一些流回到油底壳,另外一些挤压到环槽的上方,活塞环在工作时,不时地抵靠在活塞环槽的上方和下方,如此反复运动,就将润滑油泵到燃烧室,进入燃烧室的机油随混合气一起着火燃烧,从而消耗了机油。

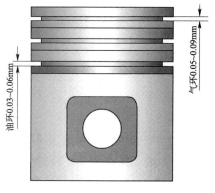
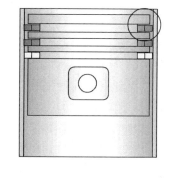
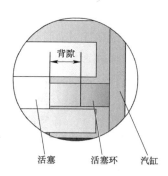

图 4-28 侧隙　　　　　　　　　图 4-29 背隙

活塞环的泵油作用,一方面对润滑困难的汽缸壁是有利的,但另一方面随发动机转速的日益提高,泵油作用加剧,不仅增加了润滑油的消耗,而且可能使火花塞因沾油而不能产生电火花,并使燃烧室内积炭增多,甚至环槽内形成积炭,挤压活塞环而失去密封性。另外还加剧了汽缸等件的磨损。

为此,多在结构上采取如下措施:尽量减小环的质量,气环采取特殊断面形状,油环下设减压腔,气环下面的油环加衬簧或用组合式油环等方法。

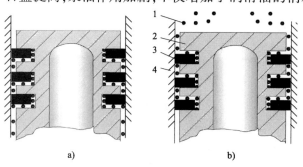

图 4-30　活塞环的泵油作用
a)活塞下行;b)活塞上行
1-机油;2-活塞;3-活塞环;4-汽缸

2. 油环

油环的作用是活塞上行时,使飞溅在汽缸壁上的润滑油均匀分布,有利于活塞、活塞环和汽缸壁的润滑;活塞下行时,刮除汽缸壁上多余的润滑油,防止润滑油窜入燃烧室燃烧,如图 4-31 所示,油环按结构形式不同可分为普通油环和组合式油环两种。

普通油环的结构如图 4-31a)所示,一般是用合金铸铁制造的。其外圆面的中间切有一道凹槽,在凹槽底部加工出很多穿通的排油小孔或狭缝。

组合式油环[图 4-31b)]由上、下两片刮片与中间衬簧组成,刮片用镀铬钢片制成,在自由状态下,安装到衬簧的刮片外径比汽缸直径略大一些,两刮片之间的距离也比环槽宽度略大,当组合油环及活塞安装到汽缸后,衬簧在轴向和径向都受到压缩,在衬簧弹力的作用下,可使刮片紧紧压向汽缸壁,提高了刮油效果,同时两刮片也紧紧地抵靠在环槽上,组合式油环没有侧隙,这样就减少了活塞环的泵油作用。这种油环的接触压力高,对

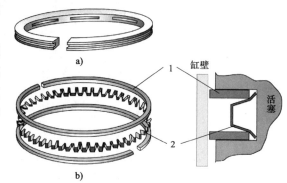

图 4-31　油环
a)普通油环;b)组合式油环
1-刮片;2-衬簧

汽缸壁面适应性好,而且回油通路大,质量小,刮油效果明显。因此,组合油环在高速发动机上得到较广泛的应用。一般活塞上装有 1~2 道油环。采用两道油环时,下面一道油环多安置在活塞裙部的下端。

### 三、活塞销

活塞销(图 4-32)用来连接活塞和连杆小头,并把活塞所受的气体压力传给连杆。

活塞销是在承受大小和方向都不断变化的冲击性载荷下工作的。同时,由于是作低速摆转运动,不易建立油膜,故润滑条件较差。

活塞销的基本结构为一厚壁管状体[图 4-32a)],也有的按等强度要求做成变截面结构[图 4-32b)、c)]。

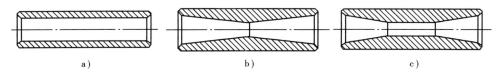

图 4-32 活塞销

活塞销的材料一般为低碳钢或低碳合金钢,如 20 或 20Cr、20MnV 等,再经表面渗碳或氰化处理,这样既有较高的表面硬度,耐磨性好,刚度、强度高,又有软的芯部,耐冲击性能好。

活塞销与活塞销座孔和连杆小头衬套一般多采用全浮式连接配合,即在发动机运转过程中,活塞销不仅可以在连杆小头衬套孔内缓慢地转动,还可以在销座孔内缓慢地转动,如图 4-33 所示。活塞销磨损比较均匀。由于铝合金的活塞销座的热膨胀量大于钢活塞销,为了保证发动机正常工作时有合适的工作间隙(0.01~0.02mm),在冷态装配时活塞销与活塞销座孔为过渡配合。装配时,应先将铝合金活塞放在温度为 70~90℃ 的水或油中加热,再将销装入。为了防止活塞销工作时轴向窜动而刮伤汽缸壁,在活塞销座两端用卡环嵌在销座凹槽中加以轴向定位。

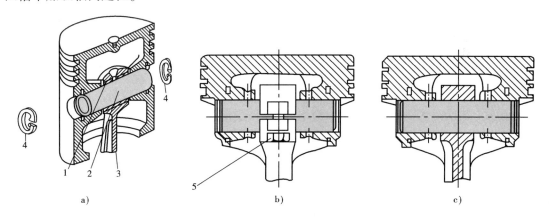

图 4-33 活塞销连接方式
a)全浮式;b)、c)半浮式
1-连杆小头衬套;2-活塞销;3-连杆;4-卡环;5-小头紧固螺栓

半浮式连接方式指的是活塞销与活塞销座孔和连杆小头两处,一处固定,一处浮动,销座孔内无卡环,连杆小头处无衬套。其中大部分是采用销与连杆小头固定的方式,这种固定方式有两种:一种是用螺栓将活塞销夹紧在连杆小头孔内,如图4-33b)所示;另一种是活塞销与连杆小头孔以过盈配合的方式固定,如图4-33c)所示。半浮式活塞销可以降低发动机噪声并消除卡环可能引起的事故,多用于轻型高速发动机,如切诺基和猎豹发动机等。

### 四、连杆

连杆的功用是连接活塞与曲轴,将活塞承受的力传给曲轴,把活塞的往复运动变为曲轴的旋转运动。

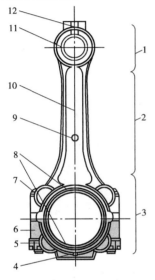

图4-34 连杆
1-小头;2-杆身;3-大头;4、9-装配记号(朝前);5-螺母;6-连杆盖;7-连杆螺栓;8-轴瓦;10-连杆体;11-衬套;12-集油孔

连杆与连杆盖用螺栓紧固为一体,在工作时承受气体压力和往复惯性力所产生的冲击性拉压交变负荷,以及连杆摆动时产生的横向惯性力使连杆承受弯曲交变载荷,因而连杆应有足够的刚度和强度。

为了满足上述要求,连杆体和盖一般用45、40Cr等中碳钢或中碳合金钢制成,也有少数的用球墨铸铁制造。为了提高强度,通常再进行表面喷丸处理。

连杆可分为小头、杆身和大头三部分,如图4-34所示。

(1)连杆小头用来安装活塞销,以连接活塞。活塞销为全浮式的连杆小头孔内,压有青铜衬套或铁基粉末冶金衬套。为了润滑活塞销和衬套,在小头和衬套上设有集油孔或铣出集油槽用来收集发动机运转时飞溅上来的机油,以便润滑。有的发动机连杆小头采用压力润滑,在连杆杆身内钻有纵向的压力油道。半浮式活塞销与连杆小头是紧配合,所以小头孔内不需要衬套,也不需要润滑。

全浮式活塞销与衬套之间是间隙配合,配合精度较高。

(2)杆身:杆身通常做成"工"字形断面,以求在强度和刚度足够的前提下减小质量。

(3)大头:连杆大头与曲轴的连杆轴颈相连,为便于安装,连杆大头一般做成剖分式的,被分开的部分称为连杆盖,用连杆螺栓紧固在连杆大头上。连杆盖与连杆大头是组合加工的,为了防止装配时配对错误,在同一侧刻有配对记号。大头孔表面有很高的表面粗糙度,以便与连杆轴瓦(或滚动轴承)紧密贴合。连杆大头上还铣有连杆轴瓦的定位凹坑。

连杆大头按剖分面的方向可分为平切口和斜切口两种。平切口连杆的剖分面垂直于连杆轴线,如图4-35b)所示。一般汽油机连杆大头尺寸都小于汽缸直径,可以采用平切口。柴油机的连杆,由于受力较大,其大头的尺寸往往超过汽缸直径。为使连杆大头能通过汽缸,便于拆装,一般采用斜切口连杆,如图4-35a)所示。

斜切口式连杆的大头剖分面与连杆轴线成30°~60°(常用45°)夹角。平切口的连杆盖与连杆的定位,是利用连杆螺栓上精加工的圆柱凸台或光圆柱部分,与经过精加工的螺栓孔来保证的。斜切口连杆在工作中受到惯性力的拉伸,在切口方向也有一个较大的横向分力。

因此在斜切口连杆上必须采用可靠的定位措施。斜切口连杆常用的定位方法有：

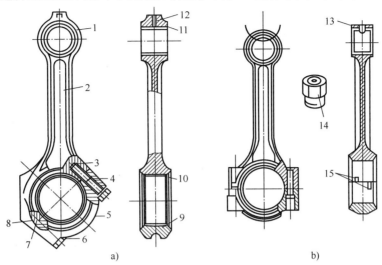

图 4-35 连杆结构图
a) 斜切口；b) 平切口

1-连杆小头；2-连杆杆身；3-连杆大头；4、6-连杆螺栓；5-连杆盖；7-锯齿；8-定位销；9-连杆下轴承；10-连杆上轴承；11-连杆衬套；12-集油孔；13-集油槽；14-自锁螺母；15-轴瓦定位槽

（1）止口定位[图 4-36a)]。优点是工艺简单；缺点是定位不大可靠，只能单向定位，对连杆盖止口向外变形或连杆大头止口向内变形均无法防止。

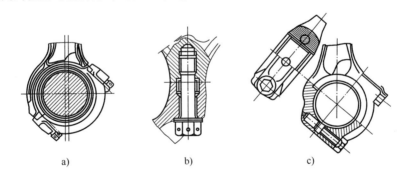

图 4-36 斜切口连杆的定位方式示意图
a) 止口定位；b) 套筒定位；c) 锯齿定位

（2）套筒定位[图 4-36b)]。是在连杆盖的每一个螺栓孔中压配一个刚度大，而且剪切强度高的短套筒。它与连杆大头有精度很高的配合间隙，故装拆连杆盖时也很方便。它的缺点是定位套筒孔的工艺要求高，若孔距不够准确，则可能因为定位(定位干涉)而造成大头孔严重失圆，此外，连杆大头的横向尺寸也必然因此而加大。

（3）锯齿定位[图 4-36c)]。这种定位方式的优点是锯齿接触面大，贴合紧密，定位可靠，结构紧凑。缺点是对齿节距公差要求严格，否则连杆盖装在连杆大头上时，中间会有几个齿脱空，不仅影响连杆组件的刚度，并且连杆大头孔也会立即失圆。

如图 4-37 所示，连杆大头不是用铣锯和磨削等传统切削加工方法，而是对连杆大头孔

图 4-37 涨断连杆

的断裂线处预先加工出两条应力集中槽,然后用楔形压头进入连杆大头下压,这样对连杆大头孔产生径向力使其在切槽处出现裂缝,最终把连杆盖从连杆体上涨断而分离出来。

连杆大头涨断技术有如下优点:

(1)提高了连杆和连杆盖分离面的结合质量。由于采用了连杆分离面的涨断工艺后,连杆和连杆盖的分离面是完全啮合的。因此,靠螺栓拧紧后,涨断连杆有很大的剪切力,在工作时杆身和杆盖不会出现相对滑动。

(2)减少了加工工序,提高了加工节拍。采用涨断技术不需要对连杆大头分离面进行切削加工,取消了连杆大头分离面的拉削和磨削加工。由于连杆大头分离面是完全啮合的,连杆和连杆盖装配时不需要增加额外的螺栓孔精确定位,只需两个螺栓拉紧,取消了螺栓孔的铰孔或镗孔精加工,因此可大大降低成本,减少50%的加工工序,缩短了加工时间。

(3)与传统的连杆大头加工工艺相比,由于取消了连杆大头分离面的拉削加工、磨削加工和螺栓孔的精加工,因此节约了其设备投资费用和这些设备占用的生产面积以及制造费用。在采用涨断工艺后,连杆盖和连杆体涨断后自行装配,不再需要连杆盖在加工生产线上的单独自动运输装置。

V形发动机由于左右两缸的连杆装在同一个曲柄销上,故其结构随安装布置而不同,V形发动机的连杆布置有如下三种形式:

(1)并列连杆布置[图 4-38a)]。两个相同的连杆一前一后并列地安装在同一个曲柄销上,这种连杆可以通用,结构与单列式发动机的连杆相同,只是大头宽度一般要稍小一些。这种布置因左右汽缸要在轴向错开一段距离,致使发动机的长度增加,曲轴的长度增加,刚度降低。

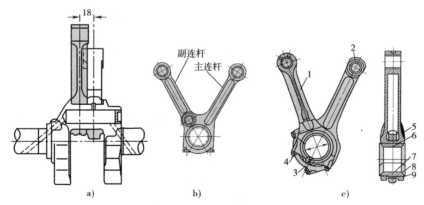

图 4-38 主副连杆、叉形连杆和并列连杆
a)并列连杆;b)主副连杆;c)叉形连杆

1-叉形大头连杆;2-片形大头连杆;3-销;4-叉形大头连杆与连杆盖的紧固螺钉;5-片式大头轴瓦;6、7-叉形大头轴瓦;8-片形大头连杆盖;9-叉形大头连杆盖

(2)主副连杆布置形式[图 4-38b)]。它是在左右两缸中,一缸采用主连杆[图 4-38b)

中,右缸采用主连杆。它的大头与曲柄销相配装],而另一缸采用副连杆,它的大头与主连杆上的大头(或连杆盖)上的两个凸耳用销作铰链连接。这种结构的连杆在同一个平面上运动,故汽缸中心线位于一平面内,发动机长度不增加。缺点是连杆不能互换。

(3)叉形连杆布置形式[图4-38c)]。左右两列汽缸对应两个连杆中,一个连杆的大头做成叉形,跨于另一个连杆的厚度较小的片形大头两端。叉形连杆式布置的优点是:两列汽缸中的活塞连杆组的运动规律相同;左右对应的两汽缸轴心线不需要在曲轴轴向上错位。其缺点是叉形连杆大头结构和制造工艺比较复杂,而且大头的刚度也较低。

轿车V形发动机大都采用并列连杆布置形式。

连杆螺栓是一个经常承受交变载荷的重要零件,一般采用韧性较高的优质合金钢或优质碳素钢锻制或冷镦成形。连杆大头的两部分用连杆螺栓紧固在一起,连杆大头安装时,必须紧固可靠。连杆螺栓必须以原厂规定的拧紧力矩,分2~3次均匀地拧紧。为防止工作时自动松动,必须用其他锁紧装置紧固,以防止工作时自动松动。常采用的锁止装置有:螺纹表面镀铜、自锁螺母、防松胶等。

现代发动机用连杆轴承是由钢背和减摩层组成的分开式薄壁轴承。钢背由厚1~3mm的低碳钢制成,是轴承的基体,减摩层是由浇注在钢背内圆上厚为0.3~0.7mm的薄层减摩合金制成,减摩合金具有保持油膜、减少摩擦阻力和易于磨合的作用。为适应连杆轴承的工作条件,要求减摩合金有足够的疲劳强度,有良好的抗咬性、顺应性、嵌藏性,有足够的结合强度和良好的耐磨性,如图4-39所示。

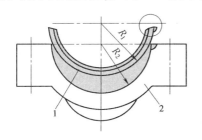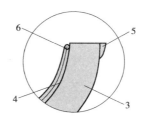

图4-39 连杆轴承
1-轴承;2-连杆盖;3-钢背;4-减摩合金层;5-定位凸唇;6-倒角;7-垃圾槽

目前汽车发动机的轴承减摩合金主要有白合金(巴氏合金)、铜铅合金和铝基合金,其中巴氏合金轴承的疲劳强度较低,只能用于负荷不大的汽油机,而铜铅合金或高锡铝合金轴承均具有较高的承载能力与耐疲劳性。含锡量20%以上的高锡铝合金轴承,在汽油机和柴油机上均得到广泛应用。

连杆轴承的背面应有很高的表面精糙度。半个轴承在自由状态下并不是半圆形即$R_1 > R_2$。当它们装入连杆大头孔内时,又有过盈,故能均匀地紧贴在大头孔壁上及连杆盖上,具有很好的承受载荷和导热的能力。这样可以提高其工作可靠性和延长使用寿命。为了防止连杆轴承在工作中发生转动或轴向移动,在两个连杆轴承的剖分面上,分别冲压出高于钢背面的两个定位凸唇。装配时,这两个凸唇分别嵌入在连杆大头和连杆盖上的相应凹槽中。在连杆轴承内表面上还加工有油槽,用以储油,保证可靠润滑。当薄壁轴承在使用中性能变坏、间隙过大时,应直接更换新轴承。

## 第四节 曲轴飞轮组

如图4-40所示,曲轴飞轮组主要由曲轴、飞轮、扭转减振器、带轮、正时齿轮(或链条)等组成。

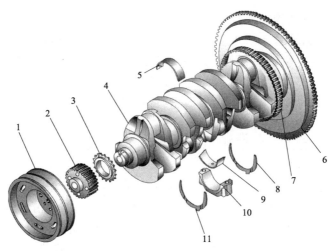

图4-40 曲轴飞轮组

1-带轮;2-曲轴正时齿形带轮;3-曲轴链轮;4-曲轴;5-曲轴主轴承(上);6-飞轮;7-转速传感器信号发生器;8、11-止推垫;9-曲轴主轴承(下);10-曲轴主轴承盖

### 一、曲轴

曲轴是发动机中最重要的机件之一,其功用是承受活塞连杆组传来的气体压力转变为曲轴的转矩并对外输出,另外,曲轴还用来驱动发动机的配气机构及其他辅助装置(如发电机、风扇、水泵、动力转向泵、平衡轴机构等)。

曲轴工作时,要承受周期性变化的气体压力、往复的惯性力和离心力,以及它们高速运转下的转矩和弯矩,易发生弯曲和扭转变形,因此,曲轴应有足够的强度和刚度,良好的耐磨性和良好的平衡。曲轴一般由中碳合金钢锻制而成,轴颈表面经高频淬火或氮化处理。上海桑塔纳发动机曲轴采用优质中碳钢模锻而成。奥迪JW型和玉柴YC6105QC型发动机采用了价格便宜、耐磨性好的高强度稀土球墨铸铁铸造而成。

1. 曲轴的结构

如图4-41所示,曲轴一般由前端、主轴颈、曲柄、平衡重、连杆轴颈和后端组成。由一个连杆轴颈和它左右主轴颈组成一个曲拐。曲轴的曲拐数取决于汽缸的数目和排列方式。单缸发动机的曲轴只有一个曲拐;直列式发动机曲轴的曲拐数等于汽缸数;V形发动机曲轴的曲拐数等于汽缸数的一半。

在曲轴的前端轴上安装有带轮、正时齿轮等,用于驱动水泵、配气机构等。曲轴的主轴颈安装在汽缸体主轴承座内,用于支撑曲轴。连杆轴颈用于安装连杆,曲柄连接主轴颈与连杆轴颈,为了平衡曲轴旋转时的离心力,在曲轴上设有平衡块。在曲轴的后端设有连接凸缘,通过螺栓将飞轮连接到曲轴上。为润滑连杆轴颈,从主轴颈向连杆轴颈钻有润滑油道。

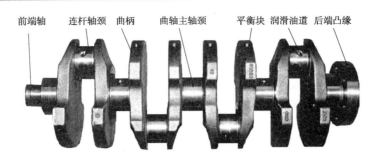

图 4-41 曲轴的结构

整体式曲轴结构简单、质量轻、工作可靠,一般采用滑动轴承,为中、小型发动机所广泛使用。

2. 曲拐的布置原则

曲轴的形状和各曲拐的相对位置主要取决于汽缸数、汽缸的排列形式和各缸的工作顺序。在安排发动机工作顺序时应尽量遵循如下规则:

(1) 使连续做功的两缸尽可能相距远些,以减轻主轴承的负荷,避免在进气过程中发生相连两气门同时开启,出现"抢气"现象,影响发动机的充气效率。

(2) 各汽缸的做功间隔角应该相等,以利于发动机运转平稳。在发动机完成一个工作循环的曲轴转角内,每个汽缸都应做功一次。对汽缸数为 $i$ 的四冲程发动机而言,做功间隔角为 $720°/i$。即曲轴每转 $720°/i$,就应有一个缸做功,以保证发动机运转平稳。

(3) 如果是 V 形发动机,则左右两列汽缸应交替做功。

3. 常见的多缸发动机曲拐布置形式与工作顺序

1) 直列四冲程发动机曲轴曲拐的布置

直列四缸四冲程发动机做功间隔角是 $720°/4=180°$,四个曲拐布置在同一个平面内,如图 4-42 所示。发动机工作顺序(或点火顺序)为 1→3→4→2 或 1→2→4→3 两种,其工作循环见表 4-1 和表 4-2。

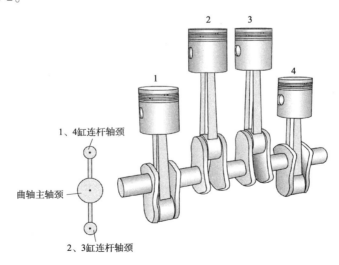

图 4-42 直列四缸四冲程发动机的曲拐布置简图

直列四冲程四缸发动机工作循环表（工作顺序 1→3→4→2）　　　表 4-1

| 曲轴转角(°) | 第一缸 | 第二缸 | 第三缸 | 第四缸 |
|---|---|---|---|---|
| 0～180 | 做功 | 排气 | 压缩 | 进气 |
| 180～360 | 排气 | 进气 | 做功 | 压缩 |
| 360～540 | 进气 | 压缩 | 排气 | 做功 |
| 540～720 | 压缩 | 做功 | 进气 | 排气 |

直列四冲程四缸发动机工作循环表（工作顺序 1→2→4→3）　　　表 4-2

| 曲轴转角(°) | 第一缸 | 第二缸 | 第三缸 | 第四缸 |
|---|---|---|---|---|
| 0～180 | 做功 | 压缩 | 排气 | 进气 |
| 180～360 | 排气 | 做功 | 进气 | 压缩 |
| 360～540 | 进气 | 排气 | 压缩 | 做功 |
| 540～720 | 压缩 | 进气 | 做功 | 排气 |

直列六缸四冲程发动机：做功间隔角为 720°/6 = 120°，六个曲拐布置在互成 120°夹角的三个平面内，如图 4-43 所示。发动机工作顺序（或点火顺序）为 1→5→3→6→2→4 或 1→4→2→6→3→5，前者应用较为普遍，特别是国产汽车的六缸发动机的点火次序大多数采用这种工作顺序，其工作循环表见表 4-3。

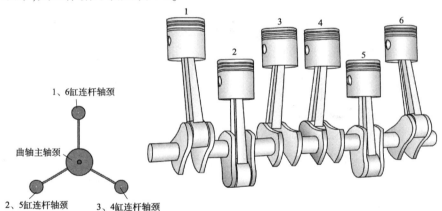

图 4-43　直列六缸四冲程发动机的曲拐布置简图

直列四冲程六缸发动机工作循环表（工作顺序 1→5→3→6→2→4）　　　表 4-3

| 曲轴转角(°) | | 第一缸 | 第二缸 | 第三缸 | 第四缸 | 第五缸 | 第六缸 |
|---|---|---|---|---|---|---|---|
| 0～180 | 0 | 做功 | 排气 | 进气 | 做功 | 压缩 | 进气 |
| | 60 | | | | | | |
| | 120 | | | 压缩 | 排气 | | |
| | 180 | | | | | | |
| 180～360 | 240 | 排气 | 进气 | | | 做功 | 压缩 |
| | 300 | | | 做功 | 进气 | | |
| | 360 | | | | | | |
| 360～540 | 420 | 进气 | 压缩 | | | 排气 | 做功 |
| | 480 | | | 排气 | 压缩 | | |
| | 540 | | | | | | |
| 540～720 | 600 | 压缩 | 做功 | | | 进气 | 排气 |
| | 660 | | | 进气 | 做功 | | |
| | 720 | | 排气 | | | 压缩 | |

2) V形排列四冲程发动机曲轴曲拐的布置

V形排列八缸四冲程发动机:做功间隔为720°/8 = 90°,曲拐的布置形式有两种:一种是四个曲拐布置在同一个平面内,与直列四缸发动机的曲拐布置形式完全一样;另一种是四个曲拐布置在互成90°夹角的两个平面内,如图4-44所示。发动机的工作顺序(或点火顺序)为1→8→4→3→6→5→7→2,这样的布置有利于发动机的平衡。其工作循环见表4-4。

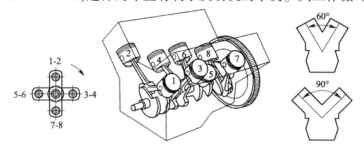

图4-44 V形排列八缸发动机的曲拐布置简图

**V形四冲程八缸发动机工作循环表**(工作顺序1→8→4→3→6→5→7→2)　　表4-4

| 曲轴转角(°) | | 第一缸 | 第二缸 | 第三缸 | 第四缸 | 第五缸 | 第六缸 | 第七缸 | 第八缸 |
|---|---|---|---|---|---|---|---|---|---|
| 0~180 | 0<br>90<br>180 | 做功 | 做功 | 进气 | 压缩 | 排气 | 进气 | 排气 | 压缩 |
| 180~360 | 270<br>360 | 排气 | 排气<br>进气 | 压缩<br>做功 | 做功 | 进气<br>压缩 | 压缩 | 进气 | 做功<br>排气 |
| 360~540 | 450<br>540 | 进气 | 压缩 | 排气 | 排气<br>做功 | 做功 | 做功 | 压缩 | 进气 |
| 540~720 | 630<br>720 | 压缩 | 做功 | 进气 | 进气 | 排气 | 排气 | 做功 | 压缩 |

**4. 曲轴的轴向定位**

发动机工作时,曲轴经常受到离合器施加于飞轮的轴向力及其他力的作用,使曲轴产生轴向移动,从而使曲柄连杆机构的正确位置关系受到破坏。另外,曲轴工作时还会发生热胀冷缩变形,轴向尺寸发生变化。因此,必须采取轴向限位措施来保证曲轴的轴向位移量,使曲轴既有受热膨胀的余地,又不至于产生过大的轴向位移量。曲轴轴向限位措施通常用止推装置来实现的,且只能有一处设置轴向限位装置。

止推装置常用的有单面制有减摩合金层的半圆形的止推垫、带有翻边的曲轴主轴承和圆形的止推环三种形式。图4-45是一种在曲轴中部利用止推垫限位的止推装置,止推垫是一个外侧有减摩合金层的半环状钢片,装在机体或主轴承盖的槽内,为防止止推垫的转动,止推垫上有凸起卡在槽内,止推垫有的使用4片,组成两个正圆限位,也有的使用2片限位,在使用这种止推垫时应注意,有减摩合金的一面应朝向曲轴。

如图4-46所示为一种带有翻边的曲轴主轴承,这种轴承不但在与曲轴接触的圆柱面上涂有减摩合金,在朝向曲轴的翻边上也涂有减摩层。将该轴承放在曲轴的某一主轴承孔内,依靠翻边限制曲轴的轴向位移。

当止推装置放在曲轴第一主轴颈(曲轴自由端)上时,可采用两个带有减摩合金层的止推环的形式。因为它可从曲轴端部直接套入主轴颈上。为防止止推环转动,止推环上有止转销孔与主轴承盖上的止转销相配合。安装止推环时钢背应面向机体与轴承盖。

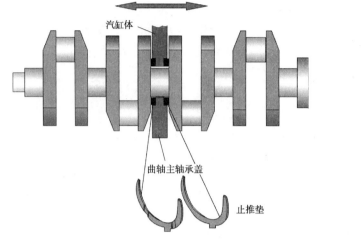

图 4-45　曲轴的轴向定位

图 4-46　带翻边的曲轴主轴承

5. 曲轴径向密封

曲轴径向密封环安放在曲轴的自由端(前端)和飞轮端(功率输出端)。其作用是防止发动机机体内的机油外溢和水(汽)与灰尘进入机体内。

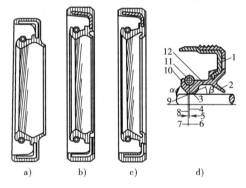

图 4-47　曲轴径向密封环及结构参数示意图
a)保护唇在外;b)保护唇在内(逆向);c)保护唇在内(顺向);d)结构细部
1-金属保持架;2-保护唇;3-辅助密封棱边;4-弹簧作用平面;5-弹簧杠杆臂;6-空气侧;7-机油侧;8-密封面;9-密封棱边;10-密封唇;11-拉力弹簧圈;12-密封体;α-油侧密封角;β-空气侧密封角

典型的车用发动机曲轴径向密封环如图 4-47 所示,由金属保持架 1,橡胶密封体 12 和拉力弹簧圈 11 三部分组成。橡胶密封体的几何形状及尺寸必须精心设计与制造。它与曲轴轴颈的密封宽度,即密封唇,为 0.1~0.2mm,空气侧密封角 $\beta$ 约为 25°,油侧密封角 $\alpha$ 比外侧角约大 20°。拉簧作用平面与密封剩余边的外偏距离,即弹簧杠杆臂,$h=0.05~1mm$。

保护唇的作用是防止水(或汽)与灰尘进入机体内。平时,它处于闭合状态。当曲轴受热时,保护唇张开,使保护唇与密封唇之间不会出现负压。橡胶密封体靠自身的弹力与拉簧的拉力将密封唇压在曲轴轴颈上,以保证一定的径向密封力。

当曲轴旋转时,机油通过密封处的环隙流向机体内,反之则不能。密封环装反不但不能密封,反而往外泵油。密封环除了密封作用外,它还能在接触处动态积存机油,起到冷却与自润滑作用。常用的橡胶密封体有硅橡胶、氟橡胶和密封性能更佳的聚四氟乙烯(PTFE)径向密封环。

## 二、曲轴扭转减振器

在发动机运转时,由于各缸气体压力和往复运动的惯性力周期性的作用在曲轴的连杆轴颈上,使曲轴转速变得忽快忽慢,从而产生曲轴对于飞轮的扭转摆动,这种扭转摆动在产生共振时就更加剧烈,会产生功率损失,加速驱动齿轮、链轮、链条磨损增加,严重时甚至将曲轴扭断。为了消减曲轴的扭转振动,有的发动机在曲轴前端装有扭转减振器。

曲轴常用摩擦式扭转减振器,按其减振元件不同其可分为橡胶式扭转减振器和硅油式扭转减振器两类。

橡胶扭转减振器结构如图 4-48 所示。减振器内圈通过带轮轮毂与曲轴连接,减振器外圈与内圈间粘有硫化橡胶层。橡胶层是减振的主要元件。发动机工作时,减振器内圈与曲轴一起振动,由于外圈滞后于内圈,因而在两者之间产生相对运动,使橡胶层来回揉搓摩擦,从而消耗了扭转振动的能量,共振现象得以削减。如上海桑塔纳轿车发动机的曲轴上就采用了如上所述的橡胶扭转减振器。

橡胶减振器结构简单,工作可靠,可获得较好减振效果。扭转减振器常放在扭转振幅最大的曲轴自由端。为节省空间或传动上的方便,很多轿车发动机上常利用带轮作为减振体。在一些高级轿车发动机上,还采用双重减振器,它是在带轮的外圆柱面和内侧端面分别用橡胶与一个扭转减振体和一个弯曲减振体硫化成整体,它可抑制曲轴的扭转振动和弯曲振动。

## 三、飞轮

飞轮的主要功用是通过储存和释放能量,协助发动机完成进气、压缩和排气行程,并能提高发动机运转的均匀性,同时,它又是离合器的主动盘,将发动机的动力传递给离合器的从动盘。

飞轮是一个转动惯量很大的圆盘,如图 4-49 所示。其大部分质量集中在轮缘上,因而轮缘又宽又厚,以便用较少的飞轮质量来获得较大的转动惯量。飞轮一般采用灰铸铁制造,当轮缘的圆周速度超过 50m/s 时,要采用强度较高的球墨铸铁或铸钢制造。飞轮外缘上压有一个齿圈,其作用是与起动机的驱动齿轮相啮合,供起动发动机用。

图 4-48　橡胶扭转减振器

图 4-49　飞轮

## 第五节 平 衡 轴

现代轿车特别重视乘坐的舒适性和噪声水平,为此必须将引起汽车振动和噪声的发动机不平衡力及不平衡力矩减小到最低限度。在曲轴的曲柄臂上设置的平衡重只能平衡旋转惯性力及其力矩,而往复惯性力及其力矩的平衡则需采用专门的平衡机构。

如前所述:发动机工作时,曲柄连杆机构的往复运动质量将产生往复惯性力 $F_j$。它可视作由一阶往复惯性力 $F_{jI}$ 与二阶往复惯性力 $F_{jII}$ 组成,即 $F_j = F_{jI} + F_{jII}$。当发动机的结构和转速一定时,一阶往复惯性力与曲轴转角的余弦成正比,二阶往复惯性力与 2 倍曲轴转角的余弦成正比。发动机往复惯性力的平衡状况与汽缸数、汽缸排列形式及曲拐布置形式等因素有关。

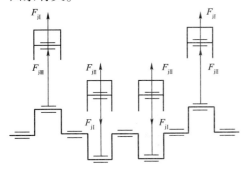

图 4-50 作用在曲轴上的一、二阶往复惯性力示意图

现代中级和普及型轿车普遍采用四冲程直列四缸发动机。平面曲轴的四缸发动机的一阶往复惯性力、一阶往复惯性力矩和二阶往复惯性力矩都平衡,唯二阶往复惯性力不平衡(图4-50)。为了平衡二阶往复惯性力需采用双轴平衡机构。两根平衡轴与曲轴平行且与汽缸中心线等距,旋转方向相反,转速相同,都为曲轴转速的 2 倍。两根轴上都装有质量相同的平衡重,其旋转惯性力在垂直于汽缸中心线方向的分力互相抵消,在平行于汽缸中心线方向的分力则合成为沿汽缸中心线方向作用的力,与 $F_{jII}$ 大小相等,方向相反,从而使 $F_{jII}$ 得到平衡。图 4-51 所示为两根平衡轴一高一低在汽缸中心线左右等距布置,上方的平衡轴与曲轴旋转方向相同,下方的平衡轴旋向相反,上下平衡轴的垂直距离等于连杆长度的 0.7 倍。这种平衡机构可以显著地降低由二阶往复惯性

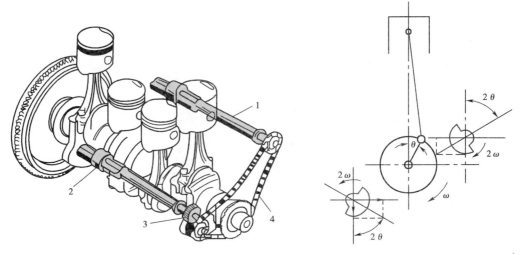

图 4-51 链传动双轴平衡机构(三菱汽车公司)
1-右平衡轴及平衡重;2-左平衡轴及平衡重;3-传动齿轮;4-传动链

力和气体力所造成的振动和噪声。图 4-52 所示为齿轮传动的双轴平衡装置。整个装置置于油底壳内,两个平衡轴高度相同,相对汽缸中心线左右对称。

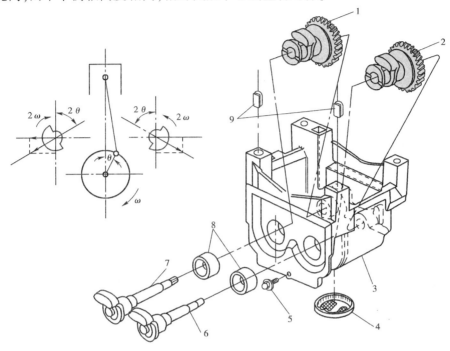

图 4-52　齿轮传动双轴平衡装置(通用汽车公司)
1、2-左、右传动齿轮及平衡重;3-平衡装置壳体;4-滤网;5-螺栓;6、7-左、右平衡轴及平衡重;8-衬套;9-定位销

四冲程直列三缸发动机的曲轴为 3 个曲拐互成 120°夹角的空间曲轴,其一阶和二阶往复惯性力矩不平衡。采用单轴平衡机构(图 4-53)将一阶往复惯性力矩平衡。平衡轴与曲轴转速相同,旋向相反。二级往复惯性力矩没有平衡,可通过合理设计发动机悬置系统将其产生的振动吸收。为了保证平衡效果,安装在曲轴上的平衡轴驱动齿轮和安装在平衡轴上的从动齿轮均刻有对正记号,装配平衡轴时,必须将对正记号对齐。

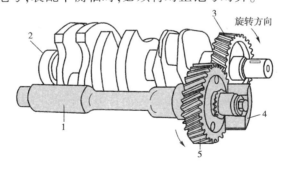

图 4-53　单轴平衡机构
1-平衡轴;2-曲轴;3-平衡轴驱动齿轮;4-平衡重;5-平衡轴从动齿轮

# 第五章 配气机构

## 第一节 概 述

### 一、配气机构的作用与分类

1. 配气机构的作用

配气机构的作用是按照发动机各缸工作循环的要求,适时开启和关闭进、排气门,在进气行程中及时打开进气门,使混合气(汽油机)或新鲜空气(柴油机)进入汽缸,在排气行程中及时打开排气门,将燃烧后的废气及时从汽缸内排出,而在压缩行程和做功行程中,进、排气门均关闭,从而使汽缸具有良好的密封性。

发动机吸入汽缸的可燃混合气或空气越多,发出的功率和转矩越大。可燃混合气或空气充满汽缸的程度,常用充气效率表示,也称充气系数。对于一定工作容积的发动机而言,充气效率与进气终了时汽缸内的压力和温度有关,进气终了压力越高,温度越低,则一定容积的气体质量就越大,充气效率越高。

由于充气时间极短,及进气系统对气流的阻力,造成进气终了时缸内气体压力降低,又由于上一循环中残留在汽缸内的高温废气,以及燃烧室、活塞顶、气门等高温零件对进入汽缸的新气加热,使进气终了时气体温度升高,实际充入汽缸的新鲜气体的质量总是小于在大气状态下充满汽缸的气体的质量。也就是说,充气效率总是小于1,一般为0.80~0.9。

影响发动机充气效率的因素很多,要求配气机构的结构有利于减小进气和排气的阻力,而且进、排气门的开启时刻和持续开启的时间要适当,使进气和排气都尽可能充分。

发动机在全负荷下工作时,需获得最大功率和转矩,这就要求配气机构应保证获得最大的可燃混合气或空气量。在发动机部分负荷下工作时,这时配气机构应保证混合气形成质量好。为此,许多乘用车发动机已经采用可变配气机构技术,以满足各工况和各转速条件下对新鲜空气或可燃混合气质和量的要求。

2. 配气机构的分类

四冲程车用发动机大都采用气门式配气机构。其机构形式多种多样,按每缸气门数目不同分为二气门式和多气门式两种,其中多气门式发动机又分为三气门式、四气门式和五气门式几种;按凸轮轴布置位置不同分为凸轮轴下置式配气机构、凸轮轴中置式配气机构和凸轮轴上置式配气机构,现代乘用车大部分采用凸轮轴顶置式配气机构;按曲轴和凸轮轴的传动方式不同分为齿轮传动式、链传动式和齿形带传动式三种形式。

## 二、配气机构的组成及工作原理

1. 凸轮轴下置式配气机构组成及工作原理

如图 5-1 所示,凸轮轴下置式配气机构由气门组和气门传动组两部分组成。气门组包括气门 11、气门锁片 6、气门导管 10、气门弹簧 8、气门弹簧座 7 等;气门传动组包括摇臂 3、摇臂轴 1、摇臂轴支架 2、推杆 14、挺柱 13 和凸轮轴 12 等。

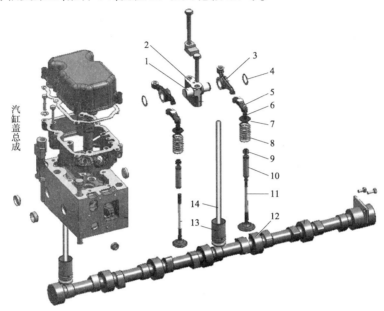

图 5-1 凸轮轴下置式配气机构组成

1-摇臂轴;2-摇臂轴支座;3-摇臂;4-卡环;5-气门桥;6-气门锁片;7-气门弹簧座;8-气门弹簧;9-气门油封;10-气门导管;11-气门;12-凸轮轴;13-挺柱;14-推杆

凸轮轴下置式配气机构工作原理示意图如图 5-2 所示,发动机工作时,曲轴通过正时齿轮 16 驱动凸轮轴正时齿轮 1 旋转,当凸轮的凸起顶起挺柱 3 时,挺柱 3 推动推杆 4 一起上行,作用于摇臂 8 上的推力使摇臂绕摇臂轴 6 转动,摇臂的另一端下移,压缩气门弹簧 11,打开气门 14。凸轮轴继续转动时,凸轮的凸起部分离开挺柱时,在气门弹簧张力的作用下,气门上升而落座,使气门关闭。

2. 凸轮轴上置式配气机构组成及工作原理

如图 5-3 所示,凸轮轴上置式配气机构由气门组和气门传动组两部分组成。气门组包括气门锁片 7、气门弹簧座 8、气门弹簧 9、气门油封 10、气门导管 11、气门 12、气门座 13 等;气门传动组包括曲轴正时齿形带轮 1、正时齿形带 2、张紧轮 3、凸轮轴 4、凸轮轴正时齿形带轮 5、液力挺柱总成 6 等。

凸轮轴上置式配气机构工作原理如图 5-4 所示,如发动机在作进气行程时,要求配气机构将进气门打开,此时曲轴带动曲轴正时齿形带轮转动,通过正时齿形带带动凸轮轴正时齿形带轮转动,凸轮轴正时齿形带轮带动凸轮轴转动。当凸轮轴上的凸轮转过基圆部分后,凸轮的凸起部分将驱动液力挺柱下移,克服进气门弹簧的弹力使进气门下移,打开进气通道,混合气通过进气门进入汽缸。随着凸轮的凸起部分的顶点转过液力挺柱以后,凸轮对液力挺柱的推力逐渐减小,进气门在弹簧张力的作用下上移,逐渐关闭进气道,当凸轮转到基圆部分时,凸轮对液力挺柱的推力消失,气门完全关闭时,进气行程结束。

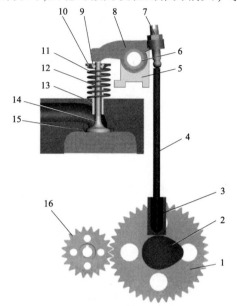

图5-2 凸轮轴下置式配气机构工作原理
1-凸轮轴正时齿轮;2-凸轮轴;3-挺柱;4-推杆;5-摇臂轴支架;6-摇臂轴;7-调整螺钉及锁紧螺母;8-摇臂;9-气门锁片;10-气门弹簧座;11-气门弹簧;12-气门油封;13-气门导管;14-气门;15-气门座;16-曲轴正时齿轮

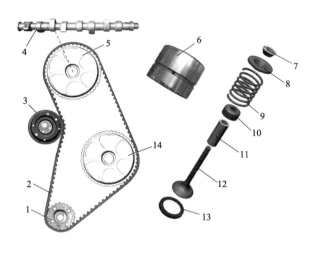

图5-3 凸轮轴上置式配气机构组成
1-曲轴正时齿形带轮;2-正时齿形带;3-张紧轮;4-凸轮轴;5-凸轮轴正时齿形带轮;6-液力挺柱总成;7-气门锁片;8-气门弹簧座;9-气门弹簧;10-气门油封;11-气门导管;12-气门;13-气门座圈;14-中间轴带轮

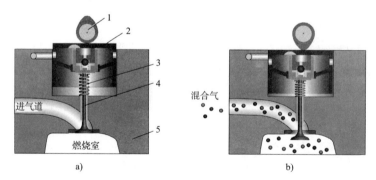

图5-4 凸轮轴上置式配气机构工作原理示意图
a)气门关闭;b)气门开启
1-凸轮轴;2-液力挺柱总成;3-气门弹簧;4-气门;5-汽缸盖

## 三、气门的布置形式

如图5-5所示,一般发动机每个汽缸有两个气门,即一个进气门和一个排气门。虽然尽量加大气门头部直径,但是气门头部直径的尺寸受燃烧室尺寸的限制,气门头部直径一般不能超过汽缸直径的一半,因此每缸一进一排的气门结构不能保证良好的换气质量,也不能满足发动机高速化的要求,受限较多。为了使发动机在工作时进气充分、排气彻底,提高发动机的动力性,以满足现代汽车发动机对高速化的要求,因此,在很多轿车发动机上普遍采用每缸多气门结构。

三气门式发动机配气机构,其每缸有两个进气门和一个排气门,如图5-6所示。与二气门式发动机相比,进气量有明显增加,发动机功率及排放有所改善。但其他方面不如四气门式发动机。

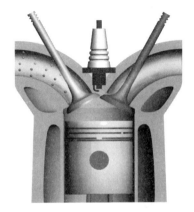
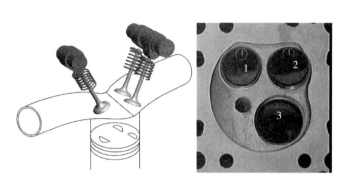

图5-5 两气门配气机构　　　　　图5-6 三气门配气机构

四气门式是最完善使用最广泛的配气机构,目前在许多发动机上采用。其结构如图5-7所示。四气门式发动机配气机构一般采用顶置双凸轮轴式结构的驱动方式。其主要优点是进、排气门数量增加,进排气通道截面积随之增大,提高了发动机的进、排气效率;单个气门的尺寸缩小使质量减轻,满足了发动机高速化的要求;火花塞可布置在燃烧室的中心位置,改善了可燃混合气的燃烧过程和燃烧质量,有利于提高发动机的功率和降低燃油消耗量,汽缸盖的结构布局更为合理。上汽POLO1.4L型和奥迪A8型汽车发动机、丰田TOYOTA2Z-GF型发动机均采用四气门式结构。

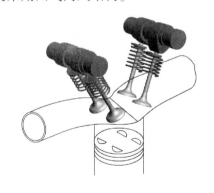

图5-7 四气门结构

四气门式发动机中,气门的排列方式有两种。一种是同名气门(同名进气门或同名排气门)排成两列,如图5-8a)所示,由一根凸轮轴通过T形杆同时驱动,其缺点在于当同一汽缸的两只同名气门在气道中的位置不同时,两者的工作效果会有差异;另一种是同名气门排成

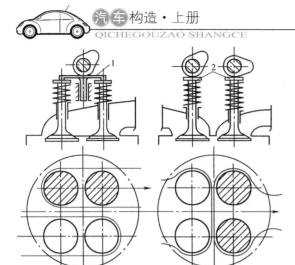

图 5-8 四气门的气门布置
a) 同名气门排成两列；b) 同名气门排成一列
1—T 形杆；2—气门尾端的从动盘

一列,一般需要两根凸轮轴分别驱动各缸的进、排气门,这种结构的气门工作条件较好。但由于需要两根凸轮轴,结构较复杂,如图 5-8b) 所示。

五气门式发动机配气机构,其每缸有三个进气门和两个排气门,如图 5-9 所示。气门数目的增加,使发动机的进、排气通道截面积增大,明显提高了发动机的充气效率,改善了发动机的性能。因此每缸采用五个气门,为满足高性能指标要求提供了机会,可以实现燃油消耗低、转矩大及排污少,比四气门发动机达到的性能指标更好。此外,如果将五气门技术与增压技术相结合,其性能指标的优势将更加明显。

当每缸采用五气门时,气门排列的方案通常是同名气门排成一列,分别用进气凸轮轴和排气凸轮轴驱动。捷达 EAll3 型发动机的五气门是采用铝合金材料铸造而成的整体式缸盖;燃烧室采用了紧凑盆形,火花塞位于燃烧室中心。但其结构复杂,燃烧室表面积大,对燃烧不利。

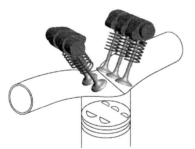 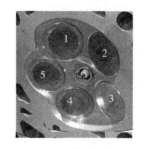

图 5-9 五气门结构

### 四、配气机构的传动

曲轴通过齿轮副或链传动或齿形带传动来驱动凸轮轴,凸轮轴再带动摇臂或直接推动进、排气门。

由于曲轴与凸轮轴之间驱动方式不同,配气机构的传动有齿轮驱动、链驱动和齿形带驱动三种。四冲程发动机每完成一个工作循环,曲轴旋转两周,凸轮轴只旋转一周,各缸的进、排气门各开启一次,故曲轴与凸轮轴转速之比(即传动比)应为 2∶1。

1. 齿轮驱动形式

采用齿轮副来驱动凸轮轴,凸轮轴正时齿轮的齿数为曲轴正时齿轮齿数的 2 倍。凸轮轴下置时,两轴距离较近,一般都采用齿轮副驱动。若两轴距离稍远时,可加装惰轮。为了啮合平稳,减小噪声,在中、小功率发动机上,采用斜齿轮传动,曲轴正时齿轮用钢来制造,而凸轮轴正时齿轮则用铸铁或夹布胶木制造,如图5-10所示。

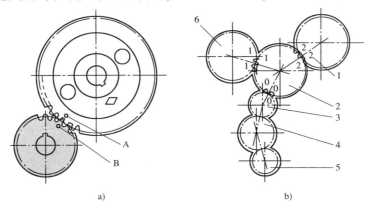

图 5-10 齿轮传动及正时记号
a)一对正时齿轮的传动;b)加惰轮的齿轮传动

1-喷油泵正时齿轮;2、4-惰轮;3-曲轴正时齿轮;5-机油泵传动齿轮;6-凸轮轴正时齿轮;A-凸轮轴正时齿轮记号;B-曲轴正时齿轮记号

2. 链驱动形式

链驱动,是指曲轴通过链条来驱动凸轮轴,如图5-11所示。这种驱动形式一般多用于凸轮轴上置的远距离传动。为使在工作时链条具有一定的张力而不致脱链,通常装有导链板14,张紧轮装置2、11等。

3. 齿形带驱动形式

齿形带驱动形式与链驱动的原理相同。只是链轮改为齿轮,链条改为齿形带,如图5-12、图5-13所示。这种齿形带用氯丁橡胶制成,中间夹有玻璃纤维和尼龙织物,以增加强度。齿形带驱动与链驱动相比具有齿形带伸长量小、噪声低、质量轻、成本低、工作可靠和不需要润滑等优点。因此,现代轿车高速发动机大多数采用齿形带传动。为了确保传动可靠,齿形带保持一定张紧力,通常在齿形带传动机构中设置张紧装置。

### 五、气门间隙

发动机工作时,气门将因温度升高而膨胀,如果气门及其传动件之间,在冷态时无间隙或间隙过小,则在热态时,气门及其传动件的受热膨胀势必引起气门关闭不严,造成发动机在压缩和做功行程中漏气,而使功率下降,严重时甚至不易起动。为了消除这种现象,通常在发动机冷态装配

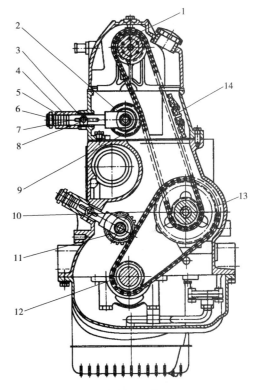

图 5-11 汽油机凸轮轴的链传动装置示意图

1-凸轮轴链轮;2-上链条张紧轮;3-张紧轮导向套筒;4-压紧弹簧;5-锁紧螺母;6-张力调整螺钉;7-张紧轮导向销;8-导向销锁紧螺母;9-上链条;10-下链条;11-下链条张紧轮;12-曲轴链轮;13-中间链轮;14-导链板

时,在气门与其传动机构中,留有适当的间隙,以补偿气门受热后的膨胀量,这一间隙通常称为气门间隙。如图5-14所示。有的发动机采用液力挺柱,挺柱的长度能自动变化,随时补偿气门的热膨胀量,故不需要预留气门间隙。

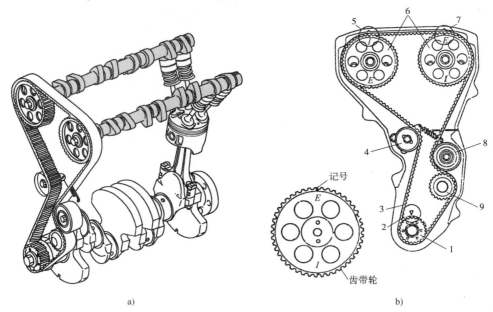

图5-12 双顶置凸轮轴的传动布置图(一)
a)空间布置图;b)平面布置图
1-曲轴正时齿带轮;2-正时对正记号;3-齿形带;4-张紧轮;5-进气凸轮正时记号;6-凸轮轴正时齿形带轮;7-排气侧正时记号;8-导向轮;9-水泵齿形带轮

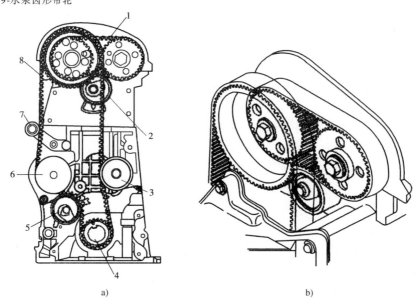

图5-13 双顶置凸轮轴的传动布置图(二)
1-连接齿形带;2-连接齿形带张紧轮;3-导向轮;4-曲轴正时齿形带轮;5-主齿形带张紧轮;6-水泵齿形带轮;7-导向轮;8-主齿形带

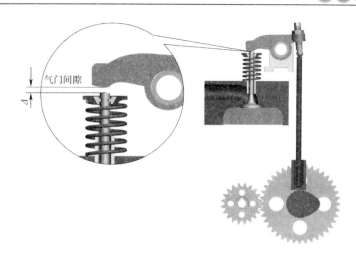

图 5-14 气门间隙

气门间隙的大小由发动机制造厂根据试验确定。一般在冷态时,进气门的间隙为 0.25~0.35mm,排气门的间隙为 0.30~0.35mm。如果气门间隙过小,发动机在热态下可能因气门关闭不严而发生漏气,导致功率下降,甚至气门烧坏。如果气门间隙过大,则使传动零件之间以及气门和气门座之间产生撞击响声,并加速磨损。同时,也会使气门开启的持续时间减少,汽缸的充气以及排气性能变坏。

## 第二节　气门传动组

气门传动组的主要机件有凸轮轴及其驱动装置,包括挺柱、推杆、摇臂及摇臂轴等(参见图 5-1)。

### 一、凸轮轴

1. 凸轮轴的作用与材料

凸轮轴是气门传动组中最主要的零件,用来驱动和控制各缸气门的开启和关闭,使其符合发动机的工作顺序、配气相位及气门开度的变化规律等要求。

凸轮是凸轮轴的主要工作部分,它在工作时承受气门弹簧的张力和传动件的惯性力。由于它与挺柱(或摇臂)接触近于线接触,接触面积小,单位压力很大,磨损较快,因而应有较高的耐磨性,并要特别注意两者之间材料及其热处理的组合,否则很容易在这对摩擦副的工作面上发生刮伤和剥落等损伤。为了保证气门开闭规律的正确性,还应有足够的刚度。

为了满足工作条件的要求,凸轮轴多用优质碳钢或合金钢锻制,也可采用合金铸铁和球墨铸铁铸造。凸轮轴上的轴颈和凸轮工作表面经表面高频淬火(中碳钢)或渗碳淬火(低碳钢)处理后精磨,以改善其耐磨性。

2. 凸轮轴的构造

凸轮轴主要由凸轮和凸轮轴轴颈等组成。如图 5-15 所示。单凸轮轴一般将进、排气凸轮布置在同一根凸轮轴上,四缸发动机凸轮轴同名(同为进气凸轮或同为排气凸轮)凸轮间夹角为 90°,如图 5-15a)所示,六缸发动机凸轮轴同名凸轮间夹角为 60°,如图 5-15b)所示,双凸轮轴结构中,一根是进气凸轮轴,上面布有各缸的进气凸轮;另一根是排气凸轮轴,上面布有各缸的排气凸轮。

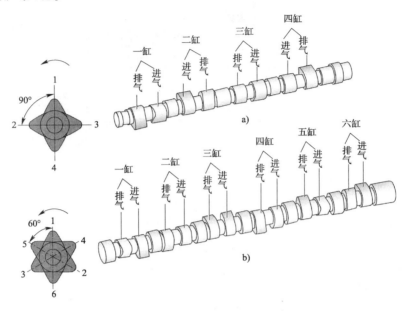

图 5-15　凸轮轴结构
a)四缸发动机凸轮轴;b)六缸发动机凸轮轴

1)凸轮

凸轮的轮廓应保证气门开启和关闭的持续时间符合配气相位要求,且有合适的升程及其升降过程的运动规律。凸轮的轮廓形状如图 5-16 所示。$O$ 为凸轮轴的轴心,圆弧$\overparen{EA}$为凸轮的基圆,圆弧 $\overparen{AB}$ 和 $\overparen{DE}$ 为凸轮的缓冲段,缓冲段中凸轮的升程(升程即轮廓型线上某点较基圆半径凸出的量)变化速度较慢,圆弧 $\overparen{BCD}$ 为凸轮的工作段,此段升程较快,$C$ 点时升程最大(图中 $A$ 值),它决定了气门的最大开度。不同机型凸轮的升程变化规律不同。

以下置式凸轮轴为例,凸轮的工作过程如下:当凸轮按图中方向转过 $\overparen{EA}$ 时,挺柱处于最低位置不动,气门处于关闭状态。凸轮转至 $A$ 点时,挺柱开始移动。继续转动,在缓冲段 $\overparen{AB}$ 内的某点 $M$ 处消除气门间隙,气门开始开启,至 $C$ 点时气门开度最大,而后逐渐关小,至缓冲段 $\overparen{DE}$ 内某点 $N$ 时,气门完全关闭。

此后,挺柱继续下落,出现气门间隙,至 $E$ 点时挺柱又处于最低位置。

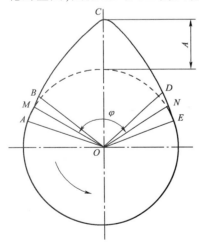

图 5-16　凸轮轮廓示意图

由于气门开始开启和最后关闭时均在凸轮升程变化较慢的缓冲段内,这就使气门杆尾端在消除气门间隙的瞬间和气门头落座的瞬间的冲击力均较小,有利于减小噪声和磨损。

$\overset{\frown}{MCN}$ 所夹的角 $\varphi$ 为气门开启持续过程中凸轮轴的转角,它等于配气相位中气门开启持续角的一半。

由上可知,当气门间隙变小时,$M$ 和 $N$ 两点下移,$\varphi$ 角增大,配气相位增大,反之亦然。

由图 5-15 可以看出,同一气缸的进、排气凸轮的相对角位置是与既定的配气相位相适应的。发动机各个汽缸的进气(或排气)凸轮的相对角位置应符合发动机各汽缸的发火次序和发火间隔时间的要求。因此,根据凸轮轴的旋转方向以及各进气(或排气)凸轮的工作次序,就可以判定发动机的发火次序。六缸四冲程发动机每完成一个工作循环,曲轴须旋转两周而凸轮轴只旋转一周,在这一期间内,每个汽缸都要进行一次进气(或排气),且各缸进气(或排气)的时间间隔相等,即各缸进(或排)气门的凸轮彼此间的夹角均为 60°。图 5-15 着火次序为 1→5→3→6→2→4 的六缸四冲程发动机的凸轮轴,从前端向后看凸轮轴旋转方向,任何两个相继发火的汽缸进(或排)气凸轮间的夹角为 360°/6 = 60°。

2)凸轮轴轴颈

由于凸轮轴是通过凸轮轴轴颈支撑在凸轮轴轴承孔内的,因此凸轮轴轴颈数目的多少是影响凸轮轴支撑刚度的重要因素。如果凸轮轴刚度不足,工作时将发生弯曲变形,这会影响配气正时。下置式凸轮轴每隔 1~2 个汽缸设置一个凸轮轴轴颈。上置式凸轮轴基本上是每隔一个汽缸设置一个凸轮轴轴颈。

上置式凸轮轴的轴承若为剖分式结构时,各凸轮轴轴颈的直径均相等。下置式凸轮轴轴颈的直径由风扇端向飞轮端依次减小,目的是便于安装。

3)凸轮轴轴承

凸轮轴轴承一般做成衬套压入整体式的座孔内,最后再加工,与轴颈配合。其材料多与曲轴轴承相同,由低碳钢钢背内浇减摩合金制成,也有的用粉末冶金衬套或铜套。

4)凸轮轴的轴向限位

为了配气机构的正常工作,防止凸轮轴的轴向窜动,凸轮轴必须有轴向定位装置。凸轮轴的位置不同,其限位方法也不一样。上置式凸轮轴利用凸轮轴轴承盖两侧面代替止推凸缘实现轴向定位,如图 5-17 所示。

为了保证发动机的配气和点火正时,在装配曲轴和凸轮轴时,要将正时齿轮副上的标记、齿轮与链条间标记、齿形带轮与齿形带上的标记、正时齿轮与缸体及缸盖的标记对齐。

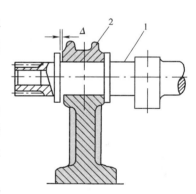

图 5-17 凸轮轴轴向定位
1-凸轮轴轴承盖;2-凸轮轴

## 二、挺柱

挺柱的作用是将凸轮工作时产生的推力传给推杆或气门,并承受凸轮轴旋转时所产生的侧向力。一般安装在汽缸体或汽缸盖镗出的导向孔中。挺柱常用的有普通挺柱和液力挺柱两种。

1.普通挺柱

普通挺柱常见的形式有筒形和滚轮式两种,如图 5-18 所示。筒形挺柱的下部钻有通孔,便于筒内收集的润滑油流出以对挺柱底面和凸轮加强润滑,底面为凹球形,与推杆下方的凸球形配合;滚轮式挺柱由于滚轮的转动,传力灵活,使滚轮与凸轮间的摩擦阻力小,多用于柴油机中。

**2. 液力挺柱**

具有气门间隙的配气机构,虽然解决了机件受热膨胀对气门正常工作的影响,但是有了气门间隙后,会使配气机构在工作过程中各机件出现撞击而产生噪声。为了解决这一矛盾,多数高转速发动机上采用了液力挺柱。如桑塔纳 JV 型和奥迪 JW 型发动机均采用液力挺柱。

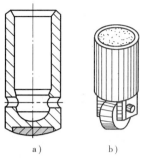

图 5-18 挺柱
a)筒式;b)滚轮式

1)液力挺柱的组成

液力挺柱由柱塞 2、柱塞套 5、止回阀 3、托架 6、弹簧 4 和挺柱体 1 等零件组成,如图 5-19 所示。

挺柱体的外圆柱面上有一环形油槽,油槽内有一进油孔与低压油腔相通,顶部内侧加工有键形油槽。柱塞套外圆与挺柱体内导向孔配合,内孔则与柱塞配合,两者都有相对运动。柱塞的底部装有一复位弹簧,把止回阀压靠在柱塞的阀座上,止回阀将油缸上部和下部分隔为两个油腔。当止回阀关闭时,上部为低压油腔,下部为高压油腔;当止回阀开启时,则成为一个通腔。复位弹簧还可以使挺柱的顶面和凸轮保持紧密接触,以消除气门间隙。柱塞、柱塞套、止回阀和弹簧装配到一起便构成气门间隙的补偿偶件。

液力挺柱装在汽缸盖的挺柱孔内,挺柱顶面与凸轮接触,柱塞套底面则与气门杆尾端接触。为了使其在工作中旋转以减小磨损,液力挺柱中心线与凸轮的对称中心线错位 1.5mm,同时凸轮轴向倾斜 0.002~0.02mm,使挺柱在工作过程中能绕其轴线转动。

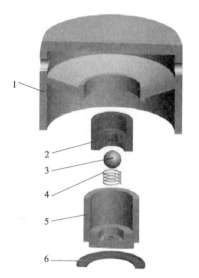

图 5-19 液力挺柱的组成
1-挺柱体;2-柱塞;3-止回阀;4-弹簧;5-柱塞套;6-托架

2)液力挺柱工作原理

当凸轮基圆与挺柱接触时,弹簧使挺柱顶面和凸轮保持紧密接触,油缸下端面与气门杆尾部紧密接触,因此没有气门间隙。当挺柱体外圆的环形油槽与缸盖上的斜油孔对齐,来自汽缸盖的润滑油从缸盖进油口流入挺柱体内的低压油腔,然后经键形槽进入柱塞上方的低压油腔,这时缸盖主油道与液力挺柱的低压油腔相通。

当凸轮转过基圆凸起与挺柱接触时,凸轮推动挺柱体和柱塞向下移动,高压油腔内润滑油被压缩,油压升高,加之弹簧的作用,使止回阀紧压在柱塞下端的阀座上,这时高压油腔与低压油腔被分开,由于液体的不可压缩性,整个挺柱成为一个刚体,下移并推开气门,气门开启,如图 5-20b)所示。此时,挺柱外圆的环形油槽已离开了汽缸盖上的进油位置,从而停止进油。

当凸轮重新转到基圆与挺柱接触位置,挺柱体不再受凸轮的推压作用,高压油腔内的压力油和柱塞复位弹簧一起推动柱塞向上运动,使高压油腔内的压力下降,止回阀离开阀座而打开,从低压油腔来的压力油进入高压油腔,使两腔相通并充满油液,保证液力挺柱的顶面仍然和凸轮的基圆接触,从而达到补偿气门间隙的作用,如图5-20a)所示。

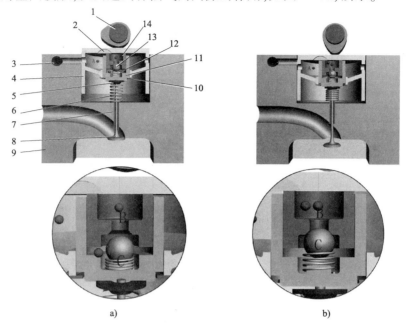

图5-20 液力挺柱工作原理
a)气门关闭;b)气门打开

1-凸轮轴;2-键形槽;3-汽缸盖油道;4-挺柱体;5-气门弹簧座;6-气门弹簧;7-气门导管;8-气门;9-汽缸盖;10-托架;11-柱塞套;12-复位弹簧;13-止回阀;14-柱塞

为防止发动机在停机状态下汽缸盖油道中出现空油的现象,在汽缸盖上设有一回油道,以确保发动机重新起动时挺柱内立即充油。

由此可知,若气门、推杆受热膨胀,挺柱回落后向挺柱体腔内的补油过程便会减少补油量(工作过程中)或使挺柱体腔内的油液从柱塞与挺柱体间隙中泄漏一部分(停车时),从而使挺柱自动"缩短";因此可不留气门间隙而仍能保证气门关闭。相反,若气门、推杆冷缩,则向挺柱体腔内的补油过程,便会增加补油量(工作过程中)或在柱塞弹簧作用下将柱塞上推,吸开止回阀向挺柱体腔内补油(停车时),从而使挺柱自动"伸长",因此仍能保持配气机构无间隙传动。

采用液力挺柱,既消除了配气机构中各零件间的间隙,减小了各机件相互间的冲击载荷和噪声;又不用预留气门间隙,可有效地延长气门的实际开启时间,同时凸轮轮廓可设计得比较陡一些,使气门开启和关闭速度更快,以减小进气、排气阻力,改善发动机的换气过程,提高发动机的性能;不用调整气门间隙,简化了配气机构的装配、使用和维修过程。

### 三、推杆

推杆的作用是将从凸轮轴经过挺柱传来的推力传给摇臂,它是配气机构中最易弯曲的零件。要求有很高的刚度,在动载荷大的发动机中,推杆应尽量地做得短些。

对于缸体与缸盖都是铝合金制造的发动机,其推杆最好用硬铝制造。推杆的两端焊接成压配有不同形状的端头,下端头通常是圆球形,以使与挺柱的凹球形支座相适应;上端头一般制成凹球形,以便与摇臂上的气门间隙调整螺钉的球形头部相适应。推杆可以是实心或空心的。钢制实心推杆[图5-21a)],一般同球形支座锻成一个整体,然后进行热处理。图5-21b)表示硬铝棒制成的推杆,推杆两端配以钢制的支撑。图5-21c)、d)都是钢管制成的推杆。前者的球头直接锻成,然后经过精磨加工。后者的球支撑则是压配的,并经淬火和磨光,以提高其耐磨性。

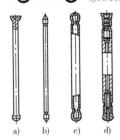

图5-21 推杆
a)钢制实心推杆;b)硬铝棒推杆;c)、d)钢管制成的推杆

### 四、摇臂

摇臂的作用是改变推杆的传力方向,使凸轮产生的推力作用到气门上,使气门下移。摇臂实际上是一个双臂杠杆,如图5-22b)所示。摇臂6的两边臂长的比值(称为摇臂比)为1.2~1.8,其中长臂一端是推动气门的。端头的工作表面一般制成圆弧形,当摇臂摆动时可沿气门杆端面滚滑,这样可使两者之间的力尽可能沿气门轴线作用。摇臂内还钻有润滑油道和油孔。在摇臂的短臂一端装有用以调节气门间隙的调节螺钉14及锁紧螺母13[图5-22a)],螺钉的球头与推杆顶端的凹球座相接触。

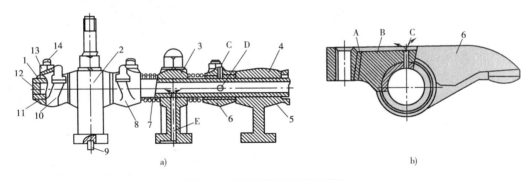

图5-22 摇臂及摇臂组结构示意图
1-垫圈;2、3、4-摇臂轴支座;5-摇臂轴;6、8、10-摇臂;7-定位弹簧;9-定位销;11-锁簧;12-堵头;13-锁紧螺母;14-调节螺钉;A、C、D、E-油孔;B-油槽

摇臂通过衬套空套在摇臂轴5上,而后者又支撑在摇臂轴支座2上,摇臂轴为空心管状结构,在摇臂上钻有油孔,机油从摇臂轴支座的油道经摇臂轴内腔和摇臂中的油道流向摇臂两端进行润滑。为了防止摇臂的窜动,在摇臂轴上每两摇臂之间都装有定位弹簧7。

摇臂多是用45钢锻压而成,也有用铸铁或铸钢精铸而成的。

图5-23所示为一种浮动式摇臂,摇臂的一端安装在汽缸盖的液力挺柱上,另一端坐落在气门杆的端部,为了减小摩擦和磨损,在摇臂的中部设有滚轮,可使凸轮与摇臂的接触方式由滑动摩擦改为滚动摩擦,减少了摩擦阻力。

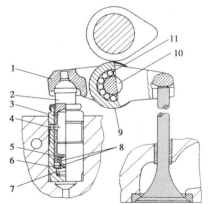

图5-23 浮动式摇臂
1-浮动摇臂;2-柱塞;3-壳体;4-进油孔;5-止回阀;6-柱塞弹簧;7-高压腔;8-止回阀保架及止回阀弹簧;9-滚轮;10-销轴;11-滚针

## 第三节 气 门 组

如图5-24所示,气门组的主要机件有气门、气门弹簧、弹簧座、气门座圈、气门导管及锁片等。

### 一、气门

气门由头部2和杆部1组成(图5-25)。头部用来封闭气缸的进、排气通道,杆部则主要为气门的运动导向。

1. 气门的工作条件与材料

气门的头部直接与汽缸内燃烧的高温气体接触,热负荷大,而散热(主要靠头部落座时由气门座传递散失,其次通过与杆部接触的气门导管传递散失)很困难,因而工作温度较高,排气门由于高温废气的冲刷可达800~1100K,进气门由于新鲜气体的冲刷冷却,温度较低,但也可达600~700K;气门头部承受落座时受到惯性冲击力;接触汽缸内燃烧生成物中的腐蚀介质;润滑困难。因此要求气门必须具有足够的强度、刚度、耐热和耐磨能力。

进气门通常用中碳合金钢,如铬钢、镍铬钢、铬钼钢等;有的排气门为了降低成本,头部采用耐热钢,而杆部用较便宜的和进气门一样的合金钢,两者对焊而成,尾部再加装一个耐磨

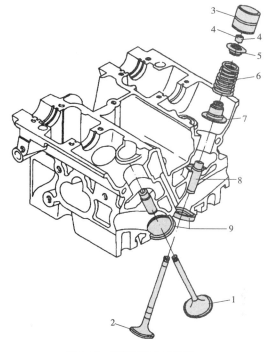

图5-24 气门组结构示意图
1-进气门;2-排气门;3-液力挺柱;4-气门锁片;5-气门弹簧座;6-气门弹簧;7-气门弹簧垫;8-气门导管;9-进、排气门座圈

合金钢。还有些排气门在头部锥面堆焊或等离子喷涂一层钨钴等特种合金覆盖层,以提高耐腐蚀性和耐高温性,延长其使用寿命。

2. 气门的一般构造

气门头部的形状有凸顶、平顶和凹顶。图5-26a)所示为凸顶气门,其刚度大,受热面积也大,用于某些排气门;图5-26b)所示为平顶气门,其结构简单、制造方便,受热面积小,应用最多;图5-26d)所示为凹顶气门,也称漏斗形,其质量小、惯性小,头部与杆部有较大的过渡圆弧,使气流阻力小,以及具有较大的弹性,对气门座的适应性好(又称柔性气门),容易获得较好的磨合,但受热面积大,易存废气,容易过热及受热易变形,所以仅用作进气门;图5-26c)所示的凹顶气门,其刚性和弹性居于平顶和漏斗形顶之间,对气门座口也有较好的适应性,应用也较多。

气门头部与气门座接触的工作面,是与杆部同心的锥面。通常将这一锥面与气门顶平面的夹角称为气门锥角(图5-27)。常用的气门锥角为30°和45°。当气门升程相同时,气门锥角越大,气流通过的截面就越小。但是锥角

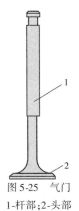

图5-25 气门
1-杆部;2-头部

越大,落座压力越大,密封和导热性也越好。另外,锥角大时,气门头部边缘的厚度大,不易变形。进排气门的工作情况不同,往往锥角也不同。进气门主要是为了获得大的通道截面,其本身热负荷较小,往往采用较小的锥角,多用30°,有利于提高充气效率;排气门则因热负荷较大而用较大的锥角,通常为45°。也有的发动机为了制造和维修方便,两者都用45°。气门头部的边缘应保持一定厚度,一般为1~3mm,以防止工作中由于气门与气门座之间的冲击而损坏或被高温气体烧蚀,为了减少进气阻力,提高充气效率,多数发动机进气门的头部直径比排气门的大。为保证良好密封,装配前应将气门头与气门座两者的密封锥面互相研磨,研磨好的零件不能互换。为了改善气门头部的耐磨性和耐腐蚀性,有的发动机在排气门密封锥面上堆焊一层含有大量的镍、铬、钴等金属元素的特种合金,以提高硬度。

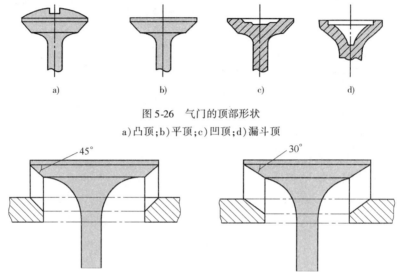

图 5-26 气门的顶部形状
a)凸顶;b)平顶;c)凹顶;d)漏斗顶

图 5-27 气门锥角

**3. 气门的杆部**

气门杆部有较高的加工精度和较小的表面粗糙度值,与气门导管保持较小的配合间隙,以减小磨损,并起到良好的导向和散热作用。

气门尾端的形状决定于气门弹簧座的固定方式。采用剖分成两半且外表面为锥面的气门锁片来固定上气门弹簧座[图5-28a)],结构简单,工作可靠,拆装方便,因此得到了广泛的应用。图5-28所示的气门采用圆柱销8来固定气门弹簧座,相应地在气门尾端钻有安装圆柱销的径向孔。

发动机高速化后,进气管中的真空度显著地增高,气门室中的机油会通过气门杆与导管之间的间隙被吸入进气管和汽缸内,除增加机油的消耗外,还会造成缸内积炭,因此发动机的气门杆上部都设有机油防漏装置。

在某些高度强化的发动机上采用中空气门杆的气门,旨在减轻气门质量和减小气门运动的惯性力。为了降低排气门的温度,增强排气门的散热能力,在许多汽车发动机上采用钠冷却气门(图5-29)。在排气门封闭内腔充注钠,钠在约为1243K时变为液态,具有良好的热传导能力,通过液态钠的来回运动,热量很快从气门头部传到根部,从而可使温度降低约100℃,排气门的这种内部冷却方式同时也降低了混合气自燃的危险,从而提高了气门的使用寿命。使用中值得注意的是:为了保护环境,不允许将排气门直接作为废品扔掉,必须在排气门中部用钢锯锯开一个缺口,在此期间不用水接触气门。将这样处理过的排气门扔入一个充满水的桶中,排气门中的钠一旦与水接触,就会立即发生化学反应,充注在其内部的钠发生燃烧,经过上述处理后的排气门才能作为普通废品处理。

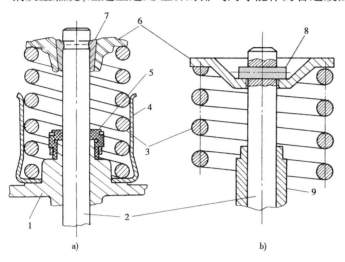
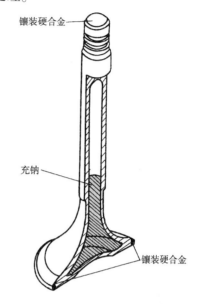

图 5-28 气门弹簧座的固定方式
a) 气门锁片固定;b) 圆柱销固定

1-汽缸盖;2-气门杆;3-气门弹簧;4-气门弹簧振动阻尼器;5-气门油封;
6-气门弹簧座;7-气门锁片;8-圆柱销;9-气门导管

图 5-29 充钠排气门(捷达 EA1135V1.6L)

## 二、气门导管

气门导管的作用是给气门的运动导向,并为气门杆传热。气门导管通常单独制成零件,再压入缸盖(或缸体)的孔中。由于润滑较困难,导管一般用含石墨较多的铸铁或粉末冶金制成,以提高自润滑性能。

气门导管的外形如图 5-30 所示。其外表面有较高的加工精度、较小的表面粗糙度值,与缸盖的配合有一定的过盈量,以保证良好地传热和防止松脱,有的发动机对气门导管用卡环定位。气门杆与气门导管之间一般留有 0.05~0.12mm 的间隙,使气门杆能在导管中自由运动。

## 三、气门座

汽缸盖的进、排气道与气门锥面相结合的部位称为气门座。气门座的锥角是与气门锥角相适应的,以保证两者紧密座合,可靠地密封。

有些发动机的气门座是在缸盖上直接加工出来的,而大多数发动机的气门座是用耐热合金钢或合金铸铁单独制成座圈,然后压入汽缸盖中,以提高使用寿命和便于修理更换

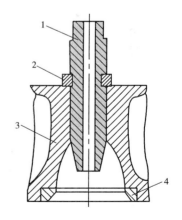

图 5-30 气门导管和气门座
1-气门导管;2-卡环;3-汽缸盖;4-气门座

（图5-30）。为使压入导向，有的座圈还制有一定的锥度，还有的汽油机只镶排气门座。这是因为，一方面排气门座热负荷大，另一方面发动机常在部分负荷下工作，进气管中真空度大，会从气门导管间隙内吸进少量机油，对进气门座进行润滑。相反，有的柴油机只镶进气门座，这是由于柴油机的废气往往在排气过程中还有未燃完的柴油，可对排气门座进行润滑。因为柴油机没有节气门，所以无论负荷大小，进气管内真空度都比较小，难以从进气门导管处吸进机油对进气门座润滑。增压柴油机则完全排除了这种可能，进气门就更需要镶座。对于铝合金汽缸盖来说，由于其耐磨、耐热性差，双座必须都镶气门座圈。

### 四、气门弹簧

气门弹簧的作用是使气门自动回位关闭，并保证气门与气门座的座合压力。另外，还用于吸收气门在开启和关闭过程中各种传动零件所产生的惯性力，以防止各种传动件彼此分离而破坏配气机构正常工作。气门弹簧是圆柱形螺旋弹簧（图5-31），其一端支撑在汽缸盖上，而另一端则压靠在气门杆端的弹簧座上，弹簧座用锁片固定在气门杆的末端。

气门弹簧承受着频繁的交变载荷。为保证可靠地工作，气门弹簧应有合适的弹力，足够的强度和抗疲劳强度。因此气门弹簧是采用优质冷拔弹簧钢丝制成，并经热处理。为提高抗疲劳强度，钢丝表面一般经抛光或喷丸处理。弹簧的两端面经磨光并与弹簧轴线相垂直。此外，为了避免弹簧的锈蚀，弹簧的表面应进行镀锌、镀铜、磷化或发蓝处理。

当气门弹簧的工作频率与其自然振动频率相等或成某一倍数时，将会发生共振。为了防止这一现象的发生，在安装弹簧时，应使两根弹簧的旋向相反。当一根弹簧折断时，另一根可维持工作，还可防止折断的弹簧圈卡入另一个弹簧

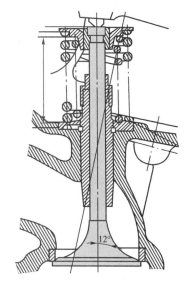

图5-31　双气门弹簧

圈内，还能使气门弹簧的高度减小。也可采取提高气门弹簧的自然振动频率，即提高气门弹簧自身刚度；或采用不等螺距的圆柱弹簧，这种弹簧在工作时，螺距小的一端逐渐叠合，有效圈数逐渐减小，自然频率逐渐提高，避免共振现象发生。

为了改善气门和气门座密封面的工作条件，可设法使气门在工作中能相对气门座缓慢旋转。这样可使气门头沿圆周温度均匀，减小气门头部热变形。气门缓慢旋转时在密封锥面上产生轻微的摩擦力，有阻止沉积物形成的自洁作用。气门旋转机构如图5-32所示。在图5-32a) 所示的自由旋转机构中，气门锁片并不直接与弹簧座接触，而是装在一个锥形套筒中，后者的下端支撑在弹簧座平面上，套筒端部与弹簧座接触面上的摩擦力不大，而且在发动机运转振动力作用下，在某一短时间内可能为零，这就使气门有可能自由地作不规则的转动。有的发动机采用图5-32b) 所示的强制旋转机构，使气门每开一次便转过一定角度。在壳体4中，有6个变深度的槽，槽中装有带复位弹簧5的钢球6。当气门关闭时，气门弹簧的力通过支撑板2与碟形弹簧3直接传到壳体4上。当气门升起时，不断增大的气门弹簧力将碟形弹簧压平而迫使钢球沿着凹槽的斜面滚动，带着碟形弹簧、支撑板、气门弹簧和气门

一起转过一个角度。在气门关闭过程中,碟形弹簧的载荷减小而恢复原来的碟形,钢球即在复位弹簧 5 作用下回到原来的位置。

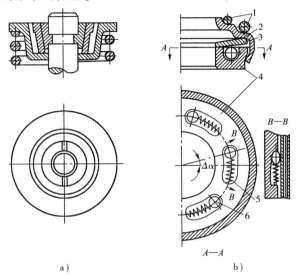

图 5-32 气门旋转机构示意图
a)低摩擦型自由旋转机构;b)强制旋转机构
1-气门弹簧;2-支撑板;3-碟形弹簧;4-壳体;5-复位弹簧;6-钢球

## 第四节 配气相位

在前述四冲程发动机的简单工作循环时,为了方便,曾把进、排气过程都看作是在活塞的一个行程内即曲轴转 180°内完成的,即气门开关时刻是在活塞的上下止点处。但实际情况并非如此。由于发动机转速很高,一个行程的时间极短,如四冲程发动机转速 3000r/min 时,一个行程时间只有 0.01s,再加上用凸轮驱动气门开启需要一个过程,气门全开的时间就更短了,这样短的时间难以做到进气充分,排气彻底。为了改善换气过程,提高发动机性能,实际发动机的气门开启和关闭并不恰好在活塞的上下止点,而是适当的提前和滞后,以延长进排气时间。也就是说,气门开启过程中曲轴转角都大于 180°。

用曲轴转角表示的进、排气门开闭时刻和开启持续时间,称为配气相位。配气相位的各个角度可用配气相位图(图 5-33)来表示。

### 一、进气门的配气相位

1. 进气提前角

在排气行程接近终了,活塞到达上止点之前,进气门便开始开启。从进气门开始开启到上止点所对应的曲轴转角称为进气提前角(或早开角),用 $\alpha$ 表示。$\alpha$ 一般为 10°~30°。进气门早开,使得活塞到达上止点开始向下运动时,因进气门已有一定开度,所以可较快地获得较大的进气通道截面,减少进气阻力。

2. 进气滞后角

在进气行程下止点过后,活塞又重新上行一段,进气门才关闭。从下止点到进气门关闭所对应的曲轴转角称为进气滞后角(或晚关角),用 $\beta$ 表示,$\beta$ 一般为 $40°\sim 80°$。进气门晚关,是因为活塞到达下止点时,由于进气阻力的影响,汽缸内的压力仍低于大气压,且气流还有相当大的惯性,仍能继续进气。下止点过后,随着活塞的上行,汽缸内压力逐渐增大,进气气流速度也逐渐减小,至流速等于零时,此时进气门关闭的 $\beta$ 角最适宜。若 $\beta$ 过大便会将进入汽缸内的气体又重新压回到进气管。

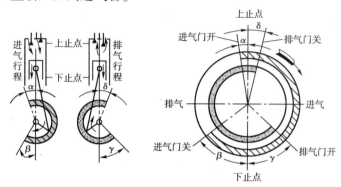

图 5-33 配气相位图

由上可见,进气门开启持续时间内的曲轴转角,即进气持续角为 $\alpha+180°+\beta$。

## 二、排气门的配气相位

1. 排气提前角

在做功行程的后期,活塞到达下止点前,排气门便开始开启。从排气门开始开启到下止点所对应的曲轴转角称为排气提前角(或早开角),用 $\gamma$ 表示,$\gamma$ 一般为 $40°\sim 80°$。恰当的排气门早开,汽缸内还有 $300\sim 500$kPa 的压力,做功作用已经不大,可利用此压力使汽缸内的废气迅速地自由排出,等活塞到达下止点时,汽缸内只剩 $110\sim 120$kPa 的压力,使排气行程所消耗的功率大为减小。此外,高温废气的早排,还可以防止发动机过热。但 $\gamma$ 角若过大,则将得不偿失。

2. 排气滞后角

在活塞越过上止点后,排气门才关闭。从上止点到排气门关闭所对应的曲轴转角称为排气滞后角(或晚关角),用 $\delta$ 表示,$\delta$ 一般为 $10°\sim 30°$。由于活塞到达上止点时,汽缸内的压力仍高于大气压,且废气气流有一定的惯性,所以排气门适当晚关可使废气排得较干净。

由此可见,排气门开启持续时间内的曲轴转角,即排气持续角为 $\gamma+180°+\delta$。

由于进气门关闭时,活塞上行距下止点已较远,其速度已相当大,因而进气滞后角的变化对汽缸内的容积及充气量的影响较大。所以,在配气相位的四个角中,进气滞后角的大小,对发动机性能的影响最大。

## 三、气门的叠开

由于进气门早开和排气门晚关,就出现了一段进排气门同时开启的现象,称为气门叠开。同时开启的角度,即进气门早开角与排气门晚关角的和($\alpha+\delta$),称为气门叠开角。

由于气门叠开时开度较小,且新鲜气体和废气气流的惯性要保持原来的流动方向,所以只要叠开角适当,就不会产生废气倒排回进气管和新鲜气体随废气排出的问题。发动机的结构不同、转速不同,配气相位也就不同。

有些增压柴油机的配气相位,其叠开角度较一般柴油机要大得多。这是因为进气压力高,一方面不会发生废气倒流进入进气管的现象,另一方面除可使充气量更大外,新鲜空气可将汽缸内的废气扫除干净。虽有一部分新鲜空气会从排气门排出,但并不消耗燃油。

同一台发动机转速不同也应有不同的配气相位,转速越高,提前角和滞后角也应越大,然而这在结构上很难满足。现在都是按发动机的性能要求,通过试验来确定某一常用转速下较合适的配气相位,自然它也只能对这一转速最为有利。

### 四、可变配气机构

许多发动机的配气相位通常是兼顾发动机各种工况下性能而采用一种折中办法,其结果是发动机性能没有得到充分发挥。随着轿车汽油机的高速化和废气排放法规的日趋严格,配气相位固定不变的缺点显得越来越突出。因此,可变配气机构的研究和应用引起了人们的高度重视。

由于高速汽油机配气相位的设置通常偏重于高转速,进气门关闭角较大,而发动机在低速运行时,汽缸内的混合气会反窜至进气管中,致使汽缸内燃烧不稳定,功率下降,怠速不稳定。采用可变配气相位机构后,发动机的进气门关闭角在低速时自动减小,可消除上述现象,改善低速和怠速性能。

可变配气相位机构是发动机设计的新技术,近十几年来发展迅速。可变配气相位机构主要有电磁式、液压式和机械式三大类。国外研制的此机构有数十种,每种形式都有能改变发动机配气相位的功能,但均有各自优缺点。

1. 本田可变气门配气相位和气门升程电子控制系统

图 5-34 所示为日本本田公司 20 世纪 90 年代初开发的一种可变气门配气相位和气门升程电子控制系统,称为"VTEC"机构。它是既可以改变配气正时,又能改变气门运动规律的可变配气正时—升程的控制机构。其配气凸轮轴上布置了高速和低速两种凸轮轴,采用了设计特殊的摇臂,根据发动机转速的高低,自动切换凸轮,使摇臂分别被高速凸轮或低速凸轮驱动。由于凸轮的更换,从而实现了配气正时和气门行程均可变化的目的。其工作原理为:凸轮轴 9 上的高速凸轮 11 处在中摇臂 2 的位置,左右各自有一个低速凸轮 10 和 12,分别处在主摇臂 8 和次摇臂 3 的位置,在三个摇臂内装有同步柱塞 4 和 5、正时柱塞 6 以及阻挡柱塞 13。在转速低于 6000r/min 时[图 5-34b)],同步柱塞不移动,主次摇臂驱动两个气门。当转速高于 6000r/min 时[图 5-34c)],在压力机油的作用下,正时柱塞 6 移动,并推动同步柱塞 4 和 5 移动,将中摇臂 2 与主次摇臂锁在一起,三个摇臂一道在高速凸轮的驱动下驱动气门,而高速凸轮两边的低速凸轮随凸轮轴空转。这种机构在本田 D18C 型 1.8L4 缸直列式轿车汽油机上得到了应用。

通过改变配气相位,可改变发动机的低速转矩,即可适用较低的发动机转速。相应的摩擦损失降低,发动机的经济性得到进一步提高。此外,如果进气门关闭角能在足够大的范围内变化,则可调节进气门关闭角,取代常规的节流调节负荷,在一定程度上消除了与进气节流相关的泵损失,从而降低发动机的燃油消耗率,减少 $NO_x$ 和 HC 的排放。

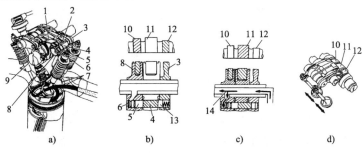

图 5-34 日本本田公司 VTEC 机构工作原理

a) VTEC 工作原理;b) 低转速时;c) 高转速时;d) VTEC 机构轴测图

1-正时板;2-中摇臂;3-次摇臂;4、5-同步柱塞;6-正时柱塞;7-进气门;8-主摇臂;9-凸轮轴;10、12-低速凸轮;11-高速凸轮;13-阻挡柱塞;14-机油流

### 2. 大众车系链条式可变配气正时机构

链条式可变配气正时机构在大众车系广泛使用,如宝来、奥迪-A6 和 Passat B5 等。下面以 Passat B5 轿车选用 2.8LV6 发动机为例进行说明。

发动机可变配气正时机构传动方式及进排气凸轮轴分布如图 5-35 所示,排气凸轮轴安装在外侧,进气凸轮轴安装在内侧。曲轴通过齿形带首先驱动排气凸轮轴,排气凸轮轴顺时针转动,不可能逆转;排气凸轮轴通过链条驱动进气凸轮轴也顺时针旋转,驱动气门开闭。

1) 可变配气正时调节器

如图 5-36a) 所示,为发动机在高速状态下,为了充分利用气体进入汽缸的流动惯性,提高最大功率,进气门滞后角增大后的位置(轿车发动机通常工作在高速状态下,所以这一位置为一般工作位置)。如图 5-36b) 所示,为发动机在低速状态下,为了提高最大转矩,进气门滞后角减少的位置。进气凸轮轴由排气凸轮轴通过链条驱动,两轴之间设置一个可变配气正时调节器,在内部液压缸的作用下,调节器可以上升和下降。

当发动机转速下降时,可变气门正时调节器下降,

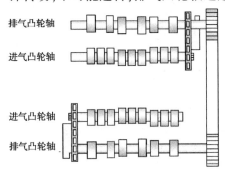

图 5-35 Passat B5 轿车 V6 发动机 VTEC 机构传动方式及进排气凸轮轴分布

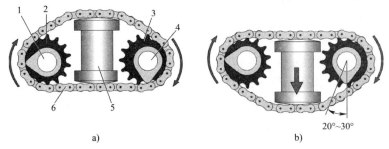

图 5-36 可变配气正时调节器

a) 发动机在高速状态;b) 发动机在低速状态

1-排气凸轮轴;2-排气凸轮叶片调节器;3-进气凸轮叶片调节器;4-进气凸轮轴;5-液压缸;6-链条

上部链条被放松,下部链条作用着排气凸轮旋转拉力和调节器向下的推力。由于排气凸轮轴在曲轴顺时针转动的皮带的作用下不可能逆时针旋转,所以进气凸轮轴受到两个力的共

同作用:一是在排气凸轮轴正常旋转带动下链条的拉力;二是调节器推动链条传递给排气凸轮的拉力。进气凸轮轴顺时针额外转过 θ 角,加快了进气门的关闭,即进气门滞后角减少 θ 度,满足了低速进气门关闭较早可提高最大转矩的要求。

当转速提高时,调节器上升,下部链条被放松。排气凸轮轴顺时针旋转,首先要拉紧下部链条成为紧边,进气凸轮轴才能被排气凸轮轴带动旋转。就在下部链条由松变紧的过程中,排气凸轮轴已转过 θ 角,进气凸轮才开始动作,进气门关闭变慢了,即进气门滞后角增大 θ 度,满足了高速进气门关闭较迟可提高最大功率的要求。

2)链条式可变气门正时机构的控制

可变配气正时机构的控制是由发动机控制单元进行控制的。发动机控制单元根据转速传感器、车速传感器、冷却液温度传感器、节气门位置传感器等信号,控制左右列汽缸上的正时阀中阀体动作,使之处于不同的位置,从而改变通往调节器内的液压缸油路,使得调节器上升或下降,以至于进气门获得不同的迟后角,如图 5-37 所示。一般可调整 20°~30°曲轴转角。由于这种机构的凸轮轴、凸轮形线及进气持续角均不变,虽然高速时可以加大进气滞后角,但是气门叠开角却减小,这是它的缺点。

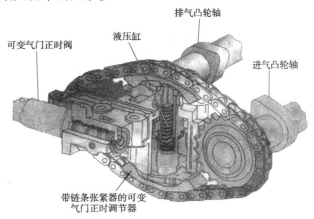

图 5-37 正时阀与调节器的关系

3. 丰田车系智能可变配气正时系统(VVT-i 系统)

智能可变配气正时机构 VVT-i(VariableValve Timing intelligent)系统可在 40°曲轴转角范围内,智能调节气门的开闭时刻,使配气机构保持最佳的配气正时,这种机构配气相位角调节范围宽,工作可靠,功率可提高 10%~20%,油耗可降低 3%~5%。

1)智能可变配气正时机构组成

如图 5-38 所示,智能可变配气正时机构(VTT-i)主要由可变正时调节器、电控系统和油压系统等组成。

可变正时调节器结构如图 5-39 所示,四齿转子与凸轮轴通过销连接在一起,转子可以带动凸轮轴转动,进气凸轮轴正时链轮和可变配气正时机构调节器的后盖制成一体,曲轴通过链条驱动凸轮正时链轮转动,后盖套在凸轮轴轴颈上,可以绕凸轮轴轴颈转动,调节器壳体通过螺栓与前盖连接在一起,锁销可以将转子和链轮连接在一起,弹簧压紧锁销,当油压高时锁销左移解除锁止,链轮和转子可以相对转动,密封块、张紧弹簧安装在转子和壳体之间,起到密封的作用,转子与凸轮轴用螺栓连接,防止转子与凸轮轴轴向移动,前盖安装到壳体上,螺栓将后盖、壳体和前盖连接在一起。

控制油路示意图如图 5-40 所示,系统的工作油压来自发动机的润滑系,一定压力的机油自主油道通过滤清器过滤,经过滤清的压力油通过油道进入 VVT 调节阀,VVT 调节阀是一个占空比控制的频率阀,调节阀控制提前腔油压和滞后腔油压,压力油通过缸盖上的油道进入凸轮轴,在凸轮轴上钻有径向油道和轴向油道,从凸轮轴上出来提前腔油压进入调节器的提前腔,从凸轮轴上出来滞后腔油压进入调节器的滞后腔。

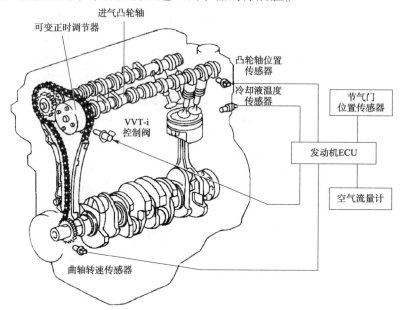

图5-38 智能可变配气正时机构(VTT-i)组成

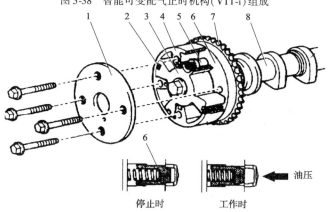

图5-39 配气正时调节器

1-前盖;2-密封块;3-转子;4-壳体;5-锁销;6-后盖;7-凸轮轴正时链轮;8-凸轮轴

2)智能可变配气正时机构工作原理

(1)发动机熄火时。发动机熄火时,控制系统无工作油压,锁销在弹簧弹力的作用下将转子和链轮连接在一起,即凸轮轴和链轮没有相对运动,可变配气正时调节器不起调节作用,进气门以固定的小进气提前角工作。

(2)当发动机在中等负荷时。发动机在中等负荷时要求配气机构有大的进气提前角。电脑控制电磁阀左移,参见图5-40,打开通向提前腔的油道,工作油压通过滑阀进入布置在缸盖上的提前腔油道,进入缸盖的压力油通过凸轮轴上的油道进入调节器的提前腔,提前腔油压升高;电脑控制电磁阀左移的同时,打开了滞后腔油道的回油口,滞后腔的工作油压通过回油口回到油底壳,滞后腔油压下降。在油压的作用下转子顺时针转动,由于转子与凸轮轴通过销钉连接,因此转子转动即可带动凸轮轴转动,凸轮轴驱动气门使气门提前开启,即进气提前角增大,滞后角变小,如图 5-41 所示。

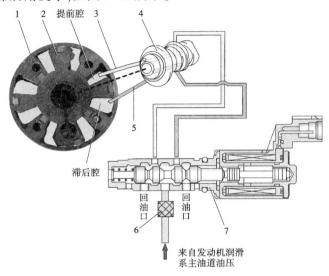

图 5-40　控制油路示意图

1-调节器壳体;2-转子;3-提前腔油道;4-凸轮轴;5-滞后腔油道;6-进油滤网;7-可变配气正时电磁阀

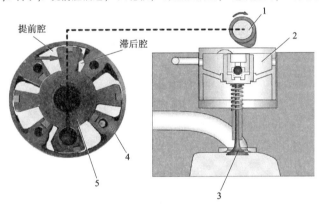

图 5-41　进气提前

1-凸轮轴;2-液力挺柱;3-气门;4-调节器壳体;5-转子

(3) 当发动机在低速或大负荷时。发动机在低速或大负荷时要求配气机构有小的进气提前角。电脑控制电磁阀右移,参见图 5-40,打开通向滞后的油道,工作油压通过滑阀进入布置在缸盖上的滞后油道,进入缸盖的压力油通过凸轮轴上的油道进入调节器的滞后腔,滞后腔油压升高;电脑控制电磁阀右移的同时,打开了提前腔油道的回油口,提前腔的工作油压通过回油口回到油底壳,提前腔油压下降。在油压的作用下转子逆时针转动,由于转子与凸轮轴通过销钉连接,因此转子转动即可带动凸轮轴逆时针转动,凸轮轴驱动气门使气门滞后开启,即进气提前角减小,滞后角增大,如图 5-42 所示。

根据发动机转速、进气量、节气门位置和冷却液温度,在每个传动条件下,发动机电控单元计算出一个最优配气正时,来控制电磁控制阀工作。此外,发动机电控单元还根据来自凸轮轴位置传感器和曲轴位置传感器的信号检测实际的配气正时,进行反馈控制,以获得预定的最佳配气正时。

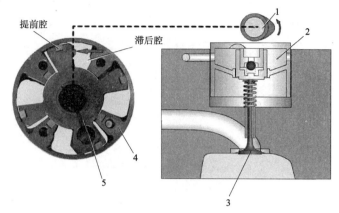

图 5-42　进气滞后
1-凸轮轴;2-液力挺柱;3-气门;4-调节器壳体;5-转子

# 第六章 汽油机燃料供给系

## 第一节 汽油机燃料供给系的分类与组成

### 一、汽油机燃料供给系的作用

汽油机燃料供给系的作用是不断地输送滤清的燃油和清洁的空气,根据发动机各种不同工作情况的要求,配制出不同的混合气,进入汽缸燃烧,做功后将废气排入大气。

### 二、电控汽油喷射系统的分类

1. 按控制方式不同分类

按控制方式不同可分为流量型喷射系统和压力型喷射系统。

1）流量型喷射系统（L-Jetronic）

流量型喷射系统是指在空气滤清器与节气门体之间装有计量空气量的空气流量计,通过它将空气量的物理量转变成电信号输送到电控单元,电控单元依此信号控制喷油量。流量型汽油喷射系统的空气流量计有热线式、热膜式、卡门涡流式等,如图6-1所示。

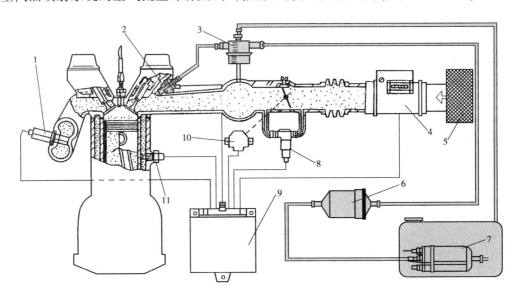

图6-1 流量型电控汽油喷射系统

1-氧传感器;2-喷油器;3-油压调节器;4-热线式空气流量计;5-空气滤清器;6-汽油滤清器;7-电动汽油泵;8-急速空气调节器;9-电控单元;10-节气门位置传感器;11-冷却液温度传感器

2) 压力型喷射系统(D-Jetronic)

压力型喷射系统是电控单元根据进气管压力和发动机转速计算出每一循环的进气空气量,并由此计算出循环基本喷油量。这种方式测量方法简单,喷油量调整精度容易控制,如图6-2所示。

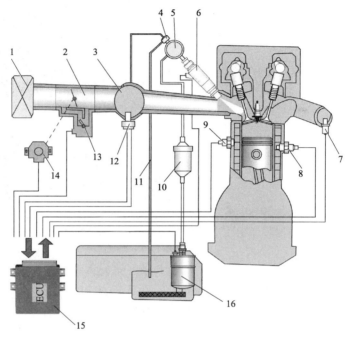

图6-2 压力型电控汽油喷射系统

1-空气滤清器;2-节气门体;3-进气总管;4-油压调节器;5-分配管;6-喷油器;7-氧传感器;-8 冷却液温度传感器;9-爆震传感器;10-汽油滤清器;11-回油管;12-进气压力传感器;13-急速控制阀;14-节气门位置传感器;15-发动机电控单元(ECU);16-电动汽油泵

2. 按喷油器喷射位置不同分类

按喷油器喷射位置不同分类可分为进气管喷射系统和缸内直喷系统。

1) 进气管喷射系统

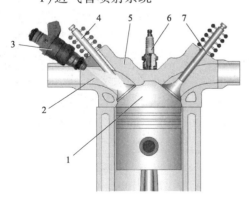

图6-3 进气管喷射系统

1-燃烧室;2-进气管;3-喷油器;4-进气门;5-汽缸盖;6-火花塞;7-排气门

进气管喷射系统也称为多点喷射系统(MPI),是指在每一个汽缸的进气门前都安装一个喷油器,各缸喷油器按照发动机的点火顺序在一定的曲轴转角内分别进行喷油(也称为顺序喷射),燃油喷射在进气门外侧,形成混合气,如图6-3所示。这种喷射系统能较好地保证各缸混合气的均匀。

2) 缸内直喷系统

缸内直喷系统在压缩行程开始前或刚开始时将汽油直接喷入汽缸内。这项技术用于稀薄燃烧的汽油机,如图6-4所示。这种喷射系统喷射压力较高(3~5MPa),因此对供油装置要求较高。

### 三、电控汽油喷射系统的组成

电控汽油喷射尽管形式多样,但它们都具有相同的控制原则,即以电子控制单元(ECU)为控制核心,以空气流量和发动机转速为控制基础,以喷油器为控制对象,保证发动机在各种工况下获得最佳的混合气浓度,以满足发动机动力性、经济性和排放要求。相同的控制原则决定了各类电控汽油喷射系统具有相同的组成和类似的结构。电控汽油喷射系统都由以下三个子系统组成:空气供给系统、燃油供给系统和电子控制系统。

1. 空气供给系统

空气供给系统的作用是向发动机提供与负荷相适应的清洁空气,同时测量和控制进入发动机汽缸的空气量,使它们在系统中与喷油器喷出的汽油形成符合要求的可燃混合气。主要包括空气滤清器、空气流量计(进气压力传感器)、节气门

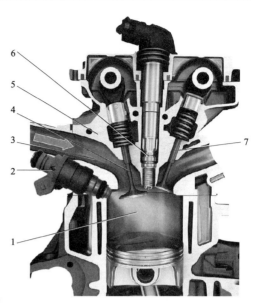

图 6-4 缸内直喷系统
1-汽缸;2-喷油器;3-进气管;4-进气门;5-汽缸盖;
6-火花塞;7-排气门

体、怠速控制阀、进气歧管等。在节气门体中有一正圆形的节气门,由驾驶人直接或间接控制其开度大小,改变进入发动机控制空气量的多少,达到改变发动机动力性的目的。

2. 燃油供给系统

燃油供给系统的作用是用电动汽油泵向喷油器提供足够压力的汽油,喷油器根据来自 ECU 的控制信号,向进气歧管内进气门上方喷射定量的汽油。主要包括汽油箱、电动汽油泵、汽油滤清器、压力调节器、分配管、喷油器、油管等。

3. 电子控制系统

电子控制系统的主要作用是根据发动机和汽车不同的运行工况,对喷油时刻、喷油量以及点火时刻等进行确定和修正,检测各传感器的工作,并将工作参数储存和输出。主要包括传感器、开关信号、电控单元和执行器等。

## 第二节 汽油及混合气的表示方法

### 一、汽油

1. 汽油的主要成分

汽油是由石油提炼而得的密度小又易于挥发的液体燃料。汽油一般为黄色或橙色(国外的汽油有些为蓝色、天蓝、红或绿色),汽油的相对密度为 0.72 左右。手上蘸有汽油后有发凉的感觉,蒸发后皮肤变白。汽油由多种碳氢化合物组成,其基本成分是:碳的体积分数为 85%,氢的体积分数为 15%。按照提炼的方法,汽油可分为直溜汽油和裂化汽油等。将石油加热,在 40~50℃ 至 175~210℃ 的温度范围内蒸发出来的轻馏分蒸气冷凝后即成为直

溜汽油。汽油裂化法有热裂化、催化裂化等,目前使用较多的是催化裂化法。催化裂化汽油是在催化剂的作用下使石油中的大分子烃受热裂化为小分子烃并改变其分子结构而得。利用催化裂化法可以从石油中获得更多的优质汽油。

2. 汽油的评价指标

1) 汽油的蒸发性及其评价指标

汽油由液体状态转化为气体状态的性能,称为汽油的蒸发性。在发动机内,汽油必须首先经过汽化,同一定比例的空气均匀混合后进入燃烧室被点燃燃烧。因此,汽油良好的蒸发性,可保证发动机在各种条件下易于起动、加速及正常运转。汽油的蒸发性越好,就越易汽化,在冷车或低温条件下就能使发动机顺利起动和正常工作。反之,若汽油的蒸发性差,会使汽油汽化不完全,难以形成具有足够浓度的混合气,不但使发动机起动性变差,而且混合气中有一些悬浮的油滴进入燃烧室中。这就将导致发动机工作不稳定、燃烧不完全,使油耗升高、排放污染增加。此外,没有完全燃烧的油滴,还会因活塞环密封不严而附于汽缸壁上,破坏润滑油膜,甚至渗入曲轴箱内,稀释润滑油,增加机件的磨损。

同时汽油的蒸发性过强也是不合适的,一方面,会使汽油在储运过程中轻质馏分损耗过多。再则是在温度较高时,汽油在油道中,易于蒸发形成油气,使得油泵、输油管等曲折处或在油管较热部位产生气泡,阻滞汽油流通,使供油不畅甚至中断,造成发动机熄火,这种现象通常称之为"气阻"。因此,所用汽油的蒸发性应适中。

通常,评价汽油蒸发性的指标有:馏程与饱和蒸气压。

(1) 馏程。馏程是油品在规定条件下蒸馏所得到的,以初馏点和终馏点表示其蒸发特征的温度范围。馏程用来判定石油产品轻、重馏分含量的多少。

初馏点与10%馏出温度表示汽油中含低沸点轻质馏分的多少。当初馏点与10%馏出温度过低时,汽油蒸发性强,易产生气阻现象;过高时,汽油蒸发性差,冬季或冷车不易起动。GB 484—1993 中要求汽油 10% 馏出温度不高于 70℃。

50%馏出温度是表示汽油的平均蒸发性,它影响发动机的加速性。50%馏出温度低,汽油的蒸发性就好,发动机的加速性也就好且工作稳定。GB 484—1993 中要求汽油 50% 馏出温度不高于 120℃。

90%馏出温度与终馏点表示汽油中不易蒸发和不能完全燃烧的重质馏分的含量。这两个温度低,表示其中不易蒸发的重质组分少,能够燃烧完全。反之,则表明汽油中重质组分多,汽油不能完全蒸发与燃烧。这样,就会增大油耗,排放污染增加且工作不稳定,甚至还会使未充分燃烧的燃油流入曲轴箱稀释润滑油,加剧机件磨损。因此,对汽油的 90% 馏出温度与终馏点均作了严格限制,GB 484—1993 中要求 90% 馏出温度不高于 190℃,终馏点不高于 205℃。

汽油的残留量指标表示汽油中最不易蒸发的重质成分与储存过程中生成的氧化胶状物含量的多少。残留量指标高,会使燃烧室及气门组件积炭增加,进气系统与气门结胶严重,从而影响发动机的正常工作。GB 484—1993 中规定残留量不大于 2%。

(2) 饱和蒸气压。在规定条件下,油品在适当的试验装置中,气液两相达到平衡时,液面蒸气所显示的最大压力称为饱和蒸气压。饱和蒸气压用来评定汽油的蒸发强度。饱和蒸气压指标值高说明汽油中轻质馏分含量高,其蒸发性好,使用时,发动机产生气阻的可能性就大,储运时轻质馏分损失的趋向也就大,但发动机起动性好。因此,大气压力与环境温度不同时,对汽油的饱和蒸气压的要求也不同。GB 484—1993 规定汽油蒸气压从 9 月 16 日至次年 3 月 15 日不大于 88kPa,从 3 月 16 日至 9 月 15 日不大于 74kPa。

2)汽油的抗爆性及其评价指标

(1)汽油的抗爆性。是指汽油在发动机中燃烧时,不发生爆震的能力。爆震是发动机工作时的一种不正常现象。

汽油在发动机中正常燃烧时,火焰的传播速度大致在 50m/s 左右,汽缸内温度与压力都呈均匀上升。但当使用抗爆性差的汽油时,燃烧情况就不同了,当混合气被点燃后,火焰前锋以一定速率扩散传播,但火焰前锋尚未到达的那部分混合气,在汽缸内高温、高压的作用下,生成大量的过氧化物。过氧化物是一种极不稳定的化合物,积聚量达一定值时,不等火焰前锋传播到,它就会自行分解,导致爆炸燃烧,形成压力冲击波,使汽缸内产生清脆的金属敲击声,这种不正常燃烧现象就称之为爆震。

(2)汽油抗爆性的评价指标。汽油抗爆性可用汽油的辛烷值来评价。辛烷值是代表点燃式发动机燃料抗爆性的一个约定数值。在规定条件下,在一台连续可变压缩比的单缸发动机试验上,把试样与已知辛烷值的参比燃料的爆震倾向进行比较。参比燃料是由异辛烷(辛烷值为 100)和正庚烷(辛烷值为 0)混合而成的。与试样中爆震强度相当的参比燃料中所含的异辛烷的体积百分数,就是该试样的辛烷值。汽油的辛烷值越高,它的抗爆性就越好,发动机的动力性与经济性就越能得以体现。

3)汽油的安定性及其评价指标

(1)汽油的安定性及其对发动机工作的影响。汽油在其正常的储存与使用过程中,保持其性质不发生永久变化的能力,称为汽油的安定性。安全性差的汽油,在储存及运输过程中易发生氧化反应,生成胶状与酸性物质,使辛烷值降低,酸值增加。汽油中生成的胶质过多时,会使发动机工作时,油路易被阻塞,供油不畅,混合气变稀,气门被粘着而关闭不严;还会使积炭增加,导致散热不良而引起爆震和早燃;沉积于火花塞上的积炭,还可能造成点火不良,甚至不能产生电火花。以上所述,都会造成发动机工作不正常,油耗增加。

影响汽油氧化安定性的应速就汽油本身而言,主要是汽油的烃组成和性质,沉积物一般随烯烃含量、芳烃含量、胶质和 90% 蒸发温度的升高而增加。

(2)评定汽油安定性的指标。评定汽油安定性的指标主要有实际胶质与诱导期。

4)汽油的防腐性及其评价指标

汽油成分中的各种烃类,都是没有腐蚀性的,而引起腐蚀的物质是硫、硫化物、有机酸、水溶性酸、碱等。由于汽油要与各种金属器件接触,如有腐蚀性,就会对储油容器及发动机机件产生腐蚀。所以,在汽油的国家标准中,对汽油的腐蚀性有严格的要求。汽油防腐性一般用硫含量、铜片腐蚀试验、水溶性酸或碱、酸度、博士试验等指标未评定。

5)汽油的清洁性及其判定指标

汽油的清洁性主要指汽油中是否含有机械杂质及水分。炼油厂炼制出的成品汽油中是不含机械杂质与水分的,但在储运及使用过程中,汽油不可避免地受到外界污染,使得机械杂质及水分进入汽油中。

检查汽油中是否含有机械杂质及水分,一般是将试样注入 100mL 的玻璃量筒中静置

8~12h后观察,应当透明,没有悬浮和沉降的机械杂质及水分。

6)燃料的热值

燃料的热值是指1kg燃料完全燃烧后所产生的热量,汽油的热值约为44000kJ/kg。我国车用无铅汽油标准见表6-1。

车用无铅汽油标准    表6-1

| 项 目 | 质量指标 | | | 试验方法 |
|---|---|---|---|---|
| | 90号 | 93号 | 95号 | |
| 抗爆性: | | | | GB/T 5487 |
| 　研究法辛烷值(RON)　　不小于 | 90 | 93 | 95 | GB/T 5487 |
| 　抗爆指数(RON+MON)/2 不小于 | 85 | 88 | 90 | GB/T 503 |
| 铅含量(g/L)　　　　　不大于 | 0.005 | | | GB/T 8020 |
| 馏程: | | | | GB/T 6536 |
| 　10%蒸发温度(℃)　　不高于 | 70 | | | |
| 　50%蒸发温度(℃)　　不高于 | 120 | | | |
| 　90%蒸发温度(℃)　　不高于 | 190 | | | |
| 　终馏点(℃)　　　　　不高于 | 205 | | | |
| 　残留量(%)(体积分数)不大于 | 2 | | | |
| 蒸气压(kPa) | | | | GB/T 8017 |
| 　从9月16日至3月15日　不大于 | 88 | | | |
| 　从3月16日至9月15日　不大于 | 74 | | | |
| 实际胶质(mg/100mL)　不大于 | 5 | | | GB/T 8019 |
| 诱导期(min)　　　　　不大于 | 480 | | | GB/T 8018 |
| 硫含量(%)(质量分数)　不大于 | 0.10 | | | GB/T 380 |
| 硫醇(需满足下列要求之一): | | | | |
| 　博士试验 | 通过 | | | SH/T 0174 |
| 　硫醇硫含量(%)(质量分数)不大于 | 0.001 | | | GB/T 1792 |
| 铜片腐蚀(50℃,3h)(级)不大于 | 1 | | | GB/T 5096 |
| 水溶性酸或碱 | 无 | | | GB/T 259 |
| 机械杂质及水分 | 无 | | | 目测 |
| 苯含量(%)(体积分数)　不大于 | 2.5 | | | 本标准附录A |
| 芳烃含量(%)(体积分数)不大于 | 40 | | | GB/T 1132 |
| 烯烃含量(%)(体积分数)不大于 | 35 | | | GB/T 1132 |

## 二、可燃混合气成分的表示法及混合气成分对发动机性能的影响

### 1.混合气的概念

汽油机所用的燃料是汽油,汽油在汽缸内着火燃烧需要一定的比例与空气混合形成均匀的混合气,通过雾化、蒸发形成可燃混合气,电火花点燃混合气,混合气在缸内燃烧。可燃

混合气中燃油含量多少,称为可燃混合气的浓度。可燃混合气的浓度对发动机的动力性、经济性及排放性等都有很大的影响。

混合气的浓度常用混合气中所含空气质量与燃油质量的比值,即空燃比($A/F$)来表示:

$$空燃比(A/F) = \frac{混合气中空气的质量(A)}{混合气中燃油的质量(F)}$$

根据空燃比($A/F$)的不同,混合气可以分为以下几种。

1) 理论混合气

理论上 1kg 的汽油完全燃烧需要 14.7kg 的空气,这样对于 $A/F = 14.7$ 的混合气称为理论混合气,又叫标准混合气。

2) 稀混合气

空燃比 $A/F > 14.7$ 的混合气,意味着混合气中空气含量充足,汽油含量不足,称为稀混合气。

3) 浓混合气

空燃比 $A/F < 14.7$ 的混合气,意味着混合气中汽油含量充足,空气含量不足,称为浓混合气。

2. 不同成分的可燃混合气对发动机性能的影响

参见图 6-5,理论上,当 $A/F = 14.7$ 时,混合气中所含的空气与燃料正好全部燃烧,空气也不多,燃料也正好。但实际上,由于时间和空间条件的限制,汽油蒸气不可能及时的与空气绝对均匀的混合,因此,即使 $A/F = 14.7$,汽油也不可能完全燃烧,从而造成废气中 HC 和 CO 的含量增加,使发动机经济性降低,排放性变差。要使混合气中的汽油能够充分完全燃烧,混合气必须是 $A/F > 14.7$ 的稀混合气,通过实验知,当 $A/F = 15.4 \sim 16.9$ 时,发动机的燃油消耗率最低,即经济性最好,此时的混合气称为经济混合气。在这种混合气中,有过量的空气,正好能使汽油完全燃烧。如果混合气过稀,当 $A/F = 16.9 \sim 19.6$ 时,虽然混合气中的汽油可以保证完全燃烧,但是由于混合气过稀使得混合气燃烧速度过慢,在燃烧过程中,有很大一部分可燃混合气是在活塞向下止点移动时燃烧的,燃烧空间容积增大,这部分混合气燃烧放出的热量转变为机械能的相对较少,而通过汽缸壁传给冷却液而散失的热量却相对增多,使汽油机的动力性和经济

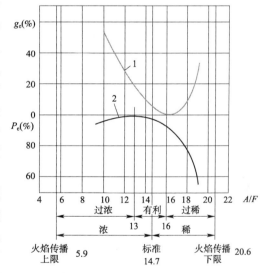

图 6-5 可燃混合气成分对发动机性能的影响(发动机转速不变,节气门全开)
1-发动机耗油率($g_e$);2-发动机功率($P_e$)

性都相应变坏。在混合气严重过稀的情况下,燃烧过程甚至可能拖延到下一个循环的进气过程以后,此时残存在汽缸中的火焰将通过开启着的进气门,将进气管中的混合气点燃,造成进气管回火,产生拍击声。加之过稀的混合气燃烧时,单位容积的混合气所能放出的热量也较少,结果汽油机输出的功率下降。因此,不能对发动机供给这种过稀的混合气。

实际上,当混合气稀到 $A/F=20.6$ 时,燃料分子之间的距离将增大到使混合气的火焰不能传播的程度,以致发动机不能稳定运转,甚至缺火停转。此 $A/F$ 值称为火焰传播的下限。

当 $A/F<14.7$ 时,混合气中的汽油含量增加,使混合气燃烧过程中的火焰传播速度变快,混合气燃烧时生成的热能得到充分的利用。当 $A/F=12.5\sim14.0$ 时发动机输出的功率最大,此时的混合气称为功率混合气。功率混合气中的汽油含量多,汽油不能完全燃烧,造成燃油的浪费,使燃油经济性变差。

混合气过浓时,如 $A/F=6.3\sim12.5$,由于燃烧不完全,汽缸中将产生大量的 CO 及游离态的炭粒,造成汽缸盖、活塞顶、气门和火花塞积炭,排气管冒黑烟,排气污染严重。废气中的 CO 还可能在排气管中被高温废气引燃,发生排气管"放炮"现象。此外,由于这种燃烧速度也较低,有效功率也将减小,燃油消耗率则将增高。

将混合气加浓到 $A/F<5.9$ 时,由于燃烧过程中严重缺氧,也将使火焰不能传播,此 $A/F$ 值称为火焰传播上限。

## 第三节　电控汽油喷射的空气供给系统

### 一、空气供给系统的作用

空气供给系统的作用是完成发动机进气中的空气滤清及分配任务,控制汽油燃烧时所需要的空气量。空气滤清器过滤空气中的杂质,干净的空气通过进气总管、进气歧管分配到各个汽缸。燃烧后的废气通过排气歧管进入三元催化器,三元催化器降低有害气体的含量,经过三元催化的废气进入中间消声器和主消声器,在消声器中削减废气的能量,降低排气噪声,废气最终通过排气管排入大气。进、排气系统在车上的位置如图6-6所示。

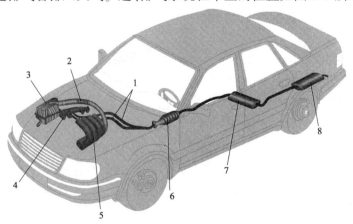

图6-6　进排气系统在车上的位置

1-排气管;2-进气软管;3-空气滤清器;4-排气歧管;5-进气歧管;6-三元催化器;7-中间消声器;8-主消声器

### 二、空气供给系统工作原理

电控汽油喷射空气供给系统工作原理示意图如图6-7所示。电控汽油喷射空气供给系统由空气滤清器、空气流量计、节气门体、(节气门体内有怠速调节器、节气门及节气门位置传感器等)进气歧管等组成。进气行程时,活塞下移,进气门打开,活塞上腔产生真空吸力,在真空吸力的作用下,空气经过空气滤清器滤清后进入空气流量计,流量计计量进入的空气量,并将此信号送给电控单元(ECU),节气门控制进入汽缸的空气量,从而调节发动机的输出功率,经节气门调节的空气量经进气管、进气门进入汽缸。

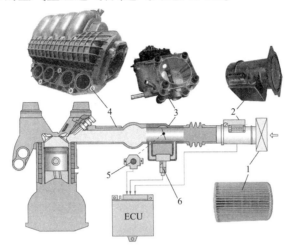

图6-7 电控汽油喷射空气供给系统
1-进气歧管;2-节气门体;3-热线式空气流量计;4-空气滤清器;5-急速空气调节器;6-节气门位置传感器

## 三、空气供给系统的主要总成

1. 空气滤清器

1)空气滤清器的作用

在发动机运转中,燃烧每升汽油就需要近 $10m^3$ 的空气。空气中含有的各种粒状异物被吸入汽缸,会加快活塞环、汽缸壁以及气门和气门座的早期磨损;若混入发动机的润滑油中,则会造成各轴承摩擦部位的磨损,影响发动机的寿命,所以空气滤清器的作用就是滤去空气中的粒状杂质。此外,空气滤清器还起着降低吸气噪声的作用。当然,空气滤清器也会增加进气阻力,导致功率的损失。

2)空气滤清器的结构

干式纸质空气滤清器被广泛应用于各类汽车发动机上,如图6-8所示。空气从空气滤清器进气短管1经滤网3进入滤清器底部,再经纸滤芯5和空气滤清器出气短管6流出滤清器,进入进气歧管。空气中粗大的杂质被滤网阻留,而细微杂质则被滤芯滤除。

干式纸质空气滤清器有质量轻、成本低和滤清效果好等优点。纸质滤芯由经过树脂处理的微孔滤纸制成,滤芯是一次性使用件,行驶一定里程后需要更换。

双级复合式空气滤清器多用于大型载货汽车上,如自卸车或矿山用汽车,如图6-9所示。双级复合式空气滤清器的上体7是纸滤芯空气滤清器。下体12是离心式空气滤清器。空气从滤清器下体的进气口10首先进入旋流管11,并在旋流管内螺旋导向面16的引导下产生高速旋转运动。在离心力的作用下空气中的大部分灰尘被甩向旋流管壁并落入集灰盘14中,空气则从旋流管顶部进入纸质滤芯空气滤清器。空气中残存的细微杂质被纸质滤芯2滤除。

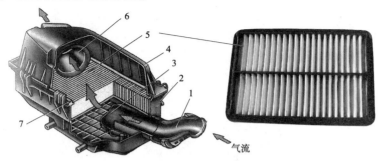

图6-8 干式纸质空气滤清器
1-空气滤清器进气短管；2-下壳体；3-滤网；4-上壳体；5-纸质滤芯；6-空气滤清器出气短管；7-密封圈

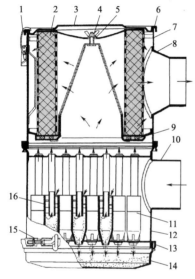

图6-9 双级复合式空气滤清器
1-卡簧；2-纸质滤芯；3-滤清器上盖；4-蝶形螺母；5-密封垫；6、9、13-密封圈；7-上体；8-出气口；10-进气口；11-旋流管；12-下体；14-集灰盘；15-卡簧；16-旋流管蝶形导向面

## 2. 谐振室和导流管

现代轿车发动机由于各种附件的增多,安装到轿车上后,发动机周围空间十分紧张,轿车发动机罩下的温度也高,所以,轿车发动机倾向于从车外吸气。因为车外环境温度一般要比发动机罩下温度低30℃,从车外吸入空气可使进空气量增加10%左右,燃油消耗率降低3%。由于采用车外进气,空气滤清器一般被安装在车内可利用的空间,然后用橡胶波纹管与空气进气导流管连接。为了增加一些谐振进气的效果加快空气的流速,这种进气导流管往往设计得很长。为了降低进气噪声,有的进气导流管上还布置了谐振室。如图6-10示出了空气滤清器前导流管和谐振室的布置情况。

## 3. 谐波增压装置

1) 谐波增压原理

谐波增压装置是一种利用气流惯性产生的压力波来提高充气效率装置,谐波增压可以提高发动机功率和转矩,在一些中高级汽车的进气系统中常采用谐波增压系统,简称ACIS。

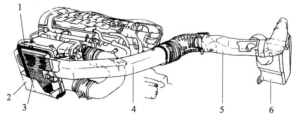

图6-10 空气滤清器进气导流管
1-空气滤清器外壳；2-空气滤清器盖；3-滤芯；4-后进气导流管；5-前进气导流管；6-谐振室

在设有谐波增压装置的汽车进气谐波增压系统中,当气体高速流向进气门时,进气门突然关闭,进气门附近的气体流动突然停止,但后面的气体在惯性的作用下继续推进,使进气门附近的气体被压缩而压力升高;当气体的惯性效应消减后被压缩的开始膨胀,导致气体反

向流动而压力降低。膨胀气体的膨胀波传到进气管口而反射回来就形成了压力波。这种由间断进气所引起的进气压力波动对发动机进气量影响很大,其进气管的长度、进气管内的声速、发动机的转速等参数都会改变进气压力波的频率,更好地利用进气管内的压力波提高进气效率,以提高发动机的充气效率。

2) 谐波增压装置的分类

谐波增压装置根据进气系统的改变方法的不同分为可变进气管长度式和可变进气管容积式两种。

谐波增压的压力波动固有频率是由进气管的长度、进气管内的声速所决定的,而进气频率不仅与进气管的长度、进气管内的声速有关,也与发动机转速有关。对结构一定的发动机来说,其进气频率取决于发动机的转速和进气管内的声速的配合。谐波增压的压力波正好与气门开闭重合,充气效率则提高;反之则降低。发动机 ECU 通过进气控制阀来改变进气管内气体的压力,从而改变进气管内的声速,若与发动机转速配合得当即可使进气管内的压力波产生谐振,以利用气流惯性的波动效应提高充气效率。因此有称声控进气系统。

发动机的不同转速都对应最佳的进气管长度和进气管容积,其压力波是随着进气管长度的增加而变长的。进气管长,发动机在中低转速时转矩增加较大;进气管短,发动机在高转速时功率增加较大。最好是随着发动机工况的变化而连续改变进气管长度和进气管容积,以更好地利用谐振效应,进而提高充气效率,提高发动机功率和转矩。

3) 可变进气管长度式谐波增压装置

图 6-11 所示是一种能根据发动机转速和负荷的变化而自动改变有效长度的谐波增压装置,当发动机低速运转时,发动机 ECU6 控制真空拉力器 5 使转换阀 2 关闭,这时空气经滤清器 4 和节气门 3 沿着弯曲而又细长的进气歧管流进汽缸。细长的进气歧管提高了进气速度,增强了气流的动能,使进气量增多。当发动机高速运转时,转换阀开启,空气经空气滤清器和节气门直接进入粗短的进气歧管。粗短的进气歧管进气阻力小,也使进气量增多。可变长度进气歧管不仅可以提高发动机的动力性,还由于它提高了发动机在中、低速运转时的进气速度而增强了汽缸内的气流强度,从而改善了燃烧过程,使发动机中、低速的燃油经济性也有所提高。

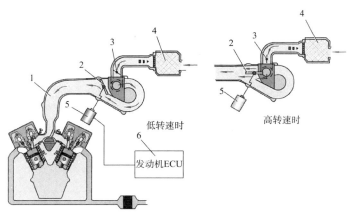

图 6-11 可变长度进气管
1-进气歧管;2-转换阀;3-节气门;4-空气滤清器;5-真空拉力器;6-发动机 ECU

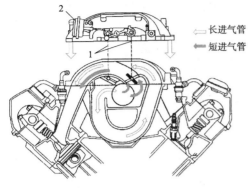

图6-12 可变进气管长度式谐波增压装置(奥迪V6发动机)
1-风门;2-谐波增压电磁阀

图6-12所示是奥迪V6发动机的可变进气管长度式谐波增压装置,由谐波增压电磁阀、风门、进气歧管等组成,发动机进气歧管由不同长度和不同管径的两节进气组合而成,风门的开闭使之成为不同长度和不同管径的两种进气管道,改变进气路径。其工作原理示意图如图6-13a)所示,发动机在中低转速工作时(奥迪V6发动机4100r/min以下),风门由谐波增压电磁阀控制而关闭,进气通过形成的细长管道,有助于提高进气涡流,增大发动机输出转矩;发动机在高转速工作时[奥迪V6发动机4100r/min以上,图6-13b)],风门由谐波增压电磁阀控制而开启,进气通过形成的短粗管道,有助于提高充气效率,以增大发动机输出功率。

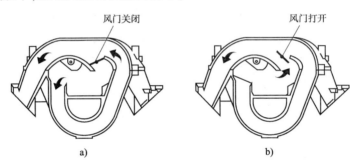

图6-13 可变进气管长度式谐波增压装置工作原理示意图
a)中低速时;b)高速时

**4. 可变进气管容积式谐波增压装置**

可变进气管容积式谐波增压装置如图6-14所示。其每个歧管都有两个进气通道,一长一短。根据发动机转速的高低,有旋转阀控制空气经哪一个通道流进汽缸。当发动机在中、低速运转时,旋转阀将短进气通道封闭,空气沿长进气通道经进气道、进气门进入汽缸。当发动机高速运转时,旋转阀使长进气通道一部分短路,将长进气通道也变为短进气通道。这时空气同时经两个短进气通道进入汽缸。

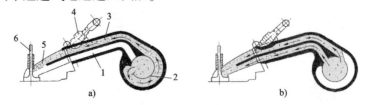

图6-14 可变进气管容积式谐波增压装置
a)中低速时;b)高速时
1-短进气通道;2-旋转阀;3-长进气通道;4-喷油器;5-进气道;6-进气门

**5. 节气门**

节气门的作用是控制进入发动机的进气量,节气门开度大,进气量多,节气门开度小,进气量少,节气门有机械式和电子式两种形式,机械式节气门其开度由驾驶人通过拉索控制,电子节气门其开度由电控单元通过电动机控制。

6. 怠速控制机构

怠速控制机构通常安装在节气门体上,其作用是自动控制发动机怠速;在发动机热机、有额外负荷(如开空调、动力转向起作用、自动变速器 P/N 挡开关进入运行挡位、全车电器投入使用等)时,调节进气量,从而调节发动机转速和动力。怠速控制机构有两种控制形式:怠速旁通道式和节气门直动式。

1) 控制怠速旁通道式

控制怠速旁通道式广泛采用步进电动机式和旋转滑阀式怠速控制阀,它安装在节气门体上或进气总管上,控制节气门前后的怠速旁通道的开度大小来增减怠速进气量,以达到调整怠速的目的。怠速控制阀是由电控单元控制,能自动将怠速保持在设定的最佳转速。

2) 步进电动机式怠速控制阀

步进电动机式怠速控制阀是将步进电动机与怠速控制阀做成一体,由步进电动机、旁通气阀阀芯、阀座以及把旋转运动变成直线运动的进给丝杆等组成,如图 6-15 所示。步进电动机是一种非连续转动的转角控制执行机构,并且可根据控制信号实现正、反转。

如图 6-16 所示,步进电动机的转子用永久磁铁制成,N 极和 S 极在圆周上相间排列,形成八对磁极。定子有 A、B 两个,上下重叠,内绕 A、B 两组线圈。每个定子各有八对爪极,每对爪极之间的间距为一个爪极宽度,A、B 两定子爪极相差一个爪极宽度,构成一体安装在外壳上,如图 6-17 所示。

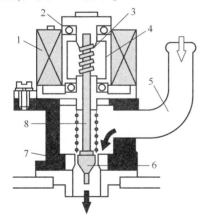

图 6-15 步进电动机式怠速控制阀
1-定子线圈;2-轴承;3-进给丝杆;4-转子;
5-旁通空气道;6-阀芯;7-阀座;8-阀轴

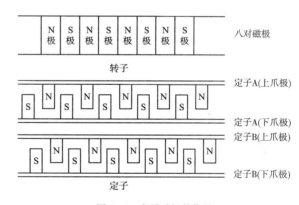

图 6-16 定子爪极的位置

相线绕组的控制电路如图 6-18 所示,A、B 两个定子绕组分别由 1、3 相绕组和 2、4 相绕组组成,ECU 通过晶体管控制各相绕组的搭铁,交替变换定子爪极极性,使步进电动机转子产生步进式转动,如欲使步进电动机正转,相线控制脉冲按 1→2→3→4 相序滞后 90°相位角,使定子上的 N 极向右移动,则转子正转,如图 6-19、图 6-20 所示。如欲使步进电动机反转,相线控制脉冲按 1→2→3→4 相序依次超前 90°相位角,定子上的 N 极向左向移动,则转子反转。

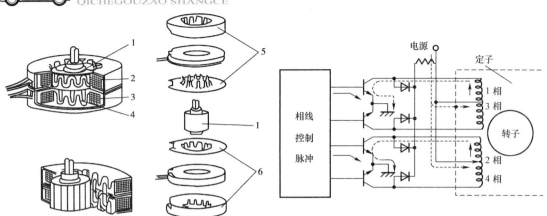

图 6-17 定子爪极结构　　　　　　　　　　图 6-18 相线绕组的控制电路
1-转子;2-线圈 A;3-线圈 B;4-爪极;5-定子 A;6-定子 B

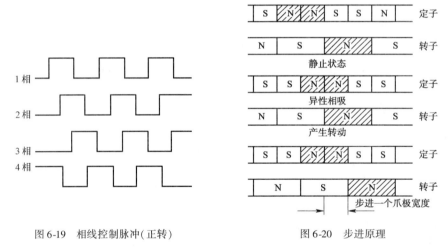

图 6-19 相线控制脉冲(正转)　　　　　　　图 6-20 步进原理

转子的转动是为了使定子线圈电磁铁和转子永久磁铁的 N 极和 S 极互相吸引到最近距离。

当定子的爪极极性由于相线控制脉冲的变化而改变时,转子也随之转动,始终保持转子的 N 极与定子的 S 极对齐。转子转动1圈需32个步级,每一个步级转动1个爪的角度(即11.25°),步进电动机的正常工作范围为 0~125 个步级。锥阀的直线行程为 0.8mm,125 步级锥阀总行程为 10mm,旋转圈数为 3.9 圈,转速调节范围为 300r/min。应该说明:它的实际工作范围多为 50 步级以内,这是为了不同的发动机排量系列化使用。

当步进电动机转动时,进给丝杆做轴向移动。丝杆上固定着阀芯,丝杆上下移动时,带动阀芯关小或开大旁通气道。ECU 通过控制步进电动机的转动方向和转角,就可以控制丝杆的移动方向和移动距离,从而达到控制旁通气阀开度,调整怠速进气量的目的。

热机过程中,ECU 控制步进电动机转动,使怠速控制阀从刚起动时的最大开度逐渐减小。当冷却液温度达到 70℃时,暖机控制结束,怠速控制阀恢复到正常怠速开度。

(1)旋转滑阀式怠速控制阀。如图 6-21 所示,旋转滑阀式怠速控制装置由永久磁铁转子3、电枢4、旋转滑阀6、复位弹簧和电刷等组成。旋转滑阀与电枢轴固连,随电枢轴一起转动,改变旁通气道截面的大小,调节怠速时的空气量。其接线图如图6-22所示,永久磁铁转子安装在装置壳体上,形成固定的磁场。电枢位于永久磁铁的磁场中,电枢铁芯上缠有两组绕向相反的电磁线圈$L_1$和$L_2$,当线圈$L_1$通电时,电枢带动旋转滑阀顺时针偏转,空气旁通气道截面变小。当线圈$L_2$通电时,电枢带动旋转滑阀逆时针偏转,空气旁通气道截面变大。$L_1$和$L_2$的两端与电刷集电环相连,经电刷引出与ECU相连接。

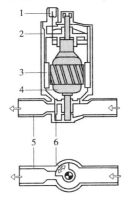

图6-21 旋转滑阀式怠速控制阀
1-电接头;2-外壳;3-永久磁铁转子;4-电枢;5-旁通气道;6-旋转滑阀

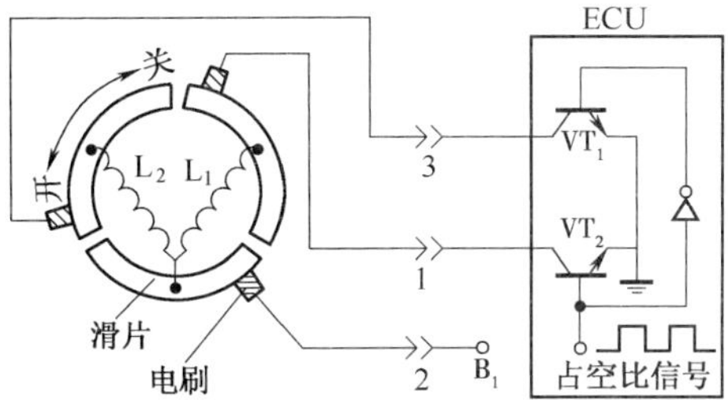

图6-22 旋转滑阀式怠速控制阀连接电路图

电枢轴上的电刷集电环与电动机换向器结构类似,它由三段滑片围合而成,分别与一个电刷相接触。电枢绕组$L_1$和$L_2$的两端分别焊接在相应的滑片上。当点火开关打开时,怠速控制装置接线插头"2"上即受蓄电池电压,电枢绕组$L_1$和$L_2$是否通电,由ECU控制两线圈的搭铁晶体管$VT_2$和$VT_1$的通断决定。由于占空比(一个脉冲周期高电平的时间与一个脉冲周期所经历的时间之比)控制信号和晶体管$VT_1$的基极之间接有反向器,所以晶体管$VT_1$和$VT_2$集电极输出相位相反,使两个电枢绕组总是交替地通过电流,又因两组线圈绕向相反,致使电枢上交替地产生方向相反的电磁力矩。由于电磁力矩交变的频率(约250Hz)较高,且电枢转动具有一定的惯性,所以旋转滑阀根据控制信号的占空比,摆到一定的角度即处于稳定状态。当占空比为50%时,$L_1$和$L_2$线圈的平均通电时间相等,两者产生的电磁力矩抵消,电枢轴停止偏转。当占空比小于50%时,线圈$L_1$的平均通电时间长,其合成电磁力矩使电枢带动旋转滑阀顺时针偏转,空气旁通气道截面变小,怠速降低;反之,当占空比大于50%时,空气旁通气道截面变大,怠速升高。占空比的范围为18%(旋转滑阀关闭)至82%(旋转滑阀达到最大开度)之间,滑阀的最大偏转角度限制在90°以内。对旋转滑阀式怠速控制装置,滑阀的偏转角度,由两组线圈的通电时间比例,即由控制脉冲的占空比确定。ECU对旋转滑阀式怠速控制装置的控制内容与步进电动机式基本相同,在此不再重复。

(2)节气门直动式怠速控制机构。怠速转速的控制方式为节气门直动式,取消了节气门旁通道,由节气门控制组件对发动机的怠速进行综合控制。

节气门控制组件由怠速开关、怠速节气门位置传感器、怠速控制电动机和节气门位置传感器等组成,如图6-23所示。

节气门位置传感器和怠速节气门位置传感器都起着节气门位置传感器的作用。怠速控

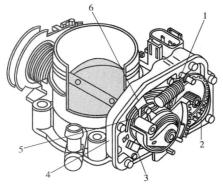

图6-23 节气门直动式怠速控制机构
1-应急弹簧；2-怠速控制电动机；3-节气门位置传感器怠速开关信号输出端子；4-整体式怠速空气调节装置；5-怠速开关；6-怠速节气门位置传感器

制电动机起着控制怠速的作用，能适当开大或关小节气门开度。

怠速开关、怠速节气门位置传感器以及节气门位置传感器的作用是向电控单元提供节气门当前位置信息。在怠速范围内，电控单元根据这些信息以及转速信号、冷却液温度信号、额外负荷信号等，与规定值比较后，得到偏差修正量，调节喷油量和空气量的多少。空气量是由怠速控制电动机（可正反转）经过两级降速后直接驱动节气门动作，完成快怠速和低怠速空气量的调节。节气门控制组件是智能化节气门体的原始雏形。

节气门位置传感器直接连接在节气门轴上，与驾驶人操纵的加速踏板联动。通过安装在节气门轴一端的电刷触点在电位计电阻上滑动，将节气门开度转换为电信号输送给电控单元，在发动机工作转速范围内，向电控单元提供当时的节气门位置信号，作为电控单元判断发动机运转工况的依据。

怠速节气门位置传感器安装在节气门体内，与怠速控制电动机连接在一起，可将节气门的开度、怠速控制电动机的位置信号输送给电控单元，当怠速节气门位置传感器到达调节范围极限时，不再移动，节气门仍可继续开启。当怠速节气门位置传感器的信号中断时，节气门控制组件将利用应急弹簧进入应急状态工作，将节气门拉开到固定位置，使怠速转速升高。

怠速开关与节气门位置传感器一起安装在节气门轴上，向电控单元提供怠速状态信息。当节气门关闭时，怠速开关触点闭合，电控单元判定发动机处于怠速状态，从而按怠速工况要求控制喷油量；当节气门打开时，怠速开关触点断开，电控单元根据这一信号控制从怠速到小负荷的过渡工况的喷油量。怠速开关信号还可作为电控单元判断是否进行怠速自动控制和急减速断油控制的依据。当怠速开关信号中断时，电控单元将把节气门位置传感器的信号与怠速节气门位置传感器的信号进行比较，根据两个电位计的相互位置来判别出节气门的怠速位置。

怠速控制电动机在怠速调节范围内，通过齿轮传动机构来操纵节气门，使其开度增大或减小。如图6-24所示，当发动机的怠速低于规定值时，电控单元控制电动机顺转，电动机通过齿轮减速机构带动扇齿顺转，扇齿通过节气门轴带动节气门顺转，节气门与壳体之间的缝隙增大，即怠速通道截面积增大，怠速进气量增加，从而提高怠速；反之，当发动机的怠速高于规定值时，电控单元控制

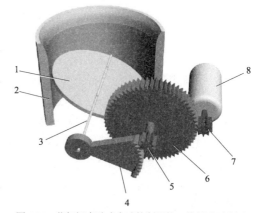

图6-24 节气门直动式怠速控制机构工作原理示意图
1-节气门；2-节气门壳体；3-节气门轴；4-扇齿；5-中间轴主动齿轮；6-中间轴从动齿轮；7-输入齿轮；8-电动机

电动机逆转,使节气门开度减小,从而减低怠速;当发动机的怠速在规定值时,电动机保持不动,节气门开度不变,保持怠速。

当怠速控制电动机发生故障或电控单元对怠速电动机的控制失灵时,应急弹簧将把节气门拉到一个特定的应急位置,使怠速处于应急状态运转,怠速转速将升高。

## 第四节　电控汽油喷射的燃油供给系统

### 一、燃油供给系统的作用

燃油供给系统在车上的位置如图6-25所示。燃油供给系统完成燃油的存储、输送、滤清等任务,如图6-25示,它由汽油箱、汽油泵、汽油滤清器和油管等组成。汽油箱位于汽车的后部,汽油泵安装在汽油箱内,供油管连接汽油箱与分配管,分配管安装在汽车前部的发动机上,在分配管上安装有喷油器和油压调节器,油压调节器调节系统油压,多余的燃油通过回油管回到油箱。汽油箱蒸发的汽油蒸气通过汽油箱蒸气排放管进入活性炭罐,在发动机运转时,电喷电控单元(ECU)通过控制活性炭罐电磁阀,将活性炭罐里的汽油蒸气吸入发动机内燃烧,防止汽油蒸气直接排出污染大气。

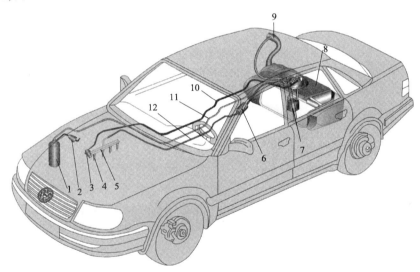

图6-25　燃油供给系统在车上的位置

1-活性炭罐;2-活性炭罐电磁阀;3-燃油压力调节器;4-喷油器;5-分配管;6-汽油滤清器;7-汽油泵;8-汽油箱;9-汽油箱加油口;10-回油管;11-汽油箱燃油蒸气排放管;12-供油管

### 二、燃油供给系统工作原理

燃油供给系统工作原理示意图如图6-26所示,燃油供给系统主要由电动汽油泵、燃油滤清器、分配管、油压调节器、喷油器等组成。工作时,电控单元控制汽油泵电动机运转,汽油从油箱中被泵出,泵出来的汽油通过滤清器过滤汽油中的杂质,干净的汽油进入分配管,压力调节器调节系统压力,多余的汽油通过回油管流回油箱。喷油器则根据ECU发出的指令,将计量后的燃油喷入各进气歧管,汽油与进入发动机内的空气进行混合,形成可燃混合气。

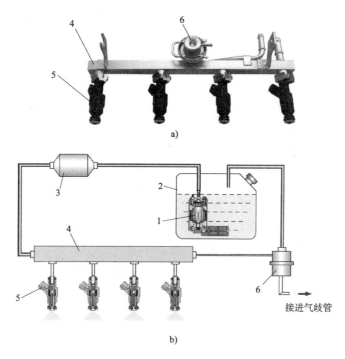

图 6-26 燃油供给系统工作原理示意图
a)分配管、喷油器和燃油压调节器实物;b)工作原理示意图
1-汽油泵;2-汽油箱;3-汽油滤清器;4-分配管;5-喷油器;6-油压调节器

## 三、燃油供给系统的主要总成

汽油箱用以储存汽油。普通汽车只有一个汽油箱,越野汽车则常有主、副两个汽油箱。货车的油箱通常装在车架外侧、驾驶人座下或货厢下面。轿车的油箱多装在行李舱下。

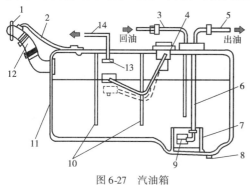

图 6-27 汽油箱
1-加油口盖;2-通气软管;3-回油管;4-液面传感器;5-出油管;6-燃油连接管;7-辅助油箱;8-放油螺塞;9-滤网;10-隔板;11-油箱体;12-燃油进口软管;13-止回阀;14-通活性炭罐

油箱体的材料有两种,一种是用高分子高密度聚乙烯吹塑制成,具有质量轻、强度高、密封性好、防爆以及易制成异形件,充分利用空间的优点,因此被轿车广泛采用。另一种是用薄钢板冲压件焊接而成。

各种不同型号的汽车上,油箱的结构形式基本相同,其构造如图 6-27 所示。为防止汽油箱液面由于行车振荡而外溢,在汽油箱内部装有隔板10。汽油箱上表面装有液面传感器4,底部有辅助油箱7,内有滤网9。为了便于排除汽油箱内的杂质,有的车在汽油箱底部装有放油螺塞8。汽油箱加油口用带阀门的油箱盖1封闭。

加油口盖(图6-28)用以防止汽油的溅出及减少汽油挥发,它由空气阀4和蒸气阀6组成。空气阀用较弱的空气阀弹簧5压住,当油箱内油面下降,压力低于某一数值时,空气阀打开,使空气进入汽油箱,确保汽油箱内不致产生真空,避免受到内外空气压力差的作用而损坏。蒸气阀用较硬的蒸气阀弹簧3压住,仅在汽油箱内因温度过高、压力超过规定值时才开启,因而有利于减少油箱内汽油蒸气挥发。

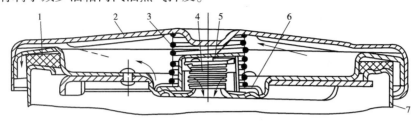

图6-28 闭式加油口盖

1-密封垫圈;2-盖壳;3-蒸气阀弹簧;4-空气阀;5-空气阀弹簧;6-蒸气阀;7-汽油箱加油口

有些发动机上装有活性炭罐,以吸收汽油箱内产生的燃油蒸气,这种形式的加油口盖上只有空气阀,没有蒸气阀。

汽油箱的燃料随时都在蒸发汽化,若不加以回收或控制,则当发动机停机时,汽油蒸发物(HC)将逸入大气,造成对环境的污染和燃料的浪费。汽油蒸发控制系统的作用就是将这些汽油蒸发物收集和储存在炭罐内,当发动机工作时再将其送入汽缸烧掉。

典型的汽油蒸发控制系统如图6-29所示。炭罐外壳一般由塑料制造,内部填充活性炭颗粒。炭罐顶部设有清洗控制阀,用来控制进入进气歧管的汽油蒸气及空气的数量。炭罐5内填满活性炭4,当发动机停机后,汽油箱1中的汽油蒸气经止回阀11和汽油蒸气滤网2进入炭罐5,汽油蒸气进入炭罐后被其中的活性炭4吸附。当发动机起动之后,进气管真空度经真空软管9传送到蒸气控制阀10,在进气管真空度的作用下,清洗控制阀膜片上移而开启。与此同时,新鲜空气自炭罐底部经滤清器3及滤网2向上流过炭罐,并携带吸附在活性炭表面的汽油蒸气,经蒸气控制阀和汽油蒸气软管6进入进气管7。

有些发动机为了防止液态汽油流入炭罐,在汽油箱顶部设置气液分离器,以分离液态汽油和汽油蒸气,使汽油蒸气经汽油蒸气管进入炭罐,分离出来的液态汽油则返回汽油箱。汽油蒸发控制系统有各种各样的结构形式,但其作用是一致的,即降低HC从汽油箱和燃料供给系向大气的排放。

图6-30所示为电磁式燃油蒸气控制阀。它是由止回阀2、衔铁3、密封件4和线圈6组成,ECU控制电磁阀线圈6,使衔铁3带动密封件4上下移动压紧或打开密封座5的排气孔,实现蒸气控制阀的开、关两个状态。由于燃油蒸气伴随着部分空气的加入,导致空燃比的变化,ECU须采取措施及时校准空燃比。

## 四、电动汽油泵

电动汽油泵的作用是将汽油从油箱内吸出,加压后经喷油器喷入发动机进气管。电动汽油泵主要有滚柱式、内齿轮式、涡轮式等,有些采用双级油泵。

1. 滚柱式电动汽油泵

滚柱式电动汽油泵主要由电动机、滚柱泵、止回阀、限压阀、滤网和阻尼稳压器等组成,其结构如图 6-31a)所示。

滚柱泵主要由转子、与转子偏心的定子(即泵体)以及在转子和定子之间起密封作用的滚柱等组成,如图 6-31b)所示。泵体的一端是进油口,另一端是出油孔。进油口一侧的滚柱式油泵由泵壳中间的直流电动机驱动。当油泵旋转工作时,由于离心力的作用,转子槽内的滚柱紧靠在偏心设计的泵体内壁上。滚柱随转子一同旋转时泵腔容积发生变换,燃油进口处容积越来越大,出口处容积越来越小,使燃油经过入口的滤网被吸入油泵,加压后经过电动机周围的空间从出口泵出。油泵出口处有一止回阀,在油泵不工作时阻止燃油倒流回油箱。若因汽油滤清器堵塞等原因使油泵出口一侧油压上升,与油泵一体的限压阀即被顶开,使部分燃油回到进油口一侧,以防止电动汽油泵输出油压过高。

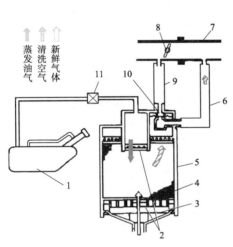

图 6-29 典型的汽油蒸发控制系统
1-汽油箱;2-滤网;3-滤清器;4-活性炭;5-炭罐;6-蒸气软管;7-进气管;8-节气门;9-真空软管;10-蒸气控制阀;11-止回阀

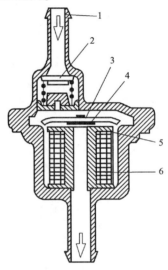

图 6-30 电磁式燃油蒸气控制阀
1-软管接头;2-止回阀;3-衔铁;
4-密封圈;5-密封座;6-线圈

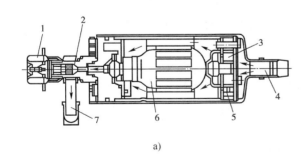
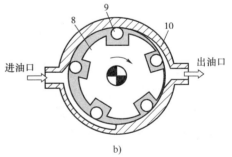

图 6-31 滚柱式电动汽油泵
a)结构;b)滚柱泵工作原理
1-脉动衰减器;2-止回阀;3-滚柱;4-出油管;5-滚柱泵;6-电动机;7-出油管;8-转子;9-滚柱;10-壳体

滚柱式电动汽油泵的特点是泵油压力高,流量大;油压脉动大,必须与燃油压力脉动衰减器配合使用;运转噪声大,滚柱和定子磨损快。

## 2. 内齿轮式电动汽油泵

内齿轮式齿轮泵主要由主动齿轮、从动齿轮和泵体组成,如图 6-32 所示。

直流电动机带动主动齿轮旋转,并由其带动从动齿轮旋转。由于主、从动齿轮的齿数不同且旋转中心不重合(存在偏心距),两齿轮转动时就会产生速度差和容积差。在进油口处内、外齿轮所围合的油腔容积逐渐变大,成为低压吸油腔,将汽油自吸油口吸入;而出油口处的容积逐渐减小,成为高压泵油腔,将汽油从出油口排出。

内齿轮式电动汽油泵的特点是:泵油压力高、流量大;燃油压力脉动大;磨损和噪声较小,比较适合在乘用车上使用。

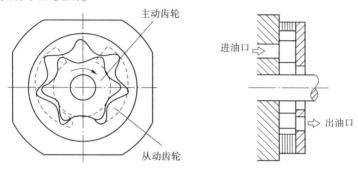

图 6-32 内齿轮式电动汽油泵

## 3. 涡轮式电动汽油泵

涡轮式电动汽油泵由电动机、涡轮泵、止回阀、限压阀及滤网等组成,如图 6-33 所示。其涡轮泵大都采用叶片式的,故又称叶片式电动汽油泵。

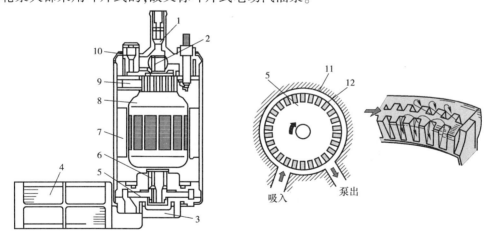

图 6-33 涡轮式电动汽油泵

1-止回阀;2-轴承;3-橡胶缓冲垫;4-滤网;5-涡轮;6-轴承;7-磁铁;8-电枢;9-电刷;10-限压阀;11-泵体;12-叶片沟槽

电动机驱动油泵运转时,涡轮泵转子圆周槽内的燃油随转子一起高速旋转,在离心力的作用下,使燃油出口处油压增高,同时在进口处产生一定的真空,从而使燃油从进口被吸入并经止回阀泵向出口。设置止回阀可使发动机熄火后油路内燃油仍保持一定压力,减少气阻现象,便于发动机热起动。而限压阀是一种保护装置。在电动汽油泵中,当出口及下游油路出现堵塞,油泵工作压力大于 0.4MPa 时,安全阀自动打开,使油泵的高压侧与吸入侧连通,燃油仅在泵和电动机内部循环,避免发生管路破损和燃油泄漏事故。油泵泵油压力一般为 200~350kPa。

这种电动汽油泵的优点是运转噪声小、出油压力脉动小、转子无磨损、使用寿命长。

**4. 双级电动汽油泵的应用**

为了提高汽油泵的泵油压力和降低压力脉动,有许多汽车采用双级电动汽油泵,简称双级泵,如图 6-34 所示。这种油泵由初级泵和主输油泵组成,两个油泵相互独立并轴向串联,由同一直流电动机驱动。初级泵通常采用涡轮泵,主输油泵通常采用内齿轮泵。初级泵用于分离蒸气,主输油泵用于提高压力。

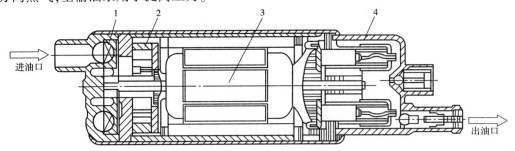

图 6-34 双级电动汽油泵
1-限压阀;2-初级泵;3-主输油泵;4-泵体

在装有大排量发动机的汽车上,通常使用两个独立的汽油泵总成。一个装在汽油箱内部,另一个装在汽油箱外部的燃油管路上。内装式汽油泵通常使用单级涡轮泵,而外装式汽油泵通常使用内齿轮泵。

电控汽油喷射系统对汽油泵运转控制基本要求是只有当发动机处于运转状态时,汽油泵才运转,若发动机不工作,即使接通点火开关,汽油泵也不工作。

### 五、汽油滤清器

汽油滤清器的作用是滤去汽油中的杂质。它是一次性使用,定期更换,一般是 15000km 里程更换一次。

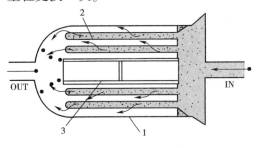

图 6-35 袋状汽油滤清器
1-外壳;2-袋状滤芯;3-芯管

如图 6-35 所示,袋状汽油滤清器为内压式纸制滤芯,双层袋状卷筒,套在芯管上,有 12~16 圈,袋口在进油端,袋底在出油端。

内压式袋状滤芯的滤清面积,远大于外压式波折状滤芯,滤清面积达 $1500cm^2$,过滤面积增大 40 倍,保证了畅通供油。它对安装方向有严格的要求,IN 接电动汽油泵,OUT 接燃油分配管,防止挤扁滤芯,造成供油不畅,加速无力,并对油泵造成负载过大,绕组发热,丧失泵油能力。

### 六、燃油压力调节器

**1. 燃油压力调节器的作用**

燃油压力调节器的作用是调节燃油喷射系统油压,其值一般为 250kPa。

燃油压力调节器通常安装在燃油分配管的一端,与油道相通,如图6-36所示。

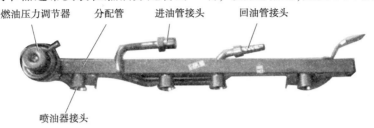

图6-36 燃油压力调节器

EFI发动机所要求的燃油喷射量,是根据ECU给喷油器的通电时间的长短来控制的。通电时间长、油压高,则喷油量多,反之,通电时间短、油压低,则喷油量少。

喷油器是将燃油喷入进气歧管的,而进气歧管压力是变化的,如果喷油压力一定时,进气歧管真空度降低时(绝对压力高),喷油量减少,进气歧管真空度增加时(绝对压力低),喷油量多,因此控制喷油参数时,必须考虑进气歧管的压力。

2. 燃油压力调节器组成与工作原理

1) 调节压差恒定的燃油压力调节器

传统的电控燃油喷射系统的燃油压力调节器调节分配管内喷射压力与其喷射环境的压力之差恒定,燃油压力相对进气歧管压力保持恒定。

如图6-37所示,燃油压力调节器的膜片室被膜片分割为弹簧室和燃油室。其中,弹簧室通过一根软管与发动机进气总管相通,通过它感受进气管的压力;而燃油室直接与分配管相同,感受燃油泵的油压。膜片下方燃油室承受燃油总管的油压,即系统油压,膜片上方承受进气管负压力和弹簧弹力。

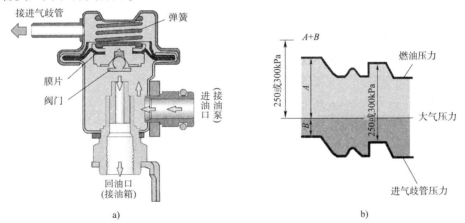

图6-37 调节压差恒定燃油压力调节器
a) 油压调节器工作原理图;b) 油压调节特性图

在发动机工作时,由于汽油泵泵送的油量远大于喷油器所需要的油量,来自油泵的燃油压力作用在膜片的下方,当作用在膜片上向上的油压力及进气管的真空吸力大于膜片弹簧向下的弹簧弹力时(图示位置),膜片带动阀门上移,回油口被打开,部分燃油流回油箱,输油管内保持一定的油压。当进气管真空度增大、喷油量减少,向上的吸力与油压力进一步增大,则膜片进一步移向弹簧室方向,使阀门开度增大,回油量增加,从而使输油管压力降低,保持与变化了的歧管压力差值恒定。同理,当进气管真空度减小、喷油量增多时,向上的吸力与油压力减少时,膜片下移,使阀门开度减小,回油量减少,管路油压升高,维持与歧管的压差不变。系统油压的调节范围一般控制在 250~300kPa 范围内,燃油压力调节器的压力调节特性曲线如图 3-37b)所示。

当发动机停止工作时,油泵将停转,燃油压力调节器在弹簧弹力的作用下使阀门关闭,在油泵止回阀与调节器阀门的作用下依然可使油路中保持一定的残余压力。

某些车型的燃油压力调节器的真空管路由真空电磁阀控制,其作用是在发动机热车起动时,切断燃油压力调节器与进气歧管之间的真空管路,以增大燃油压力,防止油路中的燃油因温度过高而产生气阻。

燃油压力调节器常见故障有膜片弹簧疲劳,使回油过多,造成系统油压过低。可通过在系统中安装油压表,夹住回油管,如系统油压上升 100kPa,转速上升 100r/min,说明电动汽油泵和汽油滤清器无故障,故障为燃油压力调节器有故障。另外,当膜片破漏,汽油通过真空管流入进气管,这时会造成混合气极浓,排气管冒黑烟,甚至发动机窒熄。

2)调节系统压力恒定的燃油压力调节器

现在有许多电喷系统采用了调节系统压力恒定的燃油压力调节器,该系统燃油分配管内压力是恒定的,喷油器两端的压力是变化的,燃油压力调节器调节的多余燃油在油箱内通过压力调节器完成了回油。无回油系统在固定的喷油时间内喷油量则是变化的,但发动机 ECU 考虑了进气压力传感器的信息后,对喷油量进行修补和补偿,因此喷油量同样会精确。

图 6-38 所示为系统压力恒定的燃油供给系统示意图,将汽油泵、汽油滤清器和燃油压力调节器都安装在汽油箱内,只有一个对外输出的出油管,无回油管,无回油管的优点是减少了油箱外的连接件,减少了燃油的漏油和蒸发损失并便于安装。缺点是体积较大,油箱开口直径受限。发动机工作时,燃油经燃油泵泵入燃油滤清器,经过滤清的燃油进入燃油压力调节器,由燃油压力调节器调节系统油压,使系统保持一定的恒压,恒定压力的燃油进入分配管,安装在分配管上的油压脉动缓冲器抵消由于喷油器喷射而产生的轻微燃油压力波动,喷油器根据发动机 ECU 传来的信号,将燃油喷射到进气歧管中。

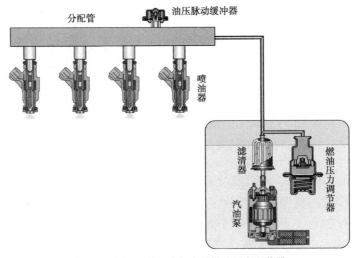

图 6-38 调节系统压力恒定的燃油压力调节器

图 6-39 所示为调节系统压力恒定的燃油压力调节器工作原理示意图,其工作原理是膜片上方作用着油压力,膜片下方作用着弹簧弹力,当油压力大于弹簧弹力时,膜片下移,打开回油孔,燃油通过回油孔进入油箱。当喷油器喷油量多时,作用在膜片上的燃油压力变小,弹簧弹力相对增大,使膜片上移,控制阀门的开度变小,流回油箱的燃油变少,小负荷时,喷油器供油量少,作用在膜片上的燃油压力变大,弹簧弹力相对变小,油压使膜片下移,控制阀门的开度变大,流回油箱的燃油变多,这样,通过调节流回油箱燃油的多少调节系统油压,使油压保持在预定的油压值上。

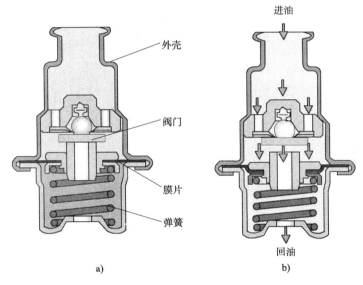

图 6-39 调节系统压力恒定的燃油压力调节器工作原理示意图
a) 熄火时;b) 工作时

## 七、喷油器

喷油器是电控汽油喷射系统中一个重要的执行元件,在 ECU 的控制下,将汽油呈雾状的形式喷入进气总管或歧管内。

电控汽油喷射系统中都使用电磁式喷油器。按燃料的进入位置可分为上方供油式和侧方供油式;按喷口形式分为轴针式和孔式;按电磁线圈阻值可分为低阻式和高阻式;按驱动方式可分为电流驱动和电压驱动两种。

多点喷射系统采用的轴针式喷油器结构如图 6-40 所示。它的一端为进油口,与分配油管连接;另一端为喷油口,插入进气歧管中,两端分别用 O 形密封圈密封。喷油器是由喷油器体、衔铁、针阀、电磁线圈、复位弹簧等组成。

喷油器内部有一个电磁线圈,经线束与电控单元连接。喷油器头部的针阀与衔铁连接为一体。当电磁线圈有电流通过时,便产生吸力,将衔铁和针阀吸起,打开喷孔,燃油经针阀头部的轴针与喷孔之间的环形间隙高速喷出,并被粉碎成雾状。喷入进气歧管,与空气混合,在进气行程中被吸入汽缸。电磁线圈无电流通过时,磁力消失,弹簧将衔铁和针阀下压,关闭喷孔,停止喷油。ECU 利用脉冲的宽度来控制喷油器每次打开喷油的时间,从而控制喷油量。一般喷油器每次打开喷油的时间为 2 ~ 10ms。时间越长,喷油量就越大。

孔式喷油器的针阀端部有锥形或球形(图6-41)两种形状,采用球形端部的喷油器,通常称为球阀式喷油器。孔式喷油器一般采用1~2个喷孔,喷孔直径为0.15~0.30mm。孔式喷油器由于喷孔较小,因此汽油的雾化质量较好,有利于提高汽油汽化速度,但由此带来的不足是喷孔容易堵塞。另外,球形端部针阀的质量仅为轴针式针阀的50%左右,因此具有很好的动态响应特性。

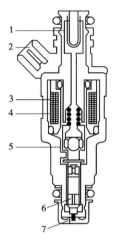

图6-40 轴针式喷油器
1-滤网;2-接线座;3-电磁线圈;4-复位弹簧;5-衔铁;6-针阀;7-轴针

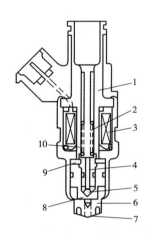

图6-41 孔式喷油器
1-喷油器体;2-弹簧;3-电磁线圈;4-针阀;5-钢球;6-护套;7-喷孔;8-阀座;9-挡块;10-衔铁

## 第五节 电控汽油喷射的控制系统

### 一、控制系统的作用

控制系统的作用是根据发动机运转状况和车辆运行状况实现对发动机燃油喷射、点火、怠速等功能的控制。

### 二、控制系统的组成

如图6-42所示,控制系统包括检测发动机运行状况的各种传感器、电控单元(ECU)和执行器。

传感器监测发动机的实际工况运行参数,并将其转变成电信号传给ECU。检测发动机工况的传感器有冷却液温度传感器、进气温度传感器、曲轴位置传感器、节气门位置传感器、车速传感器、氧传感器、爆震传感器、空调离合器开关等。

电控单元(ECU)是一种电子控制装置。ECU的存储器中存放了发动机各种工况的最佳运行参数,例如喷油时间、点火提前角、怠速转速等。ECU在接收了各种传感器传来的信号后,确定满足发动机运转状态的燃油喷射量,并根据计算结果控制喷油器的喷油时间。ECU还可以对多种信息进行处理,实现EFI以外其他诸多方面的控制。例如:点火控制、怠速控制、废气再循环控制等。

ECU 输出的各种控制指令由执行器执行,如喷油脉宽控制、点火提前角控制、怠速控制、炭罐清污、自诊断、故障备用程序启动、仪表显示等。

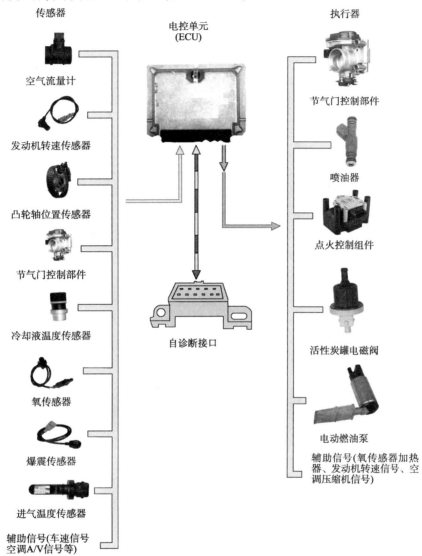

图 6-42　电控发动机控制系统

## 三、控制系统主要总成

1. 电控单元

电控单元(ECU)的作用是按照预置程序对各个传感器输入的信息进行运算、处理、判断,然后发出指令,控制有关执行元件(如喷油器等)动作,以达到快速、准确、自动控制发动机工作的目的。

1) 电控单元的组成

电控单元主要由中央处理器(CPU)、随机存储器(RAM)、只读存储器(ROM)、输入和输出接口电路、驱动电路和固化在 ROM 中的发动机控制程序和原始数据等组成(图6-43)。

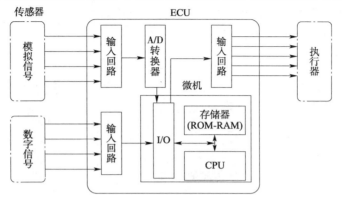

图6-43 发动机电子控制单元的基本组成

（1）输入回路。它对各种输入信号进行预处理，一般包括除去杂波、把正弦波转换成矩形波及电平转换等。

（2）A/D 转换器。数字计算机只能处理数字信号，A/D 转换器将模拟信号转换成数字信号，再输入给电控单元进行处理。

（3）输出回路。输出电路是微机与执行器之间的连接部分，它将微机发出的控制指令，转变成控制信号来驱动执行器工作，起着控制信号生成和放大等功能。微机输出的是数字信号；而且输出信号很小，用这种信号一般不能直接驱动执行器工作，需要输出电路将其转换成可以驱动执行器工作的控制信号，如喷油器驱动信号、点火控制信号、燃油泵控制信号等。

2）汽油喷射的控制过程

电控汽油喷射系统的工作过程就是对喷油正时和喷油持续时间（即喷油量）的控制过程。

（1）喷油正时控制喷油。正时控制就是对喷油器开始喷油时刻的控制。多点间歇喷射汽油机的喷油时刻控制分为同步喷射和异步喷射两种方式。

同步喷射是指汽油的喷射与发动机运转同步，ECU 根据曲轴的转角位置来控制开始喷射的时刻。在发动机稳定工况的大部分运转时间里，汽油喷射控制系统以同步方式工作。

异步喷射是指 ECU 只是根据传感器的输入信号控制开始喷油时刻，与曲轴转角位置无关。异步喷射方式是一种临时的补偿性喷射，发动机处于起动、加速等非稳定工况时，汽油喷射控制系统以异步喷射方式工作或增加异步喷射对同步喷射的喷油量进行补偿。

（2）喷油持续时间（即喷油量）控制。电控汽油喷射系统对喷油量精确控制就是通过精确地确定和控制喷油的持续时间来实现的。根据发动机的运行特点，喷油持续时间控制分为起动时喷油持续时间控制和起动后喷油持续时间控制。

发动机起动时的基本喷油时间不是根据进气量（或进气歧管绝对压力）和发动机转速确定的，这与发动机起动后的控制方式不同。发动机起动时，由于转速低且波动大，因此，ECU 不能用进气量来计算喷油量，而是根据发动机的热状态而定。即 ECU 根据发动机当时的冷却液温度，从预存的冷却液温度—喷油时间数据图表中找出相应的基本喷油时间，然后进行进气温度和蓄电池电压修正，得到起动时的喷油持续时间。

有些电控汽油喷射系统为改善发动机起动性能,在起动时,除同步喷射外,还根据起动开关接通状态,ECU 自曲轴位置传感器检测到的第一个转速信号开始,以一个固定的喷油持续时间,同时向各缸进行异步喷射,以补充冷起动过程中对燃油量的额外要求。

发动机起动后喷油持续时间由发动机转速和进气量确定的基本喷油持续时间、由发动机运行状态参数决定的修正喷油持续时间构成。

(3)断油控制。断油控制是指 ECU 停止向喷油器驱动电路发送喷油信号,喷油器暂时停止工作。电控汽油喷射系统中,ECU 断油控制基于两种情况:以降低燃油消耗,改善排气污染为目的的减速断油控制;以防止发动机超速运转为目的的超速断油控制。

减速断油控制:发动机在高速运行时,节气门突然关闭而处于急减速状态,为避免混合气过浓、燃料经济性和排放性能变坏,ECU 停止喷油。当发动机转速降至预定转速之下或节气门重新打开时,ECU 才使喷油器恢复喷油。断油转速和恢复喷油转速与冷却液温度、空调是否工作、用电器情况等因素有关,发动机冷却液温度越低,断油转速越高。

超速断油控制:为避免发动机超速运行而造成损坏,ECU 执行发动机超速断油控制,对发动机的最高转速进行限制。发动机运行时,当转速超过设定转速时,ECU 停止输出喷油信号,转速下降至设定转速时再恢复喷油,如此反复循环,防止发动机转速继续上升。

3)故障自诊断系统

现代汽车发动机电控系统中,一般都设有故障自诊断功能,该系统还可监测诊断发动机控制系统工作情况及工作中出现的故障。它一般具有如下功能:

(1)及时地检测出电控系统出现的故障。

(2)将故障信息以代码形式存储在 ECU 的存储器内。

(3)发出故障指示或警告信息,如点亮仪表板上的"故障指示灯"。

(4)维修人员可以读取故障码,为诊断故障原因提供参考。

一般在仪表板下方或发动机舱内设有一个专用接口(简称 OBD-Ⅱ),即故障诊断接口,该接口直接与 ECU 相连。将解码器或检测设备插入此专用接口,便可将故障码或诊断的传感器、执行器等信号的数据流由此读出,以便在控制系统出现故障时,能及时、快速地查找和排除故障。

4)安全保险功能

安全保险功能又称故障保险功能,它是电控单元检测出故障后,采取的一种保险措施。当某个传感器或执行器出现故障时,如果发动机 ECU 仍然按照正常方式继续控制发动机运转,就有可能使发动机或有关部件出现更严重的问题。安全保险功能主要依靠 ECU 内的软件来实现。当系统诊断出有故障出现时,一方面发出故障警告信号、保存故障码;另一方面 ECU 会自动启用安全保险功能,按照存储器内设定的程序和数据,使控制系统继续工作或强制停机。

5)后备系统

后备系统又称后备功能,它是当电控单元(ECU)内控制程序出现故障时,ECU 把燃油喷射和点火正时控制在预定水平上,作为一种备用功能使车辆仍能继续慢速行驶,回到修理厂,所以,也称为跛行系统。

图 6-44 是发动机 ECU 后备系统的原理框图。其后备系统为一专用后备电路,由集成电

路组成。监视回路中装有监视计数器,正常工作情况下,电控单元定时进行清零。出现异常情况时,例行程序不能正常运行。如果这时计数器的定期清零工作不能进行,计算机显示溢出。当监视器发现计算机溢出,就能检测出异常情况。当监视器监测出电控单元出现异常情况而满足启用后备系统的条件时,首先点亮"发动机故障灯",提示驾驶人发动机已出现故障,需要进行维修;与此同时,ECU 自动转换成简易控制的后备功能。

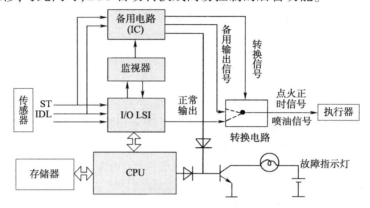

图 6-44　ECU 后备系统原理框图

后备系统只是简易控制,只能维持基本功能,使车辆能够慢速行驶,而不能保证发动机运行在最佳状态,不宜在"后备"状态下长时间行驶,应及时检查修理。

2. 发动机曲轴位置及转速传感器

空气流量计检测的是单位时间内的空气流量,为确定每次循环符合最佳空燃比的喷油量,应求得每次循环吸入的空气量。即在已知单位时间空气流量的基础上,还需检测发动机转速。另外,为确定各缸的喷射时刻和顺序,还需知道基准汽缸的活塞位置。在电控汽油喷射系统中,这两个参数的检测是由转速传感器和曲轴位置传感器来完成的,它是电喷系统的主控参数之一。

有些发动机上还安装凸轮轴位置传感器,它的作用是向 ECU 提供关于发动机基准汽缸所处的工作行程和活塞运动方向的信号,一般称为判缸信号。在采用顺序喷射方式的电控汽油喷射系统中,表明基准汽缸所处工作行程和活塞位置的判缸信号是 ECU 进行喷油正时和顺序控制的唯一依据。

电控汽油喷射系统中使用的曲轴位置传感器和凸轮轴位置传感器,按它们的结构有电磁脉冲式、霍尔效应式和光电感应式三种类型,这三种类型的传感器可以不同的组合方式,完成各自承担的参数采集任务。

1) 电磁脉冲式传感器

电磁脉冲式传感器由电磁感应式传感器和脉冲盘等组成,其安装位置有的在曲轴前端的皮带轮上,或曲轴后端的飞轮处,如图 6-45 所示。电磁感应式传感器内部装有绕在永久磁铁上的感应线圈。它安装在缸体一侧靠近飞轮处,用来检测曲轴转角和发动机转速。脉冲盘安装在曲轴后端,位于飞轮与曲轴之间,脉冲盘在圆周上等分地布置着 60 个转子齿,其中空缺二个转子齿,供 ECU 识别曲轴位置,作为喷油、点火正时的参照基准。发动机运转时,脉冲盘上的转子齿每通过传感器一次,便在传感器内的感应线圈中感应出一个交变电压信号,而在缺齿处产生一个畸变的交变电压信号,如图6-44b)所示。ECU根据这些交变电压信号和畸变的电压信号就可计算出发动机的转速和曲轴位置。

2)霍尔效应式传感器

霍尔效应式曲轴位置传感器是利用霍尔效应原理对曲轴位置进行检测的一种传感器。

霍尔式传感器的基本原理是:当电流$I_V$通过放在磁场中的半导体基片,且电流方向与磁场方向垂直时,在垂直于电流与磁场的半导体基片的横向侧面上,即产生一个与电流和磁场强度成正比的霍尔电压$U_H$,如图6-46a)所示。霍尔电压$U_H$与霍尔半导体材料的特性、基片厚度、通过电流的大小及磁场强度等因素有关。对于一定的结构,当电流为定值时,霍尔电压与磁场强度成正比。

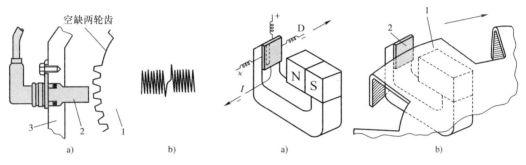

图6-45 电磁脉冲式传感器
a)曲轴位置传感器;b)输出电压信号

图6-46 霍尔效应式曲轴位置传感器
1-霍尔组件;2-叶轮;$I$-霍尔元件输出的电流

利用霍尔效应原理制成的霍尔效应式传感器的基本结构,如图6-46b)所示。传感器由带有叶片或触发轮齿的信号轮(叶轮)2和包括永久磁铁、导磁板及霍尔集成电路的霍尔信号发生器(霍尔组件)1组成。霍尔效应式传感器具有输出电压不受发动机转速高低影响的优点,但由于叶片或触发轮齿数量受自身结构的限制,存在分度较粗的不足。

3)光电感应式传感器

光电感应式传感器的基本结构及工作原理如图6-47所示。传感器由带有叶片的信号轮和包括发光二极管1、光敏二极管2及放大整形电路的信号发生器3组成。信号轮转动时,每当叶片进入发光二极管和光敏二极管之间的空隙,发光二极管射向光敏二极管的光束被遮挡,光敏二极管的电压为零。当叶片离开两者之间的空隙时,发光二极管的光束照射到光敏二极管上,光

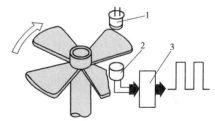

图6-47 光电感应原理
1-发光二极管;2-光敏二极管;3-信号发生器

敏二极管因感光而产生电压。随着信号轮的旋转,信号发生器向ECU输出与叶片数相等的电压脉冲信号。光电感应式传感器具有分度精度高、输出数字脉冲信号的优点,但也存在对使用环境要求较高的不足。

3. 温度传感器

1)冷却液温度传感器

冷却液温度传感器安装在发动机缸体水套或冷却液管路中,与冷却液接触,用来检测发动机的冷却液温度,如图6-48a)所示。

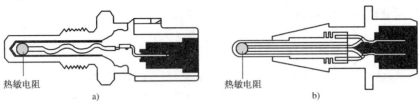

图 6-48 温度传感器
a)冷却液温度传感器;b)进气温度传感器

ECU 中的电阻与冷却液温度传感器的负温度系数热敏电阻值串联。热敏电阻阻值变化时,其分电压值随之改变。

冷却液温度较低时,燃油蒸发性差,应供给较浓的混合气。由于冷却液温度低,负热敏电阻阻值大,ECU 检测到的分压值就高。根据这信号,ECU 增加燃油喷射量,使发动机的冷机运转性能得以改善。

冷却液温度高时,发动机已达正常工作温度,混合气形成条件较好,可燃用较稀混合气。这时,ECU 检测到相应的分压值较小,并依此信号减少喷油量。

2)进气温度传感器

无论 D 型 EFI 系统,还是采用卡门涡流式空气流量计的 L 型 EFI 系统中,均应考虑空气密度对实际进气量的影响。空气密度是随空气的温度和压力而变化的。进气温度传感器的作用就是检测进气温度,并将检测信息输送给 ECU 作为修正喷油量的参考依据之一。进气温度传感器的原理结构与冷却液温度传感器相同,也是采用负温度系数的热敏电阻,如图 6-42b)所示。

D 型 EFI 系统中进气温度传感器安装在空气滤清器之后的进气总管上;L 型 EFI 系统中的进气温度传感器安装在进气总管或空气流量计内。

4.空气计量传感器

空气计量传感器的作用是对进入汽缸的空气质量进行直接或间接地计量,并把空气流量的信息输送到 ECU。在电控汽油喷射系统中有空气流量计和进气压力传感器两种方式测量进入汽缸的空气量。

1)空气流量传感器

在电控汽油喷射发动机中使用的空气流量计主要有:热线式、热膜式和卡门涡流式。

(1)热线式空气流量传感器。热线式空气流量传感器其构造如图 6-49 所示。测试管 2 置于空气流道的中央,空气流道装有金属导流网 1,并用卡环固定在壳体 7 上。在测试管内的支撑环上固定一根直径为 70μm 的铂丝 3,在工作中铂丝被电流加热至 100℃ 以上,故称之为热线。在支撑环前端装有铂薄膜温度补偿电阻 4,支撑环后端黏结有精密电阻,而在控制电路板上则装有高阻值电阻。铂热线、温度补偿电阻、精密电阻和高阻值电阻构成惠斯登电桥电路中的四个臂(图 6-50)。混合电路用来调节供给四个臂的电流使电桥保持平衡。

当空气流过热线式空气流量计时,铂热线向空气散热,温度降低,铂热线的电阻减小,使电桥失去平衡。这时混合电路将自动增加供给铂热线的电流,以使其恢复原来的温度和电阻值,直至电桥恢复平衡。流过铂热线的空气流量越大,混合电路供给铂热线的加热电流也越大,即加热电流是空气流量的单值函数。加热电流通过精密电阻产生的电压降作为电压输出信号传输给电控单元,电压降的大小即是对空气流量的度量。

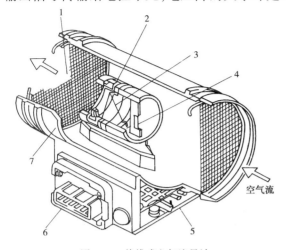

图 6-49 热线式空气流量计

1-金属导流网;2-测试管;3-铂热线;4-温度补偿电阻;
5-控制电路板;6-电源插座;7-壳体

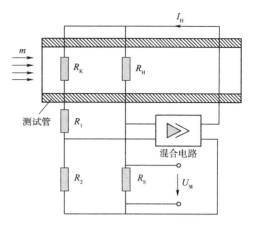

图 6-50 热线式空气流量计电路

$R_H$-铂热线;$R_K$-温度补偿电阻;$R_1$、$R_2$-高阻值电阻;$R_S$-精密电阻;$U_M$-电压输出信号;$I_H$-加热电流;$m$-空气流量

温度补偿电阻的阻值也随进气温度的变化而变化,起到一个参照标准的作用,用来消除进气温度的变化对空气流量测量结果的影响。一般将铂热线通电加热到高于温度补偿电阻温度 100℃。

热线式空气流量计无机械运动件,进气阻力小,反应快,测量精度高。但在使用中,铂热线表面受空气中灰尘的污染而影响测量精度。为此,在电控单元中装有自洁电路,在发动机熄火后,自动将铂热线加热至 1000℃并维持 1s 时间,烧掉黏附在铂热线上的灰尘。

(2)热膜式空气流量计。热膜式空气流量计其测量原理与热线式空气流量计相同,它是利用热膜与空气之间的热传递现象来测量空气流量的。热膜是由铂金属片固定在树脂薄膜上而构成的。用热膜代替热线提高了空气流量计的可靠性和使用寿命,并且热膜不会被空气中的灰尘黏附。

热膜式空气流量计及其桥式电路如图 6-51 所示。

(3)卡门涡流式空气流量计。卡门涡流式空气流量计是利用卡门涡流理论来测量空气流量的。在卡门涡流式空气流量计进气气道的正中间有一个流线型或三角形涡流发生体。当空气流过这个涡流发生体时,在发生体后方的气流中会产生一系列不对称却十分规则的空气涡流。根据卡门理论涡流是依次沿气流流动的方向向后移动,其移动速度与空气流速成正比。因此,通过测量单位时间内涡流的数量就可以计算出空气流速和流量。

测量单位时间内涡流数量的方法有两种。一种是在卡门涡流式空气流量计的后半部分的两侧设置一对超声波发生器和接收器,如图 6-52 所示,简称超声波检测方式。发动机运转时,超声波发生器不断地向接收器发出一定频率的超声波。当超声波通过进气气流到达接收器时,由于受到气流中涡流的影响,使超声波的频率的相位发生变化。接收器测得这一相位的变化,电控单元根据相位的变化的频率计算出单位时间内产生涡流的数量,从而计算出空气的流速和流量。

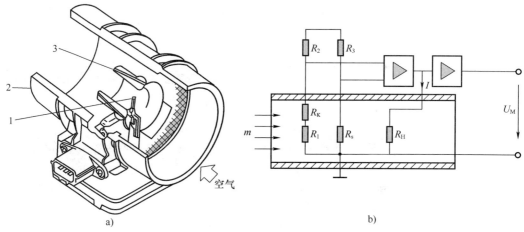

图 6-51 热膜式空气流量计及其桥式电路
a) 热膜式空气流量计; b) 桥式电路

1-热膜; 2-空气流量计壳体; 3-测量管; $R_H$-热膜; $R_K$-温度补偿电阻; $R_1$、$R_2$、$R_3$-高阻值电阻; $R_s$-精密电阻; $U_M$-电压输出信号; $I$-加热电流; $m$-空气流量

另一种方法是在流量计内设置一对发光二极管和光敏晶体管,如图 6-53 所示,简称光电式。发光二极管发出的光束被一个反光镜发射到光敏晶体管,使光敏晶体管导通。反光镜安装在很薄的金属簧上,簧片在进气气流涡流的压力作用下振动,其振动的频率与单位时间内产生的涡流数量相同。由于簧片随簧片一同振动,因此被反射的光束方向有以相同的频率变化,使光敏晶体管也随光束的变化以同样的频率导通和截止。频率直接反映出单位时间内涡流产生的数量,电控单元根据光敏晶体管导通和截止的频率即可计算出进气量。

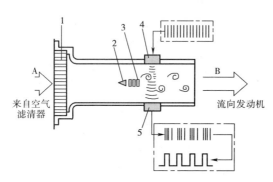

图 6-52 超声波检测方式工作原理图
1-导流罩; 2-涡流发生体; 3-涡流稳定板; 4-超声波发生器; 5-超声波接收器

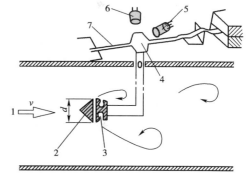

图 6-53 反光镜检测方式工作原理图
1-来自空气滤清器; 2-涡流发生体; 3-导压孔; 4-反光镜; 5-光敏晶体管; 6-发光二极管; 7-板弹簧

卡门涡流式空气流量计的响应速度在几种空气流量计中最快,它能几乎同步地反映出涡流流速的变化;此外,它还有测量精度高、进气阻力小、无磨损等优点。但它的成本高,只有少数高档车型使用这种空气流量计。

2) 进气压力传感器

在 D 型汽油喷射系统不设空气流量计,而是采用进气压力传感器测量节气门后进气管内的绝对压力,利用该绝对压力和发动机转速来计算吸入汽缸的空气量并以此作为电控单元计算喷油量的主要参数。在发动机工作时,节气门开大,进气量增多,进气管压力相应增加。因此,进气管压力的大小反映了进气量的多少。

进气压力传感器是由压力转换元件和把转换元件输出信号进行放大的集成电路(IC)及真空室构成。压力转换元件是利用半导体的压电效应制成的硅膜片,如图6-54所示。硅膜片的一面是真空室,另一面导入进气管压力。由于硅膜片的一侧是真空室,因此在进气压力作用下硅膜片产生变形,使扩散在硅膜片上电阻的阻值发生变化。进气管内压力越高,硅膜片的变形量越大。利用惠斯登电桥将硅膜片的电阻变化转换成电压信号。因为输出的电压信号很微小,所以需用集成电路进行放大。经IC放大处理后的电信号,作为进气压力信号送到ECU,ECU根据此信号和转速信号,即可计算出进气量。

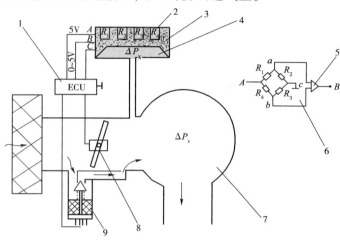

图6-54 进气压力传感器

1-电控单元(ECU);2-压敏电阻;3-硅膜片;4-压力室;5-差动放大器;6-桥式电路;7-进气主管;8-节气门位置传感器TPS;9-怠速空气调节器IAC

进气压力传感器一般是通过真空软管与节气门后方的进气管相通,也有些车直接安装在进气总管上,这样可以避免真空软管漏气而造成的故障。

5.节气门位置传感器(TPS)

节气门位置传感器用来检测节气门开度,它安装在节气门体上,通过节气门轴与节气门联动。节气门位置传感器将节气门开度转换成电信号输送到ECU,ECU根据节气门不同的开度决定控制方式和对喷油时间进行修正。

电控汽油喷射系统中的节气门位置传感器广泛采用线性输出型。其主要特点是表示节气门开度的输出电压与节气门开度呈线性关系。节气门位置传感器的结构和电路如图6-55所示。

节气门位置传感器有两个与节气门联动的可动电刷触点。一个触点在电阻体上滑动,利用变化的电阻值,测得与节气门开度对应的线性输出电压,根据输出的电压值,可知节气门开度。另一个电刷触点在节气门全关闭时与怠速触点接触,给ECU提供怠速信号,用于发动机急减速时断油控制和点火提前角的修正。图6-55c)传感器输出特性可看出传感器输出电压随节气门开度增大而成线性地增大。有些发动机上的节气门位置传感器输出电压与节气门开度成反比。

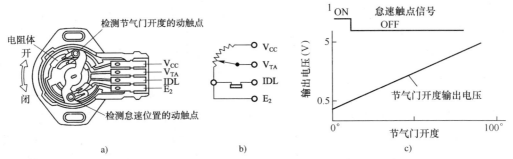

图 6-55 线性输出型节气门位置传感器
a)构造图;b)电路;c)输出特性
$V_{CC}$-电源;$V_{TA}$-节气门开度输出信号;IDL-怠速触点信号;$E_2$-地线

#### 6. 氧传感器

氧传感器又称 λ 传感器,它安装在排气管上。氧传感器是发动机燃油喷射闭环控制的重要检测元件,它探测排气中氧浓度,并转化为电信号输入 ECU。氧传感器主要有氧化锆式和氧化钛式两种形式。

1) 氧化锆式氧传感器

这种传感器体内有一个由氧化锆陶瓷制成的一端封闭的管状体,称为锆管,如图 6-56 所示。锆管的内外表面各自覆盖着一层透气的多孔性薄铂层,作为电极。锆管内表面电极与大气相通,外表面则与废气接触。锆管外部套有一个带缝槽的耐热金属套管,对锆管起保护作用。

发动机运转时,排出的废气从氧传感器锆管外表面流过,在高温状态下氧分子发生电离。由于锆管内外表面上氧分子浓度不同,因而使氧离子从浓度大的锆管内表面向浓度小的锆管外表面移动,从而在锆管内外表面的两个电极之间产生一个微小的电压。当混合气的实际空燃比小于理论空燃比,即发动机以较浓的混合气运转时,排气中缺氧,锆管中氧离子移动较快,并产生 0.9V 左右的电压;当混合气的实际空燃比大于理论空燃比,即发动机以较稀的混合气运转时,废气中有一定的氧分子,使锆管中氧离子的移动能力减弱,只产生约 0.1V 的电压。因此,这种氧传感器输出的电压信号是随混合气成分不同而变化的,并以理论空燃比(约 0.45V)为界产生突变,如图 6-57 所示。

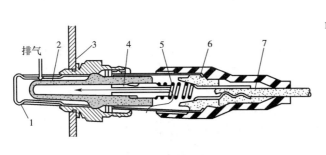

图 6-56 氧化锆式氧传感器
1-导入排气孔罩;2-锆管;3-排气管;4-电极;5-弹簧;6-绝缘套;
7-导线

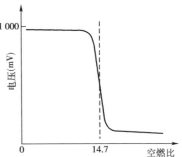

图 6-57 氧化锆式氧传感器特性

氧化锆在温度超过300℃后才能进行正常工作。大部分汽车使用带加热器的氧传感器。在这种传感器内有一个电加热元件,可在发动机起动后的20~30s内迅速将氧传感器加热至工作温度。这种传感器有四根接线:一根接ECU,一根接电加热元件,另外两根分别搭铁。

2)氧化钛式氧传感器

氧化钛式氧传感器是利用二氧化钛材料的电阻值随排气管中氧的浓度变化的特性制成的一种氧传感器,二氧化钛材料是在室温下具有很高电阻值的半导体,随排气中氧含量减少(混合气变浓时)材料电阻值随之下降。该传感器电阻特性除了与氧的浓度有关外,还与工作温度有关。在300~900℃排气温度中连续使用时,必须进行温度补偿,即内装加热器,增设温度修正回路,使高温下二氧化钛式氧传感器性能比较稳定。

氧化钛式氧传感器结构如图6-58所示。它具有两个氧化钛元件,一个是多孔性二氧化钛陶瓷,用来检测排气中氧的含量,另一个为实心二氧化钛陶瓷,用来作为加热调节,补偿温度的误差。在传感器外端加装具有孔槽的金属保护层,可以让废气自由进出同时可防止二氧化钛元件受到外物撞击,传感器接线端用橡胶材料密封,以防外界气体渗入。

通过氧传感器探测废气中含氧量的多少,能获得上次喷油时间过长或不够的信号,供ECU对本次喷油时间的修正。在发动机混合气闭环控制过程中,氧传感器相当于一个氧浓度开关,根据混合气空燃比向ECU输出脉冲变化的电压脉冲信号。ECU根据氧传感器输入信号控制喷油量的增减,把空燃比精确地控制在理论值空燃比附近。

氧化钛式氧传感器的特性如图6-59所示。

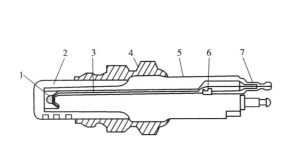

图6-58 氧化钛式氧传感器
1—二氧化钛元件;2—金属保护管;3—导线;4—金属外壳;
5—陶瓷绝缘材料;6—陶瓷元件;7—接线头

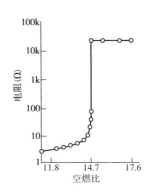

图6-59 氧化钛式氧传感器特性

氧化钛式氧传感器的信号电压变化范围为0~5V,宽带功能好,对空燃比调节范围大,最适合调整汽油机采用缸内直接喷射的极稀混合气。

7. 车速传感器(VSS)

车速传感器用以检测汽车行驶速度。车速信号主要用于发动机怠速和汽车加减速时的空燃比控制。车速传感器主要有舌簧开关型和光电耦合型两种,一般安装在变速器输出轴或组合仪表内。

8. 开关信号

1)起动信号

起动信号(STA)用来判断发动机是否处于起动状态。起动时,进气管内混合气流速慢,温度低,燃油雾化不良,为改善起动性能,必须增加喷油量以加浓混合气。STA 信号与起动开关连在一起,起动开关接通,ECU 便检测到 STA 信号,确认发动机处于起动状态,并自动增加喷油量。

2）空调信号

空调信号（A/C）用来检测空调压缩机是否工作。该信号与空调压缩机电磁离合器的电源接在一起,ECU 根据 A/C 信号控制发动机怠速时的点火提前角和进行怠速喷油量修正等。

3）空挡起动开关信号

空挡起动开关信号（NSW）主要用于怠速系统的控制。在装有自动变速器的汽车中,ECU 用空挡起动开关信号判定变速器的挡位。识别变速器是处于空挡或停车（N 或 P 挡位）状态,还是处于行驶（OD、D、2、1 或 R 挡位）状态。ECU 通过对 NSW 信号的识别,对怠速系统进行控制,在发动机过渡工况时,修正喷油量。

4）其他开关信号

主要包括点火开关 IGN 信号、蓄电池电压信号 $U_{BATT}$ 等。

# 第六节　智能电子节气门控制系统（ETCS-i）

智能电子节气门控制系统简称 ETCS-i（ElectronicThrottleControlSystem-intelligent）。它是为了满足人们对汽车的动力性、经济性、净化性、舒适性、安全性和方便性提出了更高的要求应运而生的多样化、智能发动机管理系统。发动机采用无拉索式节气门总成,节气门开启角度不再由加速踏板拉索直接控制,驾驶人通过加速踏板位置传感器把需要的力矩指令,以电压信号的形式输送到电控单元,然后通过电子节气门总成控制节气门的开启角度,使发动机的转速和功率调节进入了多功能智能化控制领域。

## 一、智能电子节气门控制系统的优点

（1）避免了钢丝拉索与其导管间的润滑油质一旦耗尽,会犯卡失去回位能力,使发动机转速失控,产生意外机械事故（飞车或换挡困难）。

（2）避免了发动机与车身的弹性连接一旦元件损坏,会造成相对位置发生变化,会影响加速踏板"全程控制"能力,动力性和经济性及净化性变坏。

（3）采用智能电子节气门控制系统,可简化各控制系统的整体结构,综合控制功能得到提高,进入优化智能领域,省掉了机械部位的维护、调整内容。

取消了怠速旁通气道和各式怠速阀（IAC）；取消了防滑转 TRC 系统的转矩控制用副节气门；取消了巡航控制系统的"巡航真空拉力器"或"巡航控制电动机"；进行反馈控制,ECU 根据当前车速、道路情况、发动机工况,这三个逻辑条件,决定节气门优化开度,控制和调节喷油量的多少和点火提前角的大小。

（4）提高了发动机的经济性（油耗降低了）和净化性（排放污染减小了）及适应性（对道路状况）,如图 6-60 所示。

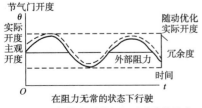

图 6-60　智能电子节气门对道路的适应能力

## 二、智能电子节气门系统的组成和工作原理

如图6-61所示,智能电子节气门系统由加速踏板位置传感器、电子节气门总成等电器元件组成。它受ECU控制,ECU并和多个控制系统联网工作,具备了综合智能控制能力。

**1. 加速踏板位置传感器**

加速踏板位置传感器的作用是产生加速踏板的开度和速率变化的电压信号给ECU。

加速踏板位置传感器的外形如图6-62a)所示。有的加速踏板位置传感器直接安装在驾驶室内加速踏板轴处,有的安装在发动机舱内,通过一根拉索接在加速踏板上。

加速踏板位置传感器是一个无触点的双电位器传感器,由电控单元提供5V电压,传感器向电控单元发出两路反映加速踏板位置的电压信号,一路电压是另一路的两倍。电控单元根据此信号可进行驾驶人期望的转矩需求计算,经电控单元内部统一协调后控制电子节气门总成工作。

电控单元收到加速踏板位置传感器信号后,管理如下功能:怠速、加速、减速、中断喷射、临时转速等。

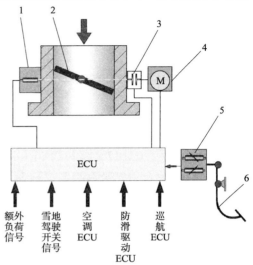

图6-61 智能电子节气门系统原理图
1-节气门位置传感器;2-节气门;3-离合器;4-直流电动机;5-加速踏板位置传感器;6-加速踏板

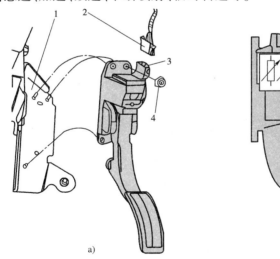
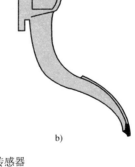

图6-62 加速踏板位置传感器
a)在驾驶室的位置;b)内部结构
1-轴承座;2-连接插头;3-加速踏板位置传感器;4-传感器螺母

**2. 电子节气门总成**

电子节气门(ETC)的结构和外形如图6-63所示。电子节气门一方面执行来自电控单元的指令调节节气门开度以控制进气量,同时还可以输出反映节气门位置的信号,供系统监

控节气门的实际开度。

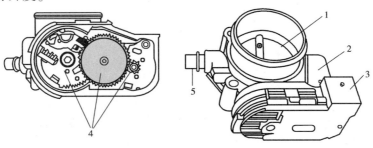

图 6-63 电子节气门总成结构
1-节气门;2-电动机;3-双轨道节气门位置传感器;4-传动齿轮;5-燃油蒸气吸入口

电子节气门轴上的双轨道节气门电位计用来检测节气门的准确开度和变化速率,反馈给 ECU,成为是否满足要求的比较数据,以便 ECU 对节气门的实际开度进行监控和优化调节修正。如图 6-64 所示。节气门的实际优化开度,并不等同于主观指令开度(应有一定期望范围的冗余度),它是 ECU 根据行驶工况中各种传感器信号,通过负荷管理系统计算出来的优化实际开度控制参数。它也是双轨道电位器,保持不间断的电压信号反馈输出,使 ECU 及时的验证、修正、调节。因而,它是智能化的反馈控制系统。

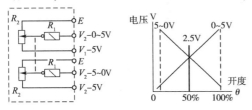

图 6-64 节气门位置传感器
$R_1$-固定电阻;$R_2$-可变电阻;$V_1$-输入电压;$V_2$-输出电压;$E$-搭铁

节气门位置控制电动机为正反转直流电动机,由 ECU 以"占空比"的方式,控制电流的大小和驱动方向,再经减速齿轮组来驱动节气门的开度和速率。

节气门开度完全由 ECU 控制,它会根据运行情况计算出最低稳定怠速、快怠速及其他工况所需的进气量,然后调整节气门开度。

电磁离合器在正常状态时为通电常接合驱动状态,起连接作用。当系统有故障时,故障灯即点亮,电磁离合器即应急断电分离。节气门在回位扭簧的作用下关闭(微开 7°),维持快怠速状态,以便汽车能缓慢回家,起失效保护作用。

因节气门的控制不是驾驶人直接机械驱动,而是由 ECU 通过电动机驱动,因此节气门的初始位置需要设定,让 ECU 准确地得知加速踏板位置传感器与节气门开启程度所对应的实际关系位置是否相符。以便保证系统的"全程控制,恢复原设定的记忆功能"。

## 第七节 汽油机缸内直喷系统

汽油机缸内直喷系统简称 GDI(Gasoline Direct Injection);又因为燃油是分层燃烧,又称 FSI 系统(Fuel Stratified Injection)。

传统式的电控汽油喷射发动机,是将汽油喷射在进气门外侧的进气歧管中,在进气过程和压缩过程中,利用时间和空间的混合方式,完成可燃混合气的形成,再点火燃烧做功。这样,燃油在汽缸内滞留时间过长(接近 360°曲轴转角),燃油的黏结损耗较大,加速响应性低,极易产生"爆震",汽缸磨损也加大。

在汽油机中采用缸内直接喷射后,能有效提高缸内充气系数,降低爆震极限,提高压缩比,改善发动机性能,使其燃油经济性提高25%左右,动力输出也比进气道喷射的汽油机增加了将近10%。

缸内喷射的关键技术在于产生与传统发动机不同的缸内气流运动状态,通过技术手段使喷射入汽缸的汽油与空气形成一种多层次的旋转涡流。因此,采用了立式吸气口、弯曲顶面活塞、高压旋转喷射器三种技术手段。

## 一、缸内直喷主要结构

缸内直喷式汽油机是在传统的电控喷射系统的基础上改进研发的。在其他结构方面无过多的变化,只是在可燃混合气的形成方法上和燃烧过程方面发生了改变,如图6-65、图6-66所示。为此,仅就主要结构粗略的介绍如下。

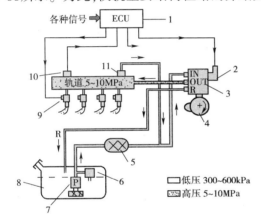

图6-65 缸内直喷式汽油机燃油供给系统
1-电控单元(ECU);2-停供电磁阀;3-单柱塞高压泵;4-凸轮轴;5-汽油滤清器;6-油压调节器;7-电动汽油泵;8-汽油箱;9-喷油器;10-共轨管;11-轨道燃油压力传感器

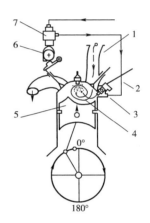

图6-66 缸内直喷式原理图
1-直立进气管;2-高压油管;3-高压旋流式喷油器;4-涡流;5-顶面弯曲活塞;6-凸轮轴;7-单柱塞高压泵

(1)轨道燃油压力传感器为ECU提供轨道压力的高低,当压力达5MPa时,ECU指令停供电磁阀动作,推开高压油泵的片状进油阀,使高压油泵停止吸油而停供。此时,低压油泵也同步停止供油,维持规定的油压。

(2)停供电磁阀——根据ECU通电发令,使其推杆动作,高压油泵的进油片阀即常开,停止供油。

(3)限压阀——为柱塞式溢流阀,当轨道油压高于规定值时,即泄油降压,维持轨道油压,起保护作用。

(4)柱塞式高压燃油泵——为往复柱塞泵,由凸轮轴驱动,使燃油轨道的油压不断堆积,产生5MPa的喷射油压,经喷油器高速喷入汽缸,提高雾化质量,形成旋转的燃气涡流。

(5)高压旋流式喷油器——安装在发动机缸盖上,采用65V高电压控制喷油,为强劲高频量化控制方式,频率响应性高。由ECU直接用脉冲电流控制喷油量的多少,利用特殊的喷孔形状,喷出旋转的燃油雾,与挤压涡流快速的混合,以便点火燃烧。

(6)直立式进气管——产生大进气流,直接流入汽缸,充气效果好。与传统的横向进气管相比,它的进气涡流方向是相反旋转,喷油后能在火花塞处形成浓油雾区。

(7)顶面弯曲活塞——引导空气产生进气涡流和挤压高速旋转涡流,以便形成理想地分层燃烧的可燃混合气。

## 二、缸内直喷汽油机燃烧模式

(1)汽缸内涡流的运动——在进气过程中,通过"直立式进气管",在汽缸吸力的作用下,产生强大的下降气流,使充气效率得到提高。又在"顶面弯曲活塞"的作用下,形成比传统汽油机更强大的"滚动涡流"。这个滚动涡流,将压缩后期喷射出的旋转油雾,带到燃烧室中央的火花塞附近,然后及时点火燃烧。

(2)高压旋转油雾的产生——高压旋转式喷油器,在压缩行程的后期(此时,缸内压力为0.6~1.5MPa),以5MPa的高压喷射出旋转的油雾,卷入"滚动涡流"中,迅速吸热汽化,以层状混合状态,被卷到火花塞附近。此时,火花塞附近为"高浓度"混合气,极易点燃,缸内的燃气呈"稀包浓"状态($O_2$分子包围HC分子),在旋转中逐层的剥离,并从内向外稳定地、彻底地分层燃烧,如图6-67所示。超稀薄的混合气,空燃比$A/F$可达30~40,与传统的汽油机相比,节油率可达40%,可使排气中的CO、HC、$NO_x$等有害物质大幅度降低。

(3)空燃比与负荷的关系——中小负荷工况时,在压缩行程后期喷油,以经济超稀薄混合气成分为主。在大负荷工况时,一个工作循环中,ECU对喷油器发出两次喷油脉冲信号,一次在进气行程时完成,一次在压缩行程后期完成,脉冲宽度各不相同,以加浓可燃混合气。"二次喷射"的功能,也可在起动工况、急加速工况出现,以调节空燃比$A/F$的大小,改善使用性能,如图6-68所示。此时,还可利用燃油的汽化热,来降低进气温度,提高充气效率。

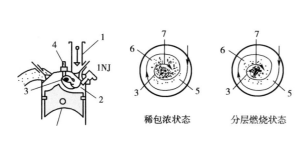

图6-67 分层燃烧过程
1-直立进气管;2-旋转涡流;3-浓区;4-火花塞;5-涡流;6-稀区;7-火焰

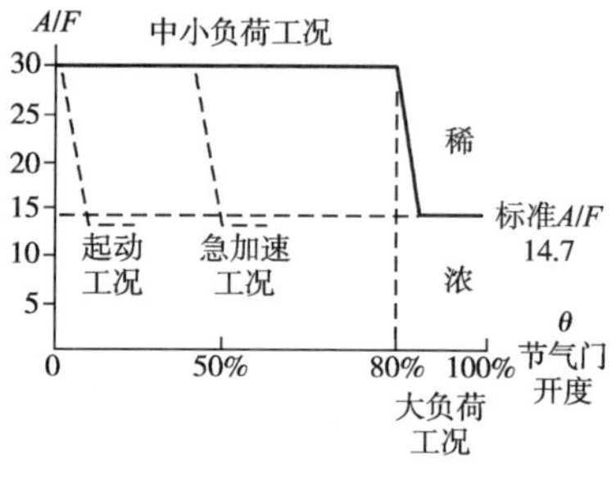

图6-68 空燃比$A/F$变化特性

(4)高压缩比的实现——提高汽油机输出功率的措施是加大进气量、提高压缩比、控制燃烧过程。传统式的电控喷射系统,因燃油质量的制约,压缩比已难突破10:1的大关,还需要使用辛烷值97号的汽油。而缸内直喷式汽油机可使压缩比提高到12~13,对汽油的辛烷值无过高要求:

①喷入缸内的燃料汽化,可降低气体温度和增大空气密度,因而不易产生"爆震"。
②由于吸入的空气量大幅度增加,进气冷却效果较好,有抑制"爆震"的作用。
③采用缸内直喷是在压缩行程后期喷油,燃油在燃烧室内滞留时间极短,使大幅度的提

高压缩比成为可能。

（5）如果增装废气涡轮增压系统（如奥迪 A6L-2.0T-FSI 乘用车），充气效率将进一步提高，空气密度加大，氧含量提高，燃烧条件进一步改善，动力性、经济性和净化性将明显提高。

近年来缸内直喷式二冲程汽油机已开始得到应用。图 6-69 为缸内直喷式二冲程稀燃汽油机原理图，其特点是：经曲轴箱扫气进入汽缸的是空气；采用空气辅助电磁阀或喷嘴，使汽油在喷油嘴中与少量空气混合后，以 0.62MPa 的低压喷入缸内，喷雾粒度平均达到 $5\mu m$，而且粒度分布均匀。通过喷雾特性与燃烧室形状及气流运动的巧妙配合，可在空燃比为 50 的条件下稳定运转，而一般在空燃比为 20 的状态下工作。

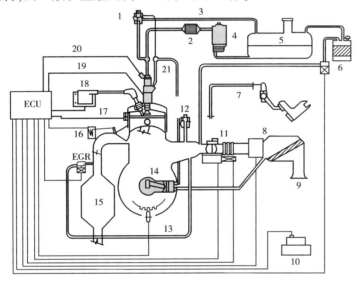

图 6-69　缸内直喷式二冲程汽油机原理图

1-燃油压力调节器；2-燃油滤清器；3-回油管；4-燃油泵；5-油箱；6-炭罐；7-加速踏板；8-进气质量流量计；9-进气口；10-润滑油泵；11-节气门位置传感器；12-调压器；13-转角信号；14-压气机；15-催化转化器；16-排气阀；17-冷却液温度传感器；18-点火线圈；19-低压空气喷嘴；20-低压燃油喷嘴；21-空气

## 第八节　汽油机排放控制

随着汽车工业的发展和汽车保有量的增加，汽车排放对大气环境的污染日趋严重，汽车能源、排放、噪声也越来越被人们所重视。世界各国已相应地制定了汽车排放控制的法规标准，而且随着节能和环保意识的增强，对汽车排放控制的法规标准日趋严格，为了适应这些变化，研制出许多汽车排放控制新技术和新装置，已成为现代汽车不可缺少的部分。

排放控制与汽车的其他各个系统相互依赖，主要有机内控制法和机外控制法。机内控制法是根据有害排放物的生成机理，对发动机及控制系统的原理、结构、材料、工艺、技术进行改造创新，提高燃烧效率，减少有害气体的排放；机外控制法是将汽车有害排放物进行过滤、重新进入汽缸燃烧或在排放过程中被氧化、还原，变成无害物质排出，减少排放污染物。

### 一、汽油机的有害排放物

汽油机有害排放物主要有 CO、HC、$NO_x$ 及微粒等。这些排放物的生成直接与发动机的燃烧过程有关。

**1. 一氧化碳(CO)**

CO 是燃料不完全燃烧的中间产物。它是一种无色无刺激的气体,是汽车排放中有害浓度最大的成分。CO 一般不超过内燃机总排放量的 1%,其溶点为 -205.0℃,发火点为 651.0℃。它与血液中血红素的亲和力是氧气的 300 倍,因此当人吸入 CO 后,血液吸收和运送氧的能力降低,导致头晕、头痛等中毒症状。当吸入 CO 气体的体积分数达到 0.3% 时,可致人死亡。

CO 生成主要原因是混合气过浓或局部混合气过浓,燃烧温度过低,燃烧室容积过小而使燃烧滞留时间不充分、空气与燃料混合不充分等导致 HC 燃料的不完全燃烧。当燃烧温度达到 2000K 以上的高温状态时,会导致局部高温热分解,燃烧生成物中的稳定分子 $CO_2$ 和 $H_2O$ 的一部分,也会分解为 CO、NO 以及 H、O、OH 等活性分子,并在其共存状态下达到平衡。而且燃烧温度越高,热分解(吸热反应)度越大,形成 CO 的可能性也就越大。因此,促进混合气的形成质量,控制燃烧温度,可有效地降低 CO 的生成。

**2. 氮氧化合物($NO_x$)**

$NO_x$ 是 $NO_2$ 在燃烧高温下的产物,是 NO 和 $NO_2$ 等的总称。$NO_x$ 一般不超过内燃机总排放量的 0.5%,其中绝大部分是 NO(约占 95%),$NO_2$ 次之,其余的含量很少。在燃烧后期或排气过程中,部分 NO 氧化成 $NO_2$。

$NO_x$ 对人体健康、大气环境、植物生长有极大的危害。NO 在大气层中与 $O_3$ 反应急速氧化成 $NO_2$,直接破坏大气层。此外,$NO_2$ 是呈红褐色的有害气体,沸点 21.2℃,有特殊刺激性臭味,是内燃机排气中恶臭成分之一。$NO_x$ 与血色素结合力相当强,是 CO 的 1000 倍。它对人的肺和心肌等都有很强的损害作用,同时,还与 HC 生成光化学烟雾。

$NO_x$ 的生成主要取决于燃烧温度,降低混合气中氧的浓度,降低燃烧温度,缩短在高温燃烧室内的滞留时间,以及改善混合气的形成等可控制 $NO_x$ 产生。

**3. 碳氢化合物(HC)**

发动机的 HC 排放物中有完全未燃烧的燃料,更多的是不完全燃烧产物,还有小部分是润滑油不完全燃烧产物。HC 排放物一般也不超过内燃机总排放量的 0.5%,大体上可分为不含氧的 HC 和醛类等含氧的 HC 化合物两大类。

HC 化合物在阳光照射下引起化学反应,产生臭氧($O_3$)、PAH(多环芳香族 HC 化合物)等具有强氧化特性的物质,形成光化学烟雾。它不仅降低大气能见度,使橡胶开裂,植物受害,刺激人的眼睛和咽喉,而且在 HC 化合物中的 PAH 是致癌物质,是导致炭烟的副产物。

HC 化合物产生的主要原因是燃烧室内的氧气量不足,燃烧室壁面温度过低,以及混合气形成不充分或燃烧室内局部混合气过浓等原因引起的,可采用 C 含量少的代用燃料,或改善燃烧、保证混合气的浓度和燃烧温度最佳等方法来控制。

**4. 微粒(PM)**

微粒(又称炭烟)是指存在于接近大气条件的,除掉未化合的水以外的任何分散物质。这些分散物质可能是固态的,也可能是液态的,包括原始的和二次的微粒。原始微粒直接来自内燃机燃烧的产物;二次微粒是在大气条件下,因气态、液态和固态的化学成分之间发生的化学或物理变化所产生的微粒,如经催化反应、光化学反应的微粒。

微粒是 HC 燃料的不完全燃烧产物,它的产生与 HC 燃料的燃烧状态直接有关。对预混合火焰,在燃料过多的浓混合气下,混合气接近火焰带时受到火焰面的高温热辐射而热分解成炭烟。炭烟产生的另一个条件就是温度。对预混合火焰,当温度在 2100～2400K 时,炭烟生成量最大,当火焰温度进一步升高时,炭烟生成量反而减少。在扩散火焰区内,产生碳炭的主要原因是缺氧。

## 二、汽油机排放控制方法

汽油机尾气排放的控制主要有燃烧控制和三元催化转化两种方法。燃烧控制主要是通过排气再循环来降低 $NO_x$ 的排放,同时通过氧化催化装置或在排气中进行二次空气喷射以降低排气中的 CO 和 HC;而三元催化转化因氧传感器和催化转化装置耐久性的提高,以及空燃比电控技术的发展,使其得到了广泛应用,现已成为汽油机排放控制的主要方式。

1. 催化转化装置

催化转化装置是利用催化剂的作用,将排气中的 CO、HC 及 $NO_x$ 转换为对人体无害的气体的一种排气净化装置,也称作催化净化转化装置。催化转化装置是在催化剂的作用下通过氧化反应、还原反应、水性气体反应和水蒸气改质反应,将排气中的 CO、HC 及 $NO_x$ 三种有害气体转换成无害气体 $CO_2$、$N_2$、$H_2$ 和 $H_2O$。

根据催化转化装置的净化形式可分为氧化催化转化装置、还原催化转化装置以及三元催化转化装置。氧化催化转化装置是利用排气中残留的或另外供给的二次空气中的氧,使 CO 和 HC 氧化为 $CO_2$ 和 $H_2O$;还原催化转化装置是利用排气中的 CO、HC 和 $H_2$ 等作为还原剂,使 NO 还原为 $N_2$、$CO_2$ 和 $H_2O$;三元催化转化装置对排气中的 CO、HC 及 $NO_x$ 同时有效,可降低 90% 以上。

1)氧化催化转化装置

氧化催化转化装置只是将排气中的 CO 和 HC 氧化为 $CO_2$ 和 $H_2O$。主要用 Pt(铂)和 Pd(钯)等贵金属作为氧化催化剂。为了氧化 HC 和 CO,将 Pt、Pd 独立或组合为催化剂。贵金属 Pd 易受 Pb(铅)的侵蚀,而贵金属 Pt 容易受热劣化。

影响催化反应的基本因素是反应物质的浓度、温度以及空间速度(单位时间内的气体流量)。为了提高反应效率,催化剂的工作温度一般为 300℃ 以上,此时 CO 的净化率可达 95%～99%,HC 的净化率也可达 95% 以上;空间速度为每小时数万升以下;而反应物的浓度,很重要的因素就是氧的浓度和被氧化物质(CO、HC、$H_2$)浓度之间的平衡关系。因此,为了在排气过程中氧化 HC 和 CO 排放物,或者作为排气净化装置,采用催化装置或热废气反应器时,需要空气泵向排气门后面喷射新鲜空气,并称之为二次空气。

二次空气喷射是由空气泵将新鲜空气喷到排气门后面,这些空气与高温废气混合,使未燃的 HC、CO 进一步氧化反应(或燃烧)成 $CO_2$ 和 $H_2O$,从而降低 HC 和 CO 的排放。按二次空气的供给方式分为空气喷射式和排气管内压力脉动式两种,其中:排气管内压力脉动式是采用逆向止回阀通过排气管内的负压直接吸入空气;空气喷射式是利用空气泵按一定压力将一定量的空气喷入排气门附近,如图 6-70 所示。由于空气泵 2 是发动机曲轴驱动的,因此,供给的空气量与发动机转速成正比,而与发动机负荷无关。为了适应发动机不同工况的要求,控制最适合的二次空气量,设置二次空气控制阀 A11、B12,溢流阀 10、止回阀 4 等空气

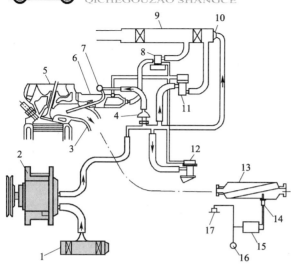

图 6-70 空气喷射式

1-空气泵滤清器;2-空气泵;3-排气管;4-止回阀;5-汽缸盖;6-进气总管;7-空气回流管;8-AB 阀;9-空气滤清器;10-溢流阀;11-二次空气控制阀 A;12-二次空气控制阀 B;13-催化转化装置;14-排气温度传感器;15-开关单元;16-警报装置;17-温度传感器

流量控制阀。二次空气经空气泵滤清器 1、空气泵 2、止回阀 4、空气回流管 7 喷入排气管 3,或经二次空气控制阀 B12 喷入催化转化装置 13。当所供给的空气过多时,经二次空气控制阀 A11、溢流阀 10 流入空气滤清器 9 并随进气进入汽缸。这种二次空气供给方式主要适用于要求二次空气量较多的 6 缸机以上的大排量发动机。

2)三元催化转化装置

二次空气喷射系统只能用再氧化的方法使 HC、CO 的排放降低,对 $NO_x$ 无效,而三元催化转化装置是能同时净化汽车尾气排放中的 CO、HC 和 $NO_x$ 的后处理技术。但它的净化率受空燃比的影响很大,在理论空燃比附近很窄的空燃比范围内才有较高的净化率(见图 6-71 的阴影范围),空燃比高于阴影范围 $NO_x$ 的净化率陡降;空燃比低于阴影范围 CO 及 HC 的净化率陡降,所以要精确控制空燃比。这个高的净化率的空燃比范围越宽,催化剂的实用性能越好,对电控系统控制精度的要求越低。由于催化剂技术和氧传感器以及电控燃料喷射技术的发展,汽油机空燃比可精确地控制在理论空燃比上,所以目前汽油机广泛应用三元催化转化装置。图 6-72 所示为闭环电控系统与三元催化转化装置。

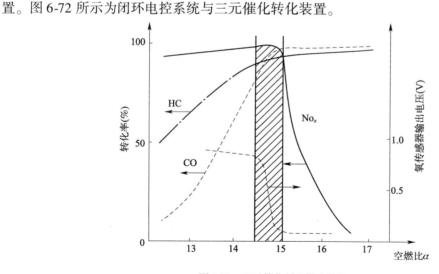

图 6-71 三元催化剂空燃比特性

图 6-73 所示为三元催化转化装置的结构,主要由催化剂、载体、垫层、隔热层、内壳、外壳等组成。其催化剂是由活性成分(也称主催化剂)、催化助剂组成。将 $20\mu m$ 厚的贵金属催化剂固化在载体表面上构成催化反应床。

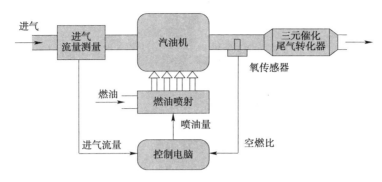

图 6-72 闭环电控系统与三元催化转化装置

图 6-73a)所示为陶瓷颗粒式催化转化装置,早期用 $Al_2O_3$ 制成 $\phi 2 \sim 3mm$ 的陶瓷颗粒载体 1,由于颗粒载体的气流阻力大,载体易磨损,现在应用很少;图 6-73b)所示为陶瓷蜂窝载体的整体式催化转化装置,其陶瓷蜂窝载体 5 的蜂窝(多为格子状,也有六边形)孔径为 1mm,蜂窝孔之间由 0.15~0.33mm 厚的多孔性壁面隔开,它的热膨胀系数低,升温快,气流阻力小,载体振动磨损小,应用广泛;图 6-73c)所示为金属蜂窝载体的整体式催化转化装置,其金属蜂窝载体 6 由金属薄板(约 0.05mm)卷制而成,与陶瓷蜂窝载体相比体积小、强度高、预热快(可迅速达到工作温度)、气流阻力更小,但其成本高、热容量低,导热好使催化转化装置在汽车频繁起动不能较好地发挥作用,因此常作为起动催化器,应用较少。

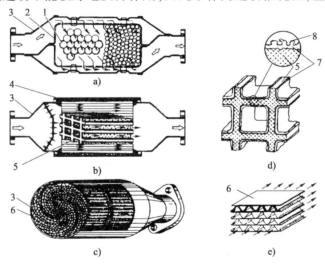

图 6-73 三元催化转化装置的结构

a)颗粒式催化转化装置;b)、c)整体式催化转化装置;d)催化微观结构;e)金属蜂窝载体
1-陶瓷颗粒载体;2-内壳;3-外壳;4-隔热层;5-陶瓷蜂窝载体;6-金属蜂窝载体;7-氧化铝涂层;8-催化活性物质

催化转化装置常用铂(Pt)、钯(Pd)、铑(Rh)等贵金属为主催化剂,其价格昂贵,是催化剂中起催化作用的主要成分;但 Pd 易受 Pb(铅)的侵蚀,而 Rh 易受热劣化,所以实用以 Pt/Pd 的组合形式。对车用催化剂,催化反应是在催化剂表面上发生,为了提高主催化剂的有效利用率,采用 Ni、Cu、V、Cr 等软金属作为添加剂。在催化转化装置中采用催化助剂的目的是为了改善催化剂的催化性能,提高主催化剂的选择性和耐久性。具有代表性的催化助剂是二氧化铈,它具有在氧化(稀)侧吸藏氧气、在还原(浓)侧放出氧气的特性,还具有扩大高

效率净化 HC、CO、$NO_x$ 三成分的空燃比范围的效果。

2. 降低低温 HC 排放装置

装有三元催化转化装置的汽车,向大气排出的 HC 主要是在排气温度达到催化剂开始反应温度之前的冷态下排出的。因此,降低 HC 的关键在于如何控制发动机刚起动后的冷态下 HC 的排放量。其控制方法有以下几种。

1) 直接催化

直接催化是将催化转化装置直接安装在排气管之后,加快催化剂的升温速度。因此,HC 净化在早期对降低冷态下的 HC 很有效。但存在的问题是催化转化装置安装在离发动机排气管尽可能接近的位置,受高温的影响,促进催化剂的热劣化,即在高温下引起贵金属、氧化铝母体以及催化助剂二氧化铈等性能的劣化。这就需要提高催化装置的耐热性,其技术包括贵金属、氧化铝母体、氧吸藏物质的劣化抑制技术。

2) 电加热催化转化装置

电加热催化转化装置是一个通过外部电力提前加热催化,以降低冷态下 HC 排放量的系统。供电方式有蓄电池和交流发电机两种。交流发电机供电方式的特点是可以施加高电压,减小电流。电加热催化转化装置的主要缺点是耗电量大,耐久可靠性较差。

3) 二次燃烧装置

二次燃烧装置是一种将燃料的一部分或过浓混合气送到催化转化装置之前,由燃烧器点火燃烧促进催化的装置。这种系统多数是将燃烧器放在催化转化装置之前,并专门设置燃料和空气的供给系统。采用这种系统后,可在发动机起动后的 6s 内将催化转化装置入口温度升高到 300℃ 左右,使 HC 排放量降低 90% 左右。但当燃烧器点火失败时,HC 排放量反而增加。这种系统的主要缺点是结构复杂。

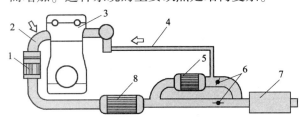

图 6-74 HC 捕捉器的安装位置

1、8—三元催化转化装置;2—排气管;3—发动机;4—HC 回流管;5—HC 捕捉器;6—控制阀;7—消声器

4) HC 捕捉器

HC 捕捉器的特点是不需要外部能量,也能将低温排出的 HC 吸附。它主要采用沸石或活性炭作为吸附剂。HC 捕捉器在低温时吸附的 HC,在吸附剂温度上升时被释放出来,所以常与三元催化转化装置同时使用,如图 6-74 所示。一般将 HC 捕捉器设置在三元催化转化装置之后。吸附剂上游的催化剂达到活性温度之前所排放出的 HC 被 HC 捕捉器 5 的吸附剂捕捉,随吸附剂温度的上升,由 HC 捕捉器释放的 HC,通过控制阀 6 的适当控制,经 HC 回流管 4 送到发动机 3 再次燃烧后,随排气通过三元催化转化装置 1、8 进行净化。

3. 稀薄 $NO_x$ 催化转化装置

随着节能与排放要求的不断提高,已开发研究和应用稀薄燃烧技术。由于这种燃烧方式的空燃比大于理论空燃比,所以三元催化转化装置不再适用。因此,专门开发出了稀薄混合气燃烧时的 $NO_x$ 催化转化装置。这种催化转化装置主要有 $NO_x$ 直接分解型和 $NO_x$ 吸附还原型两种。

直接分解型催化转化装置是一种在稀薄混合气下以 HC 为还原剂直接净化 $NO_x$ 的方式。这种方式通过 Cu—沸石以及 Pt(铂)系列贵金属催化剂,将 $NO_x$ 吸附在催化剂表面上,然后由 HC 还原消除贵金属表面上所吸附的氧,使 $NO_x$ 直接分解为 $N_2$ 和 $O_2$。

$NO_x$ 吸附还原型催化转化装置是一种在稀薄燃烧时吸附 $NO_x$,在浓或者理论空燃比时将吸附的 $NO_x$ 进行还原净化的系统。在稀混合气时所排出的 $NO_x$,在 Pt 表面上氧化成 $NO_2$,并作为硝酸盐吸附在吸附剂表面上,然后在理论空燃比或浓混合气时,由排气中的 HC、CO、$H_2$ 等气体将吸附的 $NO_x$ 还原净化。

4. 废气再循环系统

1) 废气再循环系统工作原理及控制方式

废气再循环(EGR)是指把发动机排出的部分废气回送到进气管,并与新鲜混合气一起再次进入汽缸。废气再循环可通过适当的配气正时(气门重叠角)或控制 EGR 阀的内、外排气再循环来实现。

控制 EGR 阀的废气再循环工作原理如图 6-75 所示。由于排气中含氧量很低,主要含有大量的 $N_2$ 和 $CO_2$,一部分排气(再循环排气)经 EGR 阀回流到进气系统,与新鲜混合气混合,稀释了混合气中的氧,使燃烧速度降低;且再循环排气中的 $CO_2$ 不能燃烧却吸收大量的热,使汽缸中混合气的燃烧温度降低,从而抑制 $NO_x$ 的生成量。废气再循环是净化排气中 $NO_x$ 的主要措施,因而得到广泛应用。

废气混入的量常用 EGR 率来表示:

$$\text{EGR 率} = \frac{\text{再循环排气量}}{\text{吸入空气量} + \text{再循环排气量}} \times 100\%$$

该定义是通过 EGR 减小的空气量来计算 EGR 率。如图 6-76 所示,随着 EGR 率的增加,$NO_x$ 大幅度降低。但由于这是降低燃烧速度和燃烧温度结果,因而导致全负荷时最大功率下降;中负荷时燃油消耗率增大,CH 排放上升;小负荷特别是怠速时燃烧不稳甚至熄火。因此,一般在汽油机大负荷、起动、小负荷和怠速不用 EGR,其他工况的 EGR 率一般不超过 20%,可降低 $NO_x$ 排放 50%~70%。采用电子控制 EGR 阀和中冷 EGR 效果更好。

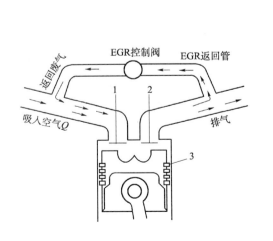

图 6-75 废气再循环系统工作原理
1-进气门;2-排气门;3-活塞

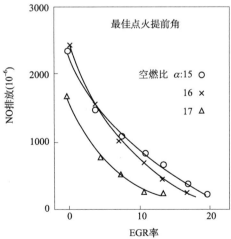

图 6-76 EGR 降低 $NO_x$ 效果

据 EGR 阀的控制方式有真空式和电磁式废气再循环系统,再循环的废气量由 EGR 阀自动控制。

2）真空式

真空式废气再循环系统的 EGR 阀是由真空度直接控制的(图 6-77)。它是将节气门不同开度所产生的真空度,经真空锁定阀 4 及节流阀 3 到 EGR 阀 2 的真空室,控制 EGR 阀的开度。当发动机怠速和小负荷时,真空度较小,不足于克服 EGR 阀弹簧的弹力,EGR 阀关闭;随着发动机负荷的增大,真空度增大到足于克服 EGR 阀弹簧的弹力,EGR 阀打开,再循环的废气由排气喷嘴 1 喷入进气管,随着负荷的逐渐增大,使 EGR 率的增大;当发动机大负荷和全负荷时,节气门全开,真空度又变小,EGR 阀开度变小直至关闭,废气再循环终止。

EGR 阀安装在废气再循环通道上(图 6-78),废气再循环通道的一端连接排气门,另一端通进气歧管。当 EGR 阀开启时,部分废气将从排气门经排气再循环通道进入进气管。

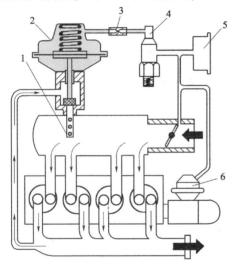

图 6-77　真空式废气再循环系统图
1-排气喷嘴;2-EGR 控制阀;3-节流阀;4-真空锁定阀;5-负压室;6-负压控制器

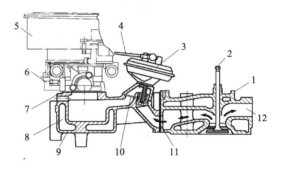

图 6-78　EGR 阀的安装位置(GM2.5L)
1-汽缸盖;2-排气门;3-EGR 阀;4-真空软管;5-空气滤清器;6-节气门体;7、10、11-衬垫;8-循环水套;9-进气歧管;12-排气道

传统式 EGR 阀的结构及工作原理如图 6-79 所示。进气管真空度经真空传送管 1 传入膜片室 2。当真空度较小或没有真空度时,在膜片弹簧 3 的作用下,锥阀 6 将废气再循环通道关闭[图 6-79a)];当真空度较大时,膜片 4、膜片推杆 5 和锥阀 6 一起向上提起,将废气再循环通道打开[图 6-79b)]。废气再循环通道开启的程度取决于进气管真空度的大小,因此当节气门开度和发动机转速变化时,再循环的废气量将会自动地得到调节。

有的 EGR 阀利用排气背压传送阀(BPV)来调节作用在 EGR 阀膜片上的真空度,其中正背压 EGB 阀便属于这类装置。

正背压 EGR 阀的结构及工作原理如图 6-80 所示。在膜片 7 的上方设有通气阀 3(排气背压传送阀),在膜片上加工有通气孔 8,当通气阀开启时,膜片室 2 与大气连通。在通气阀下面装有通气阀弹簧 6,使通气阀保持常开。发动机工作时,废气再循环通道内的排气压力经锥阀 9 的中心孔作用在膜片上。当发动机转速较低或节气门开度很小时,排气压力不大,不足以使通气阀关闭。这时,由于膜片室与大气连通,致使传到膜片室的真空度被减弱或消除,锥阀9保持关闭[图6-80a)]。当排气压力增大时,膜片被推动向上并将通气阀关闭,使膜片室与大气的通路隔断。这时进气管真空度传到膜片室,吸引膜片和锥阀一起向上提起,使废气再循环通道开启[图6-80b)]。

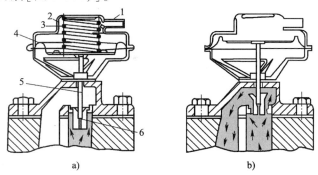

图6-79 传统式EGPL阀(奥兹莫比)的结构及工作原理
1-真空传送管;2-膜片室;3-弹簧;4-膜片;5-膜片推杆;6-锥阀

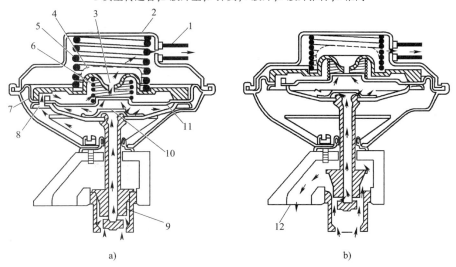

图6-80 正背压EGR阀(雪佛兰)的结构及工作原理
1-真空传送管;2-膜片室;3-通气阀;4-滤网;5-复位弹簧;6-通气阀弹簧;7-膜片;8-通气孔;9-锥阀;10-导流板;11-废气感应隔膜;12-循环废气入进气歧管

3)电磁式

电磁式废气再循环系统的EGR阀是由电磁直接控制的。EGR传感器可将节气门不同开度所产生的真空度、混合气的含氧量传给ECU,EGR电磁阀根据来自ECU的信号控制废气再循环量。闭式EGR系统(图6-81)是利用EGR传感器检测稳压箱中混合气的含氧量,由ECU通过EGR电磁控制阀来精确地控制废气再循环量,以获得更理想的EGR率。

图6-82所示为EGR电磁阀的结构。EGR电磁阀的位置传感器2准确地测得其阀门开度,并将该位置信号传给ECU,由来自ECU的信号通过线圈3、电枢1控制EGR阀门6的开度,精确地废气再循环量,形成对阀门行程的闭环控制。现在不少电磁式废气再循环系统带有自校正功能,即利用阀门全闭状态时的行程作为基准点,每次打开点火开关时由ECU自动调整。

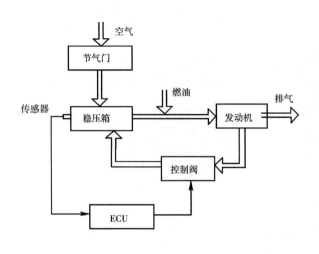
图6-81 闭式EGR系统

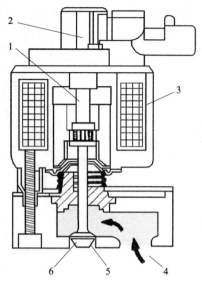
图6-82 EGR电磁阀
1-电枢;2-位置传感器;3-线圈;4-进气口;5-排气口;6-EGR阀门

# 第七章　柴油机燃料供给系

## 第一节　柴油机燃料供给系概述

### 一、柴油机燃料供给系的作用

柴油与汽油相比具有黏度大，蒸发性差的特点。柴油机采用高压喷射的方法，在压缩行程接近终了时把柴油喷入汽缸，直接在汽缸内部形成均匀的混合气，并借汽缸内空气的高温自行发火燃烧。柴油机燃料供给系的功用是完成燃料的储存、滤清和输送工作，按柴油机各种不同工况的要求，定时、定量、定压并以一定的喷油质量喷入燃烧室，使其与空气迅速而良好地混合和燃烧，最后使废气排入大气。

### 二、电控柴油喷射的基本原理

电控柴油喷射系统由传感器、控制单元（ECU）和执行机构三部分组成（图7-1）。传感器采集转速、温度、压力、流量和加速踏板位置等信号，并将实时检测的参数输入计算机；ECU是电控系统的"指挥中心"，对来自传感器的信息同储存的参数值进行比较、运算，确定最佳运行参数；执行机构按照最佳参数对喷油压力、喷油量、喷油时间、喷油规律等进行控制，驱动喷油系统，使柴油机工作状态达到最佳。

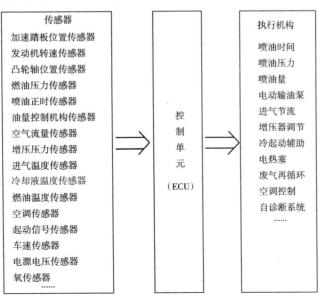

图7-1　电控柴油喷射基本原理

## 第二节 柴油及其使用性能

柴油是一种轻质石油制品,为压燃式发动机(柴油机)燃料,是复杂的烃类(碳原子数为 10~20)混合物。在石油蒸馏过程中,温度在 200~350℃ 之间的馏分即为柴油。柴油分为轻柴油和重柴油。轻柴油用于高速柴油机,重柴油用于中、低速柴油机。汽车柴油机均为高速柴油机,所以使用轻柴油。

### 一、轻柴油的牌号和规格

轻柴油按其质量分为优等品、一等品和合格品三个等级,每个等级又按柴油的凝点分为 10、5、0、-10、-20、-35 和 -50 等七种牌号,其规格见表 7-1。

轻柴油技术要求　　　　　　表 7-1

| 项　目 | | 10 号 | 5 号 | 0 号 | -10 号 | -20 号 | -35 号 | -50 号 | 试验方法 |
|---|---|---|---|---|---|---|---|---|---|
| 色度,号 | 不大于 | \multicolumn{7}{c|}{3.5} | GB/T 6540 |
| 氧化安定性,总不溶物(mg/100mL) | 不大于 | \multicolumn{7}{c|}{2.5} | SH/T 0175 |
| 硫含量(%)(质量分数) | 不大于 | \multicolumn{7}{c|}{0.2} | GB/T 380 |
| 酸度(mgKOH/100mL) | 不大于 | \multicolumn{7}{c|}{7} | GB/T 258 |
| 10% 蒸余物残炭(%)(质量分数) | 不大于 | \multicolumn{7}{c|}{0.3} | GB/T 268 |
| 灰分(%)(质量分数) | 不大于 | \multicolumn{7}{c|}{0.01} | GB/T 508 |
| 铜片腐蚀(50℃,3h),级 | 不大于 | \multicolumn{7}{c|}{1} | GB/T 5096 |
| 水分(%)(体积分数) | 不大于 | \multicolumn{7}{c|}{痕迹} | GB/T 260 |
| 机械杂质 | | \multicolumn{7}{c|}{无} | GB/T 511 |
| 运动黏度(20℃)(mm²/s) | | \multicolumn{4}{c|}{3.0~8.0} | 2.5~8.0 | \multicolumn{2}{c|}{1.8~7.0} | GB/T 265 |
| 凝点(℃) | 不高于 | 10 | 5 | 0 | -10 | -20 | -35 | -50 | GB/T 510 |
| 冷滤点(℃) | | 12 | 8 | 4 | -5 | -14 | -29 | -44 | SH/T 0248 |
| 闪点(闭口)(℃) | 不低于 | \multicolumn{4}{c|}{55} | \multicolumn{3}{c|}{45} | GB/T 261 |
| 十六烷值 | 不小于 | \multicolumn{7}{c|}{45} | GB/T 386 |
| 馏程:<br>50% 回收温度(℃) DG43.533mm　不高于<br>90% 回收温度(℃) DG43.533mm<br>95% 回收温度(℃) DG43.533mm　不高于 | | \multicolumn{7}{c|}{300<br>355<br>365} | GB/T 6536 |
| 密度(20℃)(kg/m³) | | \multicolumn{7}{c|}{实测} | GB/T 1884<br>GB/T 1885 |

### 二、轻柴油的使用性能

为了保证高速柴油机正常、高效地工作,轻柴油应具有良好的着火性、雾化和蒸发性、低温流动性、化学安定性、防腐性和适当的黏度等诸多的使用性能。

## 1. 着火性

要求柴油喷入燃烧室后迅速与空气形成均匀的混合气,并立即自行着火燃烧,因此要求燃料易于自燃。一般以十六烷值作为评价柴油着火性的指标。柴油的十六烷值大,发火性好,容易自燃。国家标准规定轻柴油的十六烷值不小于45。

## 2. 雾化和蒸发性

雾化和蒸发性决定了混合气形成的速度和质量。用柴油馏出某一百分比的温度范围即馏程和闪点表示。比如,50%馏出温度即柴油馏出50%的温度,此温度越低,柴油的蒸发性越好。国家标准规定此温度不得高于300℃,但没有规定最低温度限值。

为了控制柴油的蒸发性不致过强,标准中规定了闪点的最低数值。柴油的闪点指在一定的试验条件下,当柴油蒸气与周围空气形成的混合气接近火焰时,开始出现闪火的温度。闪点低,雾化和蒸发性好。

## 3. 低温流动性

用柴油的凝点和冷滤点评定低温流动性。凝点是指柴油失去流动性开始凝固时的温度,而冷滤点则是指在特定的试验条件下,在1min内柴油开始不能流过过滤器20mL时的最高温度。一般柴油的冷滤点比其凝点高4~6℃。

## 4. 黏度

黏度是评定柴油稀稠度的一项指标,与柴油的流动性有关。黏度随温度而变化,当温度升高时,黏度减小,流动性增强;反之,当温度降低时,黏度增大,流动性减弱。

GB/T 252—2000中规定的实际胶质、10%蒸余物残炭和氧化安定性,总不溶物等三项指标,是柴油安定性的评定指标。柴油的防腐性则用硫含量、酸度、铜片腐蚀及水溶性酸或碱等指标来评定。柴油中的灰分、水分和机械杂质,是评定柴油清洁性的指标。

汽车柴油机应使用各项指标均符合国家标准的柴油,轻柴油技术要求见表7-1。

## 三、轻柴油的选择

按照当地当月风险率为10%的最低气温选用轻柴油牌号,见表7-2。

轻柴油牌号的选择　　　　表7-2

| 轻柴油牌号 | 适用于风险率为10%的最低气温在下列范围内的地区 |
| --- | --- |
| 0号 | 4℃以上 |
| -10号 | -5℃以上 |
| -20号 | -5 ~ -14℃ |
| -35号 | -14 ~ -29℃ |
| -50号 | -29 ~ -44℃ |

# 第三节　电控高压共轨柴油喷射系统

## 一、电控高压共轨柴油喷射系统基本组成

电控高压共轨柴油喷射系统基本组成如图7-2所示,主要由低压油路、高压油路、控制

系统等几部分组成。

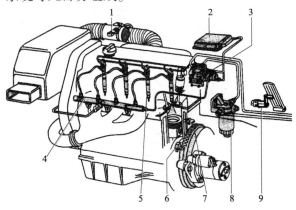

图7-2 电控高压共轨柴油喷射系统
1-空气流量计;2-电控单元(ECU);3-高压泵;4-共轨管;5-喷油器;6-转速传感器;7-冷却液温度传感器;8-柴油滤清器;9-加速踏板位置传感器

1. 低压油路

低压油路由油箱、柴油滤清器、输油泵等组成。其作用是产生低压柴油,输往高压泵,结构原理与传统的柴油供给系统低压油路相似。

2. 高压油路

高压油路由高压泵、调压阀、高压油管、共轨管、流量限制器、限压阀和电控喷油器等组成。其基本作用是产生和输送高压(160MPa左右)柴油。

3. 控制系统

控制系统主要由传感器、执行器和控制单元组成。其基本作用控制喷油器喷油。

## 二、系统工作原理

如图7-3所示,发动机工作时,曲轴通过齿轮传动带动高压泵输入轴转动,高压泵输入轴带动齿轮式输油泵转动,输油泵将柴油从柴油箱中吸出泵入柴油滤清器,经过滤清器滤清后的柴油进入高压泵,高压泵产生高压柴油,高压柴油通过高压油管进入共轨管,通过共轨管再进入喷油器。电控单元(ECU)接收凸轮轴位置传感器、转速传感器、加速踏板传感器等传感器传来的信号,通过分析计算,当需要向汽缸里喷油时,ECU控制喷油器电磁阀通电,喷油器向汽缸内喷射高压柴油,柴油经过雾化与空气混合形成可燃混合气,然后自行着火燃烧,汽缸产生高温高压,高压气体推动活塞对外输出做功。调压器调节共轨压力,调节的柴油通过回油管回到油箱,限压阀限制系统的最高压力,当油压超过规定的压力时,调节共轨

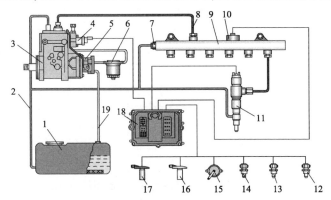

图7-3 柴油共轨喷射工作原理示意图
1-柴油箱;2-低压油管;3-高压泵;4-调压器;5-输油泵;6-柴油滤清器;7-限压阀;8-高压油管;9-共轨管;10-油压传感器;11-喷油器;12-机油压力传感器;13-增压压力传感器;14-冷却液温度传感器;15-加速踏板传感器;16-凸轮轴位置传感器;17-曲轴转速传感器;18-电控单元(ECU);19-低压油管

管的高压柴油通过回油管回到滤清器,ECU 通过 EGR 阀控制废气再循环率,从而减少有害气体排放。通过废气涡轮增压控制电磁阀使废气涡轮增压器正常工作。

### 三、高压共轨系统主要总成

1. 高压泵

1)高压泵的作用

高压泵的作用是产生高压油。

2)高压泵的组成

高压泵的组成如图7-4所示,高压泵为柱塞泵,三个柱塞副径向布置在壳体中,相互错开120°,柱塞副由柱塞和柱塞套组成,柱塞由偏心凸轮驱动上下运动,每一个柱塞副对应一个出油阀和进油阀,进油阀连接输油泵,出油阀连接高压油管。

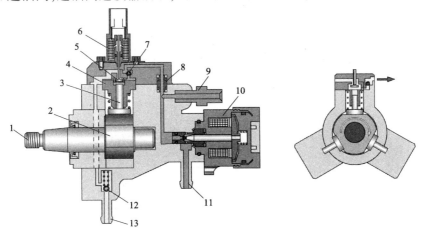

图7-4 高压泵

1-驱动轴;2-偏心凸轮;3-柱塞;4-柱塞套;5-出油阀;6-柱塞副停供电磁阀;7-出油阀;8-油管;9-高压油管接头;10-油压调节阀;11-回油管接头;12-进油止回阀;13-进油管接头

3)高压泵的工作原理

工作时,从输油泵来的柴油流过安全阀,一部分经节流小孔流向偏心凸轮室供润滑冷却用,另一部分经低压油路进入柱塞室。当偏心凸轮转动不驱动柱塞时,柱塞在复位弹簧的作用下下移,此时进油阀打开,柴油被吸入柱塞室;当偏心凸轮凸起顶起柱塞时,柱塞上行,此时进油阀关闭,柴油被压缩,压力剧增,当达到共轨压力时,顶开出油阀,高压油被送去共轨管。

在怠速或小负荷时,输出油量有剩余,通过控制电路使柱塞副停供电磁阀6通电,使电枢上的衔铁下移,始终打开出油阀,切断某缸柱塞供油,以减少供油量和功率损耗。

2. 油压调节阀

油压调节阀安装在高压泵旁边,如图7-4所示,其作用是根据发动机工况调节共轨管中的压力。

其工作原理如图7-5所示,球阀受到向左的力有弹簧通过铁芯传来的弹力和电磁线圈产生的电磁力,向右的力有系统的油压力。ECU接收压力传感器传来的系统压力,当系统压

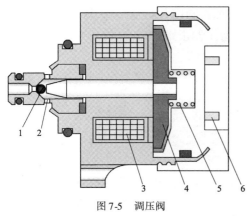

力低于规定值时,ECU控制电磁线圈通大电流,电磁力增大,球阀左移,球阀泄漏的油压小,系统油压增大,当系统压力低于规定值时,ECU减少电磁线圈电流,电磁力变小,球阀右移,球阀泄漏的油压大,系统油压减小,当系统压力达到规定值时,ECU控制保持电磁线圈电流,电磁力不变,球阀受力平衡,球阀保持位置不动,系统油压保持不变。电磁阀的电磁力与控制电流成正比,而控制电流的变化通过脉宽调制来实现。脉宽的调制频率为1kHz,可避免铁芯的运动干扰共轨中的压力波动。

图7-5 调压阀

1-球阀;2-回油孔;3-电磁线圈;4-铁芯;5-弹簧;6-电气插头

3.共轨管

如图7-6所示,共轨管为一个高强度铝合金管,用来存储高压油,抑制压力脉动,保持压力恒定,使喷油计量精确。在轨道上装有压力限制阀、流量限制阀、轨道压力传感器等辅助元件。

图7-6 共轨管

a)四缸共轨管;b)六缸共轨管

1-压力传感器;2-限压阀;3-共轨管;4-流量限制阀;5-进油口

4.限压阀

限压阀安装在共轨管上,通过管路与油箱连接,其作用是限制系统压力。其原理图如图7-7所示,锥形阀靠弹簧弹力抵靠在阀座上,当轨道压力大于规定值时(140MPa),锥形阀在油压力的作用下右移(图示位置),打开回油口泄压,防止系统油压过高。

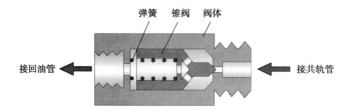

图7-7 压力限制阀原理示意图

5.喷油器

1)喷油器的作用

喷油器的作用是利用ECU控制喷油时刻和喷油量的,其实物图如图7-8所示。

图 7-8 喷油器实物图

2)喷油器的组成

电控共轨喷油器属于瞬时高电压、大电流"峰值保持型"喷油器,具有开启速度快、计量准确的特点,如图 7-9 所示,它由针阀、电磁阀、液压增益伺服系统等组成。

3)喷油器的工作原理

传统的汽油机电喷发动机的喷油器是靠电磁力将针阀吸起喷油,由弹簧关断喷油,柴油高压共轨喷油器喷油压力能达到 200MPa,因此,单纯依靠电磁阀的磁吸力不可能直接吸动控制柱塞开启喷油,必须利用液压继动伺服控制,此即谓"间接继动伺服控制原理"。也不能单独依靠调压弹簧关闭喷油嘴,须依靠油压共同关闭喷油嘴。控制柱塞与针阀的受力如图 7-10 所示,控制柱塞与针阀上作用着向下两个力,其一为柱塞弹簧弹力 $F_1$;其二为控制油腔油压力 $F_2$。向上的力为针阀承压锥面上的油压力 $F_P$,针阀的位置,即关闭喷嘴和开启喷嘴喷油,取决于这三个力的平衡。其工作过程如下:

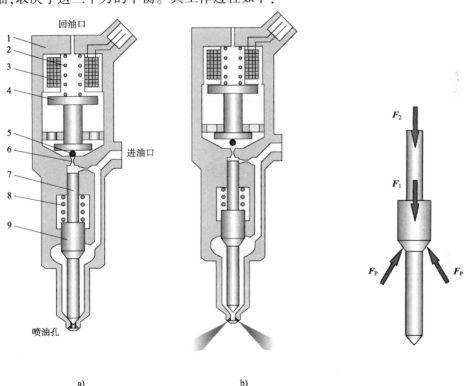

图 7-9 喷油器工作原理示意图
a)停止喷油;b)喷油
1-喷油器壳体;2-泄油阀弹簧;3-电磁线圈;4-衔铁;5-泄油阀;
6-泄油孔;7-控制柱塞;8-针阀复位弹簧;9-针阀

图 7-10 控制柱塞与针阀的受力分析
$F_1$-柱塞弹簧弹力;$F_2$-控制油腔油压力;$F_P$-针阀承压锥面上的油压力

(1)喷油器关闭。喷油器电磁线圈不通电,不产生电磁吸力,泄油阀铁芯在泄油阀弹簧弹力的作用下移,推动球阀关闭泄油孔。来自共轨管的高压柴油通过油道进入喷油器,控制柱塞上腔作用一个向下的控制油压 $F_2$,针阀的承压腔作用一个向上的控制油压 $F_p$,此时针阀向下的油压力 $F_2$ 及柱塞弹簧的弹力 $F_1$ 大于向上的油压力 $F_p$,针阀下移,关闭喷油口,喷油器不喷油。

(2)喷油器开启。当需要喷油时,ECU 控制电磁线圈通电,电磁线圈产生一个向上的电磁吸力,在电磁力的作用下,泄油阀上移,打开了控制柱塞上腔的泄油通道,控制柱塞上腔的高压柴油通过回油孔流回油箱,控制柱塞上腔的油压消失,针阀在承压腔油压的作用下上移,喷油孔打开,高压柴油从喷油孔喷出。

喷油量的大小取决于喷油嘴开启的持续时间(决定于 ECU 输出脉宽)、喷油压力及针阀升程等。由于高压喷射压力非常高,喷油嘴喷孔非常小(如 BOSCH 公司的 6 孔、直径 0.169mm 的喷孔),使用中应特别注意柴油的高度清洁。

## 第四节 废气涡轮增压

### 一、废气涡轮增压原理

废气涡轮增压是车用发动机广泛采用的主要增压方式。它是将发动机排出废气的部分能量转化为机械能,从而带动同轴的压气机叶轮旋转,压气机将压缩后的空气充入汽缸实现增压。如图7-11 所示。增压气涡轮壳4 的进气口与发动机排气管1 相连接,增压器压气机壳9 的出气口与柴油机进气管10 相连接。发动机排出的具有500~750℃高温和一定压力的废气,经涡轮壳4 进入喷嘴环2。由于喷嘴环2 的通道面积由大到小,使废气的压力和温度下降,而流速却迅速提高。利用这个高速的废气气流,按一定的方向冲击涡轮3,使涡轮高速旋转。废气的压力和温度越高,涡轮转的越快。而与涡轮3 同轴的压气机叶轮8 以相同的速度旋转,将经过空气滤清器过滤的空气,吸入压气机。高速旋转的压气机叶轮8 把空气甩向叶轮的边缘,速度增加后进入扩压器7。扩压器7 的形状是进口小出口大,因此,经扩压器的气流速度下降而压力升高,再通过截面由小到大的环形压气机壳9,使气流压力进一步提高后,经进气管10 进入汽缸,从而起到了增压的作用。

废气涡轮就是一个小型的燃气轮机,涡轮增压器与发动机之间只有气管相连实现气体动能的传递,而无任何机械连接。这种增压方式能有效地利用排气的能量,经济性比机械增压和非增压发动机都好,并可大幅度地降低有害气体的排放和噪声水平。但缺点是由于涡轮机是流体机械,而发动机是动力机械,因此增压发动机

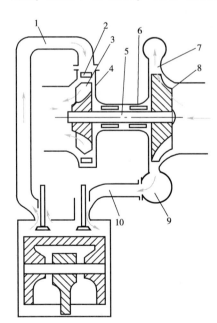

图7-11 废气涡轮增压器工作原理
1-排气管;2-喷嘴环;3-涡轮;4-涡轮壳;5-转子轴;6-轴承;7-扩压器;8-压气机叶轮;9-压气机壳;10-进气管

低速时的转矩增加不多,而且在发动机工况发生变化时,瞬态响应特性较差,致使汽车加速性,特别是低速加速性较差。

废气涡轮增压技术在车用柴油机上应用广泛,但在车用汽油机上应用增压技术比柴油机困难得多。随着经济社会的发展、高等级公路的建设,特别是汽油喷射式发动机和电控技术的发展,以及增压器性能的改善,都促进了汽油机增压技术的发展。

### 二、废气涡轮增压器的分类

废气涡轮增压是通过发动机排出的废气能量推动涡轮增压器实现增压。废气涡轮增压器和废气涡轮增压系统可按多种方法分类。

1. 按气流方向分

增压器按废气进入涡轮的气流方向可分为轴流式和径流式两种。其主要参数见表7-3。

废气涡轮增压器主要参数　　　　表7-3

| 类别 | 叶轮直径 $D_K$ (mm) | 转速 $N_{tk}$ (r/min) | 流量 $G_K$ (kg/s) | 压比 $\pi_k$ | 涡轮进口温度 $t_T$ (℃) | 压气机效率 $\eta_{adk}$ | 适用范围(增压前柴油机)功率 $N$ (kW) |
|---|---|---|---|---|---|---|---|
| 径流式 | 60~220 | 2500~130000 | 0.1~2 | 1.4~3.5 | 550~750 | 0.67~0.80 | 29.4~367.7 |
| 轴流式 | 220~1 000 | 5000~35000 | 1.5~35 | 3~3.5 | 500~700 | 0.75~0.85 | 221~735 |

径流式涡轮增压器工作时,柴油机排出的废气进入增压器涡轮壳后,沿着垂直于增压器转子轴线方向流动;轴流式涡轮增压器工作时,其废气进入增压器涡轮壳后沿着平行于增压器转子轴线方向流动。

径向式涡轮增压器的特点是流量小、效率高、加速性能好、体积小、结构简单。车用柴油机大都采用该种增压器。

轴流式涡轮增压器的特点是流量大、效率高、压力升高比大,适用于中、大型柴油机。

2. 按压力升高比分

增压器压气机的出口压力与进口压力之比称为压力升高比,简称压比,用 $\pi_K$ 表示。

增压器按压力升高比可分为低压、中压和高压三种。压比 $\pi_K<1.4$ 为低增压涡轮增压器,压比 $\pi_K=1.4~2.0$ 为中增压涡轮增压器,压比 $\pi_K>2$ 为高增压涡轮增压器。高增压涡轮增压器是发展趋势,但目前车用柴油机大都采用低增压和中增压的废气涡轮增压器。

3. 按废气压力利用的方式分

按对发动机排出废气压力利用的方式可分为恒压式和脉冲式两种增压系统。

恒压式涡轮增压,是将柴油机汽缸排出的废气经过稳定箱再送到涡轮。对多缸柴油机来说,是将所有汽缸的排气歧管接到一个容积足够大的排气总管上,再与增压器涡轮壳进口相连。由于排气总管容积较大,能起到稳压箱的作用,使进入涡轮前的废气压力接近不变,如图7-12a)所示。恒压式涡轮增压器常用于大型高增压的柴油机。脉冲式涡轮增压,也称变压式,如图7-12b)所示。是把排气管容积做得适当小,并把多缸柴油机的排气歧管分成几个分支,再分别与增压器涡轮壳的进气口相连接,避免各缸排气的互相干扰,以充分利用废气压力的脉冲能量,获得较好的增压效果。而且压力高峰后的瞬时真空,有助于汽缸的扫气。目前,车用柴油机多采用这一种增压器。若柴油机(六缸)的工作顺序为1→5→3→6→2→4,一般将1、2、3缸接到一个排气管上,沿着涡轮壳的一条进气道通向半圈喷嘴环;将4、5、6缸接到另一个排气管上,沿着涡轮壳上的另一条进气道通向另半圈喷嘴环,使排气互不干扰,以充分利用废气的脉冲能量驱动涡轮。

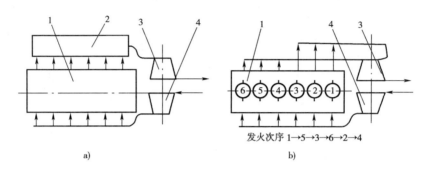

图7-12 废气涡轮增压系统
a)恒压式涡轮增压;b)脉冲式涡轮增压
1-发动机;2-排气总管;3-废气涡轮;4-压气机

4.按废气能量利用的方式分

废气涡轮增压系统按废气能量的回收方式又可分为单级涡轮增压、双级涡轮增压和复合增压,复合增压可分为串联复合增压、并联复合增压等几种方式,如图7-13所示。

废气涡轮增压器根据增压器的数量又可分为单级增压和双级复合增压。如图7-13a)、b)所示。在汽车上应用最广泛的是单级增压系统,即采用一个废气涡轮增压器;而双级增压系统采用两个废气涡轮增压器,主要用于大排量车用柴油机。

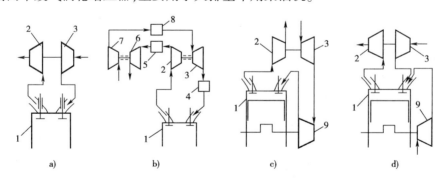

图7-13 涡轮增压方式
a)单级涡轮增压;b)双级涡轮增压;c)串联复合增压;d)并联复合增压
1-发动机;2-涡轮;3-压气机;4-中冷器;5-排气稳压箱;6-低压级涡轮;7-低压级压气机;8-低压级中冷器;9-第二压气机

复合增压是指增压系统中既设有废气涡轮增压,又设有的机械增压的方式。其共同点是在输出轴上都设置了一个能量回收的涡轮,只是涡轮设置的位置不同。但一般涡轮的转速为50000~180000r/min,而发动机的转速为1800~4000r/min,因此均需要增速器和离合器。增速器的增速比约为1/30。在串联复合增压系统中,空气先由废气涡轮增压,再经机械增压,然后进入柴油机,如图7-13c)所示。由于第二压气机是机械增压,可以保证发动机低速、小负荷时仍有必要的增压扫气压力;在并联复合增压系统中,空气分别经废气涡轮增压和机械增压后,同时进入柴油机,如图7-13d)所示。并联复合增压系统中的机械增压主要是用来补充废气涡轮增压低速工况的供气不足。

双级涡轮增压器根据两个增压器的连接方式不同,又可分为直列双级增压和并列双级增压两种系统。如图7-14a)所示,直列双级增压系统一般由一个小型增压器4和一个大型增压器5直列布置构成,并根据发动机转速分别使用。低速时关闭进气切换阀3和排气切换阀6,使小型增压器4工作,以提高低速进气量,改善低速转矩特性;中、高速时,打开排气切换阀6和进气切换阀3,使排气流向大型增压器5,以便增压发动机在高效率区进行匹配,提高发动机的经济性。此时,小型增压器4涡轮的进、出口压力相等,所以自动停止工作。如图7-14b)所示,6缸机常采用并列双级增压系统,1、2、3缸和4、5、6缸分别采用相同的增压器。与6个缸采用一个增压器相比,采用并列双级增压器时流过废气涡轮的排气流量减少50%,所以采用小型增压器,由此达到兼顾低速转矩特性和中、高速在高效率区的良好匹配,提高整机性能的目的;多缸发动机采用并列双级增压系统的另一个目的是为了避免产生各缸排气干涉现象。

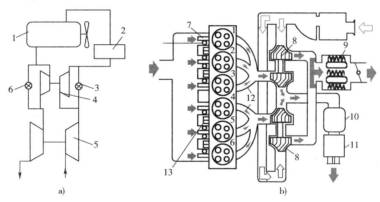

图7-14 双级涡轮增压系统
a)直列双级增压;b)并列双级增压

1-发动机;2、9-中冷器;3-进气切换阀;4-小型增压器;5-大型增压器;6-排气切换阀;7-喷油器;8-增压器;10-催化转化装置;11-消声器;12-排气管;13-爆震传感器

由于废气涡轮增压器是流体机械,而发动机是动力机械,两者属于两种不同类型的机械,所以废气涡轮增压发动机有待进一步解决的课题是:

(1) 如何提高发动机的低速转矩;
(2) 低速时应避免增压器工作线接近喘振线;
(3) 防止高速时进气压力过高或增压器超速;
(4) 降低高速时的泵气损失;
(5) 防止缸内产生最高压力及热负荷增加。

### 三、涡轮增压器构造

目前,汽车用柴油机大都装用径流脉冲式中、高增压废气涡轮增压器。它主要由一个单

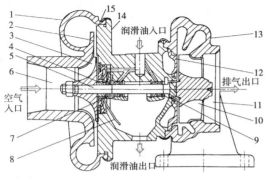

图7-15 涡轮增压器的结构
1-压气机蜗壳;2-无叶式扩压管;3-压气机叶轮;4-密封套;
5-增压器轴;6-进气道;7-推力轴承;8-挡油板;9-浮动轴承;
10-涡轮机叶轮;11-出气道;12-隔热板;13-涡轮机蜗壳;
14-中间体;15-V形夹环

级废气涡轮机和一个单级离心式压气机组成。其结构如图7-15所示。涡轮机部分由涡轮机叶轮10、涡轮机蜗壳13等零件组成。压气机部分由压气机叶轮3、无叶式扩压管2、压气机蜗壳1等零件组成。涡轮机蜗壳13的入口与柴油机排气管相连,出口与排气消声器相连;压气机蜗壳1的进口通过软管与空气滤清器相连,出口通往柴油机汽缸。压气机叶轮3装在增压器轴5上,并用防松螺母紧固,构成涡轮增压器的转动部分,称为转子。涡轮机由柴油机排出的废气驱动,涡轮机叶轮则驱动同轴上的压气机叶轮,压气机将压缩了的空气送到柴油机汽缸中。

### 1. 离心式压气机

离心式压气机由进气道6、压气机叶轮3、无叶式扩压管2及压气机蜗壳1等组成(图7-15)。叶轮包括叶片和轮毂,并由增压器轴5带动旋转。

当压气机旋转时,空气经进气道进入压气机叶轮,并在离心力的作用下沿相邻压气机叶片1之间形成的流道(图7-16),从叶轮中心流向叶轮的周边。空气从旋转的叶轮获得能量,使其流速、压力和温度均有较大的增高,然后进入叶片式扩压管3。扩压管为渐扩形流道,空气流过扩压管时减速增压,温度也有所升高,即在扩压管中,空气所具有的大部分动能转变为压力能。

扩压管分叶片式和无叶片式两种。无叶片式扩压管实际上是由蜗壳和中间体侧壁所形成的环形空间,其构造简单,工况变化对压气机效率的影响很小,适于车用增压器。叶片式扩压管是由相邻叶片构成的通道,其扩压比大,效率高,但结构复杂,工况变化对压气机效率有较大的影响。

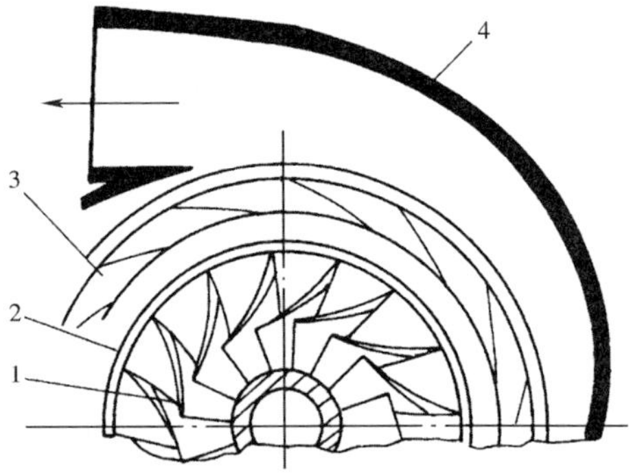

压气机蜗壳的作用是收集从扩压管流出的空气,并将其引向压气机出口。空气在蜗壳中继续减速增压,完成其由动能向压力能转变的过程。

压气机叶轮由铝合金精密铸造,压气机蜗壳也用铝合金铸造。

图7-16 离心式压气机示意图
1-压气机叶片;2-叶轮;3-叶片式扩压管;4-压气机蜗壳

### 2. 径流式涡轮机

涡轮机是将发动机排气的能量转变为机械功的装置。径流式涡轮机由压气机蜗壳、喷管、叶轮和出气道等组成(图7-17),压气机蜗壳4的进口与发动机排气管相连,发动机的排气经压气机蜗壳引导进入叶片式喷管3。喷管是由相邻叶片构成的渐缩形流道。排气流过喷管时降压、降温、增速、膨胀,使排气的压力能转变为动能。由喷管流出的高速气流冲击叶轮1,并在叶片2所形成的流道中继续膨胀做功,推动叶轮旋转。

与压气机的扩压管类似,涡轮机的喷管也有叶片式和无叶式之分。现代车用径流式涡轮机多采用无叶式喷管,涡轮机的蜗壳除具有引导发动机排气以一定的角度进入涡轮机叶轮的功能外,还有将排气的压力能和热能部分地转变为动能的作用。

涡轮机叶轮经常在900℃左右高温的排气冲击下工作,并承受巨大的离心力作用,所以采用超级耐热合金钢或陶瓷材料制造。用质量轻并且耐热的陶瓷材料可使涡轮机叶轮的质量大约减轻2/3,涡轮增压加速滞后的问题也在很大程度上得到了改善。

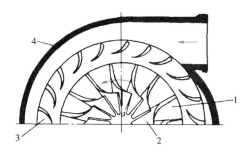

图7-17 径流式涡轮机示意图
1-叶轮;2-叶片;3-叶片式喷管;4-压气机蜗壳

喷管叶片用耐热和抗腐蚀的合金钢铸造或经机械加工成形。蜗壳用耐热合金铸铁铸造,内表面应该光洁,以减少气体流动损失。

3. 转子

涡轮机叶轮、压气机叶轮和密封套等零件安装在增压器转子轴上,构成涡轮增压器转子。转子以50000～200000r/min的高转速旋转,因此,转子的平衡是非常重要的。

涡轮机叶轮大都由耐热钢制成。为了提高其性能,有的采用淡化硅陶瓷涡轮机叶轮。淡化硅陶瓷涡轮机叶轮用钎焊或热装法与增压器转子轴固定在一起。由于淡化硅陶瓷质量轻,与全钢制增压器转子相比,整个回转体的惯性矩可降低1/3,增压器的响应性可提高36%。

增压器转子轴在工作中承受弯曲和扭转交变应力,一般用韧性好、强度高的合金钢40Cr或18CrNiWA制造。

### 四、涡轮增压器轴承及其润滑

增压器轴承的结构是车用涡轮增压器可靠性的关键之一。现代车用涡轮增压器都采用浮动轴承和推力轴承(图7-18)。

1. 浮动轴承

涡轮增压器的转子以每分钟高达十几万转(SJ50涡轮增压器最高工作转速高达18万r/min)的转速旋转。在这种情况下,若采用一般机械中的常用轴承,不能满足转子在高速下运转的要求。现代的涡轮增压器普遍采用全浮动轴承(图7-19),这种轴承与转子轴之间,轴承与壳体之间均有间隙。当转子高速旋转时,具有一定压力的润滑油充满这两个间隙,使浮动轴承4在内外两层油膜中随着转子轴同向旋转,虽然浮动轴承的转速比转子低得多,但由于浮动轴承的转动而减小了转子轴与浮动轴承之间的滑动速度。浮动轴承工作时有双层油膜,可以双层冷却并产生双层阻尼。它具有高速轻载下,工作可靠、抗振性好、使用寿命长、拆装方便等特点。浮动轴承的润滑也是由发动机润滑系统提供的压力润滑,过滤的压力润滑油经浮动轴承后,通过回油管流到发动机油底壳。

浮动轴承实际上与转子轴、与轴承座之间都有间隙,形成双层油膜。圆环状浮动轴承浮在转子轴与轴承座之间,当增压器工作时,浮动轴承在转子轴与轴承座孔中间转动。一般内层间隙为0.05mm左右,外层间隙大约为0.1mm。

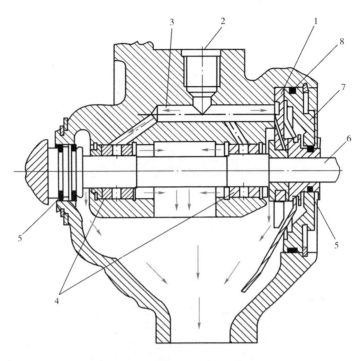

图 7-18 涡轮增压器轴承及其润滑
1-推力轴承;2-润滑油入口;3-润滑油道;4-浮动轴承;5-开口金属密封环;6-转子轴;7-油腔堵盖;8-橡胶密封圈

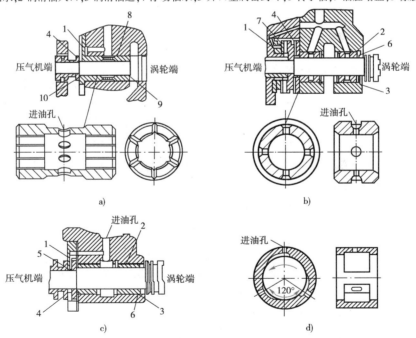

图 7-19 浮动轴承结构
a) 整体式浮动轴承;b) 分开式径向进油浮动轴承;c) 分开式轴向进油浮动轴承;d) 多油楔浮动轴承
1-推力轴承;2-浮动轴承;3-卡环;4-止推片;5-隔套;6-垫片;7-止推套;8-整体式浮动轴承;9-后止推面;10-前止推面

浮动轴承用锡铅青铜合金制造而成,轴承壁厚为 3～4.5mm,轴承表面镀一层厚度为 0.005～0.008mm 的铅锡合金或金属铟,以改善润滑,降低摩擦因数。浮动轴承内孔及端面都开有油槽,为存油与布油用,保证起动时有一定的润滑。轴承内、外表面的同心度要求高,油槽油孔位置需对称,以保证良好的动平衡。

浮动轴承分为整体式和分开式两种。整体式浮动轴承[图 7-19a)]是在增压器的转子间只用一个浮动轴承,其结构简单,零件少,止推轴承大为简化,但工艺要求高,旋转惯性大;分开式浮动轴承[图 7-19b)、c)]是在增压器的转子内侧的两边各有一个浮动轴承,其尺寸小、旋转惯性小、加工简单,在小型增压器上应用较多。

多油楔浮动轴承是浮动轴承的一种,在其内表面均布 3～4 个楔形油槽,如图 7-19d)所示。当轴旋转时,轴颈在油楔压力的作用下较容易被抬起,随着转速的提高而实现液体润滑,同时还有利于润滑油分布和供油量的增大,有利于轴承的冷却,有利于克服油膜振动。在高速轻载的情况下,多油楔浮动轴承是抗振性能较好的轴承。

浮动轴承可以径向或轴向进油。径向进油[图 7-19a)、b)、d)]的浮动轴承的刚度和承载能力较轴向进油的[图 7-19c)]好,采用的较多。浮动轴承工作时,轴颈 1 与浮动轴承 2、浮动轴承 2 与轴承座孔 3 都有一定的间隙且充满油膜,轴承上有进油孔使内外油膜相通。如图 7-20 所示。由于润滑油的黏性而引起摩擦力,使浮动轴承转动,其转速约为增压器转子转速的 25%～40%。

2. 推力轴承

增压器工作时产生轴向推力,由设置在压气机一侧的推力轴承承受。为了减少摩擦,在整体式推力轴承两端的止推面上各加工有 4 个(或 6 个)布油槽,形成 4 个(或 6 个)扇形油楔承力面。推力轴承每个扇形油楔承力面的周向加工出 0.5°～1°的斜面,在轴承上还加工有进油孔,以保证止推面的润滑和冷却(图 7-21)。

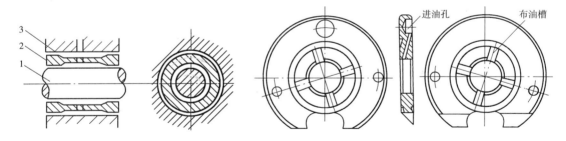

图 7-20　浮动轴承工作示意图
1-转轴;2-浮动轴承;3-轴承座孔

图 7-21　推力轴承结构

### 五、增压压力的调节

发动机的转速范围宽,涡轮增压器须有调节机构,以获得更稳定的增压压力。为了克服废气涡轮增压的不足,通过采用前倾后弯叶轮、混流涡轮、陶瓷转子、废气旁通阀和可变截面涡轮增压器(VGT)等措施加以改进。

1. 旁通阀

在涡轮增压系统中都设有进气旁通阀和排气旁通阀,用以控制增压压力。

(1) 为使增压发动机在设定的工况下获得最佳的转矩曲线,提高增压器低速时的压比,而高速时压比也不致于过高,一般是在增压器涡轮壳上设置排气旁通阀,如图7-22所示。当柴油机高速、大负荷,排气量过大时,压比升高,排气旁通阀5打开,放掉发动机的部分排气,从而稳定增压器的转速和压比。该阀是靠增压器压气机蜗壳出口处的空气压力或发动机转速控制的。有的直接对驱动排气旁通阀传动装置的控制压力进行电子控制,以更有效地改善发动机的性能。

排气旁通阀是由压力来控制的,如图7-23所示。控制气室1中的膜片将气室分为左室和右室,右室经连通管11与压气机出口相通,左室设有膜片弹簧作用在膜片上。膜片还通过连动杆2与排气旁通阀3连接。当压气机出口压力,也就是增压压力低于限定值时,膜片在膜片弹簧的作用下移向右室,并带动连动杆使排气旁通阀保持关闭状态。当

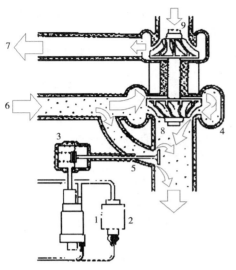

图7-22 排气旁通阀示意图
1-旁通阀电磁控制阀;2-真空泵;3-旁通阀执行器;4-.涡轮增压器壳;5-排气旁通阀;6-废气;7-空气;8-增压器涡轮;9-压气机涡轮

增压压力超过限定值时,增压压力克服膜片弹簧力,推动膜片移向左室,并带动连动杆将排气旁通阀打开,使部分排气不经过涡轮机而直接排放到大气中,从而达到控制涡轮机转速及增压压力的目的。

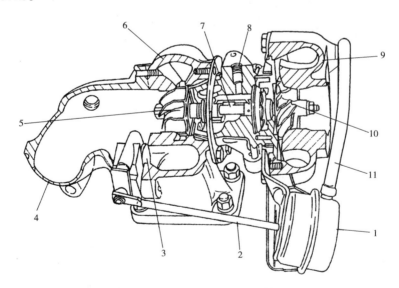

图7-23 排气旁通阀及其控制装置在增压器上的安装位置
1-控制气室;2-连动杆;3-排气旁通阀;4-排气管;5-涡轮机叶轮;6-涡轮机蜗壳;7-压板;8-中间体;9-压气机蜗壳;10-压气机叶轮;11-连通管

(2) 进气旁通阀的工作原理与排气旁通阀相似。在有些发动机上,排气旁通阀的开闭由电控单元操纵的电磁线圈控制。电控单元根据压气机出口增压压力的高低,对电磁线圈进

行通电或断电控制,以开闭排气旁通阀。有的电控单元还能按照预编程序,在发动机突然加速时,允许增压压力短时间超出限定值,以提高发动机的加速性。

2. 可调节涡轮增压

可调节涡轮增压技术以其良好的特性而成为高速柴油机重要技术之一。在发动机的运行工况下,为使涡轮增压器更好地适应其工况的变化,提高性能,涡轮中采用可调节涡轮叶片角度和喷嘴流通截面积,连续的改变涡轮转速,获得最佳的增压压力。可调节涡轮增压器有可调喷嘴涡轮增压器、可调阀门涡轮增压器、双涡壳增压器等多种类型。

可调节涡轮增压器通过改变可调节涡轮叶片角度来满足发动机各种工况的要求,提高柴油机的瞬态响应性,较好地利用了废气能量,改善了燃油消耗,降低了瞬态排放,提高了低速转矩。但其结构复杂,材料要求高,成本较高;而旁通阀是在增压器高转速时将部分废气旁通排出,浪费了能量。

(1)可调喷嘴涡轮增压器,如图 7-24 所示。图 7-25 所示为 VNT 可调节涡轮结构示意图。VNT 是可调截面涡轮增压器的一种主要类型,它在涡轮流速比、增压器工作效率等方面明显优于其他类型的可调截面涡轮增压器,它是由执行机构 2 通过喷嘴控制环 4 来改变喷嘴环叶片 5 的角度,进而改变涡轮喷嘴流通截面积的大小和方向来改变排气的流通特性。

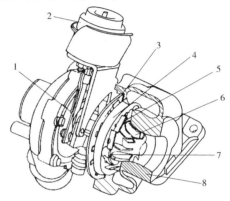

图 7-24　VNT 可调节涡轮增压器
1-曲柄机构;2-执行机构;3-连接环;4-喷嘴控制环;5-喷嘴叶片;6-涡轮叶轮;7-腔;8-涡轮壳

喷嘴环由许多绕着各自枢轴转动的喷嘴环叶片组成,喷嘴环叶片之间的通道决定着排气流通截面积的大小和方向。喷嘴环叶片均匀地排成环状并与齿轮相连,齿轮受到喷嘴控制环的控制,当执行机构的拉杆来回移动时,喷嘴控制环往复转动,通过啮合的齿轮,使得各喷嘴环叶片改变角度,从而实现改变喷嘴环出口截面积的。

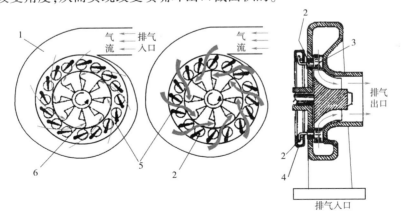

图 7-25　VNT 结构示意图
1-涡壳;2-喷油轴;3-喷嘴叶片;4-喷嘴控制环;5-可转动的叶片;6-涡轮

(2)可调阀门涡轮增压器。图 7-26 所示为设有可调阀门涡轮增压器的增压中冷系统示意图。蜗壳通道由可调阀门 9 来控制流通截面。电控单元根据工况的需要,通过可调阀门电磁控制阀4控制可调阀门执行器7膜片工作腔与来自压气机增压气体的通断,进而控制可调阀门9在蜗壳通道内摆动来改变流通截面。可调阀门电磁控制阀4关闭增压气体通道,并放掉可调阀门执行器7膜片工作腔增压气体,可调阀门9位于流通截面最小处;可调阀门电磁控制阀4接通增压气体通道,在增压气体的作用下,可调阀门执行器7无级调节可调阀门9位置和流通截面的大小。当流通截面减小时,排气流速增大,涡轮叶片冲量增大,导致增压器转速升高,增压压力也升高;反之当流通截面增大,增压器转速降低,增压压力也相应降低。

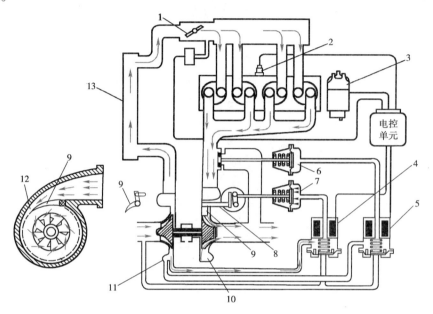

图7-26 设有可调阀门涡轮增压器的增压中冷系统示意图

1-节气门;2-爆震传感器;3-分配器;4-可调阀门电磁控制阀;5-旁通阀电磁控制阀;6-旁通阀执行器;7-可调阀门执行器;8-可调阀门传动机构;9-可调阀门;10-涡轮壳;11-压气机蜗壳;12-喷嘴通道;13-中冷器

(3)可调双蜗壳蜗轮增压器。图7-27所示为设有可调双蜗壳涡轮增压器的增压中冷系统示意图。涡轮蜗壳入口通道由两个逐渐汇总到涡轮叶轮边缘处,入口副通道17由电控单元根据工况的需要,通过可调阀门电磁控制阀4控制可调阀门执行器7膜片工作腔与来自压气机增压气体的通断,进而控制可调双蜗壳通道阀门14关闭或开启。当可调双蜗壳通道阀门14关闭入口副通道17时,排气仅从主通道16喷向涡轮叶片,使流通截面减小,排气流速增大,涡轮叶片冲量增大,导致增压器转速升高,增压压力也升高;当可调双蜗壳通道阀门14打开入口副通道17时,排气则从主、副通道16、17喷向涡轮叶片,流通截面增大,增压器转速降低,增压压力也相应降低。

主通道单独通气时,可提高发动机低速工作涡轮增压器的响应性,减小滞后现象;主、副通道共同通气时,可实现涡轮增压器及增压压力自我调节,并可减小排气阻力,改善发动机的充气及热效率。

可调双涡壳蜗轮增压器可与主通道单独通气或主、副通道共同通气,有级调节流通截面的大小,而可调阀门涡轮增压器可在一定范围内无级调节流通截面的大小。

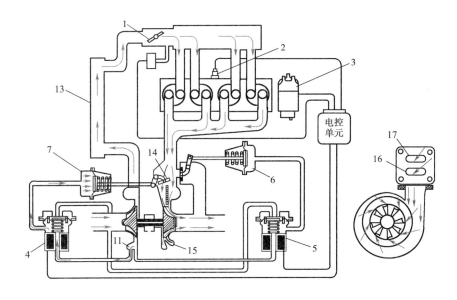

图 7-27 设有可调双蜗壳涡轮增压器的增压中冷系统示意图

1-节气门;2-爆震传感器;3-分配器;4-可调阀门电磁控制阀;5-旁通阀电磁控制阀;6-旁通阀执行器;7-可调阀门执行器;11-压气机蜗壳;13-中冷器;14-可调双蜗壳通道阀门;15-双蜗壳;16-主通道;17-副通道

## 六、涡轮增压器的润滑、冷却及密封

### 1. 润滑

来自发动机润滑系统主油道的润滑油,经增压器中间体上的润滑油进口 1 进入增压器,润滑和冷却增压器轴和轴承。然后,润滑油经中间体上的润滑油出口 6 返回发动机油底壳(图 7-28)。

### 2. 冷却

由于汽油机增压器的热负荷大,因此在增压器中间体的涡轮机侧设置冷却水套,并用软管与发动机的冷却系统连通。冷却液自中间体上的冷却液进口 6 流入中间体内的冷却水套 3,从冷却液出口 2 流回发动机冷却系统。冷却液在中间体的冷却水套中不断循环,使增压器轴和轴承得到冷却。

有些涡轮增压器在中间体内不设置冷却水套,只靠润滑油及空气对其进行冷却。当发动机在大负荷或高转速工作之后,如果立即停机,那么润滑油可能由于轴承温度太高而在轴承内燃烧或结胶。因此,这类涡轮增压发动机应该在停机之前,至少在急速下运转 1min。有些发动机熄火后由专门的电动机油泵继续向增压器供油,使其冷却一段时间。

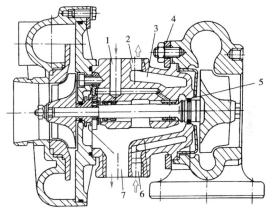

图 7-28 增压器的润滑、冷却与密封

1-润滑油进口;2-冷却液出口;3-冷却水套;4-压板;5-开口金属密封环;6-冷却液进口;7-润滑油出口

## 3. 密封

涡轮增压器的密封包括油封和气封两种作用,其密封方式分为接触式和非接触式。接触式主要是用密封环密封,非接触式有迷宫式、甩油盘式和挡油盘式等几种密封方式。大型轴流式涡轮增压器多采用迷宫式密封;小型轴流式涡轮增压器由于结构限制常采用密封环密封(图 7-29),辅以甩油盘和挡油盘密封;现代涡轮增压采用密封环密封。

密封环密封是将数个开口金属密封环 5 分别装在涡轮端和压气端的密封环槽内,开口金属密封环 5 靠弹力张紧在机壳 2 上(图 7-29 和图 7-18)。密封环 5 与环槽之间留有间隙,密封环 5 张紧在机壳上不能转动,环槽随着涡轮转子轴 4 转动,形成更为有效的"迷宫"密封。密封环用钢或铸铁制造,对密封环的弹力要求非常严格,即不能过大也不能过小。过大不能及时地避让转子轴的轴向窜动,导致环与环槽侧面的摩擦;过小又不能抵御燃气和空气压力造成的轴向力。

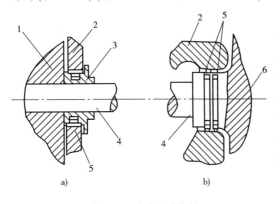

图 7-29 密封环式密封
a)压气端密封结构;b)涡轮端密封结构
1-压气机叶轮;2-机壳;3-密封套;4-转子轴;5-开口金属密封环;6-涡轮机叶轮

如果密封损坏将导致漏油或漏气。漏油——润滑油窜入压气机或涡轮机蜗壳内,将导致润滑油消耗量增加和排气冒蓝烟;漏气——高温燃气窜入轴承之间,将引起工作温度升高而使润滑油结胶或烧毁轴承。采用双开口金属密封环密封时,其开口的安装位置应错开 180°以提高密封性。

# 第五节 中 冷 器

提高进气压力,增加进气密度,以提高发动机功率,这是采用增压器的主要目的。但是,废气涡轮增压器的压气密度是有限度的,要进一步增加压气密度,则必须继续提高压比或降低增压空气的温度。如果继续提高压比,空气密度的增值会随着进气压力的升高而逐渐减小,而且还会增大发动机零件的机械负荷和热负荷,也增大了排气污染。因此,采用降低进气温度来提高充气密度的做法是可取的。基于这个道理,便产生了空气中间冷却器,即在发动机进气管与增压器压气机之间装置一个降低进气温度、提高进气密度的冷却器,简称中冷器。

中冷技术可使发动机在热负荷不增加甚至降低,以及机械负荷略有增加的前提下,较大地提高其功率。降低油耗与排放。试验证明,进入汽缸的空气温度每下降 10℃,油耗可下降 0.5%,功率可提高 2.5%~4%,增压压力越高,中冷器的效果越显著。

## 一、中冷器的分类

按中冷器的冷却介质的不同可分为:水冷式中冷器和空冷式中冷器。

水冷式中冷器中的冷却水可以是发动机的冷却液,也可以是外源水。前者,结构简单,但由于冷却液的温度为 80~90℃,所以对空气的冷却程度有限;后者,结构复杂,但冷却效果好。

空冷式中冷器具有冷却效果好、热比高、工作可靠、体积小、质量小等优点,被汽车发动机普遍采用。

### 二、空冷式中冷器的工作原理

空冷式中冷器是利用环境空气来冷却增压的空气,其工作原理,如图 7-30 所示的斯太尔 WD615 型柴油机增压中冷系统。增压器压气机 10 增压的空气不是直接进入发动机进气管 4,而是用连接管 3 将增压的空气引至安装在发动机冷却液散热器 6 前面的空冷式中冷器 5 中,经中冷器冷却的增压空气温度可降低 80℃ 左右,使进气密度进一步提高,从而提高发动机的功率,但这种系统有一个缺点,就是中冷器始终以最高效率工作,当发动机在低负荷下运转时,就会导致汽缸中的充气过冷,燃料得不到完全燃烧而冒白烟等一系列问题。

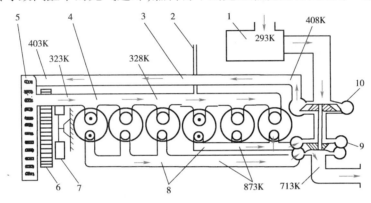

图 7-30 斯太尔 WD615 型柴油机增压中冷系统
1-空气滤清器;2-冒烟限制器气压控制管;3-连接管;4-进气管;5-空冷式中冷器;6-冷却液散热器;7-风扇;8-排气管;9-废气涡轮;10-压气机

有一种轮缘涡轮风扇增压中冷系统,如图 7-31 所示。它也是采用空冷式中冷器。这种系统可以克服上述空冷式冷却系统存在的缺点,其冷却强度是随着发动机负荷的变化而变化。该系统由废气涡轮增压器、中冷器和空气涡轮风扇等组成。空气涡轮风扇的涡轮部分和风扇部分是一体的。从涡轮增压器压气机的出口处引出一小部分空气以推动冷却风扇外缘的涡轮旋转,风扇随之旋转把周围的空气吹向中冷器,对增压的空气进行冷却。吹动空气涡轮的能量与涡轮增压器压气机出口处的空气压力有关,也就是与发动机的负荷有关。当发动机大负荷工作时,压气机出口处的压力较高,就有足够的空气能量推动空气涡轮风扇高速运转,从而以较多的冷却空气吹向中冷器,加强对增压空气的冷却,降低充气温度;当发动机负荷较低时,压气机出口处的压力较低,推动涡轮风扇的空气能量下降,冷却效果就相应地降低,甚至起不到冷却的作用。

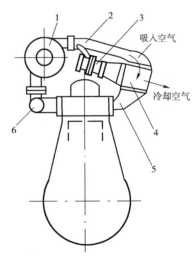

图 7-31 空气涡轮风扇增压中冷系统
1-涡轮增压器;2-进气管道;3-空气涡轮风扇;4-中冷器;5-进气支管;6-排气支管

### 三、中冷器的结构

中冷器的结构因换热介质的不同而异。图 7-32 所示为空冷式中冷器,其结构与发动机冷却液散热器的结构相似。它的安装位置如上所述,大部分安装在发动机冷却液散热器的前面,利用柴油机风扇对中冷器进行冷却;有的是单独设置一个冷却风扇安装在发动机上半部,对中冷器冷却。中冷器外形随发动机的机型而异。其结构大都是由外面带有散热板翅的通道、箱体和集气室组成。增压的空气由集气室流经扁管进行冷却。

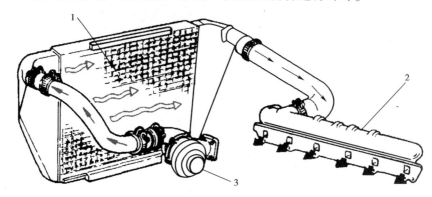

图 7-32 空冷式中冷器布置
1-散热器箱体;2-散热气板翅通道;3-集气室

**1. 空冷式中冷器**

空冷式中冷器的换热介质是空气,其结构简单,工作可靠,中冷器冷却单元有板翅式、管翅式、扁管式等多种。

1) 板翅式

板翅式中冷器冷却单元的结构如图 7-33 所示。在由厚 0.1~0.3mm 的薄金属板制成的翅片两侧钎焊有厚 0.5~0.8mm 的薄金属板,两端一侧限制封焊。因各层翅片方向互错 90°,两个不同方向的翅片分别形成了两种交错流动换热介质的通道。板翅式中冷器大多用铜和铝合金制造,其结构紧凑、传热面积大、效率高。

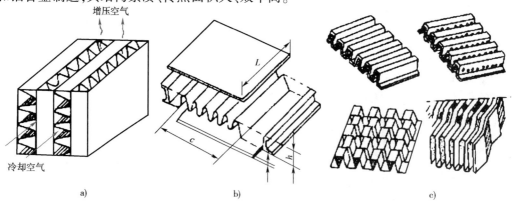

图 7-33 板翅式冷却单元结构
a) 冷却单元;b) 结构形式;c) 翅片形状

光直翅片的传热系数和阻力较小,仅用在阻力要求严格的场合。为了增强气流的扰动,破坏边界层,强化传热,常采用锯齿翅片或多孔翅片等形式。而锯齿翅片加剧了流体的湍动,对破坏热阻边界非常有效,其传热系数比光直翅片的高30%以上。

2)管翅式

管翅式中冷器冷却单元是在板翅式的基础上发展起来的,其结构与板翅式相似,如图7-34所示。它的主要优势是热气侧的通道为多孔成型管材。由于采用了多孔成型管材,减化了工艺,避免了翅片和隔板之间的虚焊及工作振动的脱焊而造成的接触热阻,提高了传热效率和工作可靠性。其缺点是热气侧只能是光直的通道,难以采用扰流措施。目前管翅式中冷器已得到越来越多的应用。

3)扁管式

扁管式中冷器冷却单元在扁管外围设有散热片,增压空气在管内流动,冷却空气在管外流动。由于这种结构的热气侧换热面积太小,使中冷器传热效率低,应用很少。

2. 水冷式中冷器

水冷式中冷器的换热介质是水,其中冷器冷却单元的结构有管片式和冷轧翅片管式,如图7-35所示。冷却单元的结构对其性能影响很大。通常水的对流换热系数是空气的对流换热系数的10倍以上,因此通气侧散热面积应远大于通水侧散热面积,在同样条件下,流通散热面积越大,流速越低,对流换热系数越小,流动阻力越小。

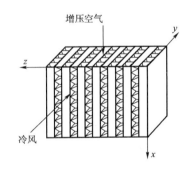

图7-34 管翅式冷却单元结构

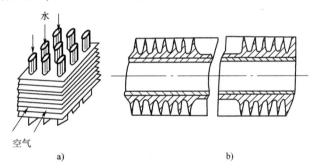

图7-35 水冷式中冷器冷却单元
a)管片式;b)冷轧翅片管式

1)管片式

管片式中冷器冷却单元是在许多水管上套上一层层散热片,经压合或钎焊在一起。冷却水管和散热片用纯铜或黄铜制造,冷却水管的截面形状有圆形、椭圆形、扁管形、楔形和流线形等形式,如图7-36所示。圆形的工艺性好、可靠性高,但空气的流通阻力大;而楔形和流线形的空气的流通阻力小,工艺性和可靠性差,很少采用。综合考虑,还是椭圆形管应用广泛。

2)冷轧翅片管式

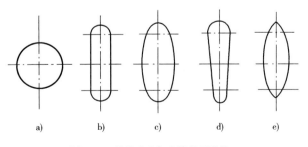

图7-36 管片式冷却水管截面形状
a)圆形;b)扁管形;c)椭圆形;d)楔形;e)流线形

冷轧翅片管式冷却单元是由单金属管或内硬外软的双金属管在专用轧机上轧制而成。通常单金属管用纯铜或铝；双金属管的内管用黄铜，外管用铝。在轧制过程中使两种金属牢固地贴合在一起，翅片管采用涨管法固定在端板上，不用焊接，接触热阻小，工作可靠。

## 第六节 柴油机排放控制

柴油机的燃烧过程主要在空燃比较大的领域内进行，所以 CO 和 HC 排放量相对较少。因此对柴油机而言，其主要有害排放物是 $NO_x$ 和微粒，而这两者的控制技术互相矛盾。如何有效控制 $NO_x$ 和微粒，仍然是柴油机所面临的尚未解决好的课题。柴油机 $NO_x$ 控制技术，除燃烧系统改善等机内措施之外，很有效的方法之一就是采用废气再循环（EGR）技术；而微粒的控制主要采用后处理装置，即捕集器。随着排放法规的日趋严格，EGR 系统和微粒捕集器已在车用柴油机上得到广泛应用。

### 一、EGR 系统

1. EGR 率

废气再循环系统已成为降低柴油机 $NO_x$ 排放量的有效技术措施，并已日渐成熟。但是，EGR 除在一部分轿车和轻型车已实用化外，在耐久性和可靠性要求较高的商用车的中、大型柴油机上的应用，尚受到耐久性和可靠性的影响，而且实施较大的 EGR 率后，燃油消耗率和黑烟恶化等问题有待进一步解决。

由于柴油机排气中的氧含量比汽油机高得多，$CO_2$ 浓度低得多，因此必须增大 EGR 率才能有效地降低 $NO_x$。汽油机 EGR 率一般不超过 20%，而直喷式和非直喷式柴油机 EGR 率可超过 40% 和 25%。增加 EGR 率，$NO_x$ 大幅度降低，但功率和燃油经济性恶化。

2. EGR 对发动机性能及排放特性的影响

EGR 是降低汽油机 $NO_x$ 排放有效的实用措施，而在柴油机上通过 EGR 降低 $NO_x$ 的机理与汽油机有所不同。在汽油机上直接用节气门开度控制负荷，所以在部分负荷时可通过减小节气门开度对进气进行节流。因此，此时如果采用 EGR，则相当于进入汽缸的 EGR 流量的进气节流量减小，此时空燃比不变。但在柴油机上没有进气节流现象，所以实施 EGR 后减少了本应进入汽缸的空气量，使空燃比减小。

在汽油机高负荷时，进入汽缸的 EGR 使燃气的热容量增加，相应地平均燃气温度降低；而在柴油机高负荷时，EGR 引起的热容量变化比较小。空燃比的减小使氧浓度降低是柴油机抑制 $NO_x$ 生成的主要原因之一。柴油机实施 EGR 后抑制了预混合燃烧速度，随着 EGR 率的增加，$O_2$ 的浓度相对降低，燃烧气体温度降低，峰值减小。

在增压发动机上实施 EGR 时，排气管压力和进气管压力之差是很重要的。当 EGR 的回入口位置设置在压气机的出口端时，在轻负荷、低速区，由于进气压力较低易实现 EGR；但随负荷及转速的增加，进气压力升高至大于排气压力时，就不可能再实现 EGR。为此，一些厂家在排气管中设置节流装置，以提高排气背压。当 EGR 的回入口设置在压气机入口端时，虽在高速、大负荷区，也很容易实现 EGR。但由于柴油中一般含有 0.2% 左右的硫黄成分,所以在燃烧后的排气中含有$SO_2$。此$SO_2$进一步氧化成$SO_3$,后生成硫酸($H_2SO_4$),在低温时硫酸被析出,腐蚀EGR管路及压气机等零部件,同时废气对压气机的污染使得压气机的效率和可靠性下降。

图7-37所示为柴油机EGR控制系统。由于柴油机的进气和排气压力差比较小,所以为了保证所需的EGR气体流量,柴油机的EGR回流管直径要比汽油机大,EGR阀也随之变大。中、重型柴油机的EGR阀常采用气门式。这种气门式EGR阀是通过气门弹簧和真空度来控制EGR阀的开度。发动机工作时,控制单元适应发动机工况的要求控制三向电磁阀,由此控制来自真空泵的高压空气,以控制EGR阀的开度。这种控制方法可提高EGR的控制精度和响应特性。

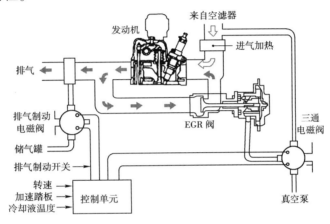

图7-37 EGR控制系统

3. 柴油机EGR类型

根据废气再循环的回流方式,车用增压柴油机的废气再循环系统分为外部EGR式和内部EGR式两种。

外部EGR式按进、排气管的连接方式不同分为低压回路式和高压回路式,如图7-38所示。低压回路EGR式是直接连接压气机7入口端和废气涡轮5出口端来实现EGR的方法[图7-38a)]。由于压气机7的入口处为负压,而废气涡轮5出口压力为正,所以通过连接适当的EGR回流管6,就可以很容易地实现EGR。但由于这种方式的废气直接流过压气机7和中冷器8,所以易造成压气机的腐蚀和中冷器的污染等。考虑到实施EGR后对发动机可靠性和耐久性的影响,常用高压回路EGR方式[图7-38b)],即直接连接压气机后的中冷器8出口端和废气涡轮5入口端来实现EGR。由于这种EGR方式的废气不流过压气机和中冷器,所以不存在对压气机和中冷器的腐蚀和污染问题;但可实现的EGR率取决于排气压力和进气压力之差。特别是在中、大负荷时,由于增压进气压力提高,所以很难实现EGR。为此,通过节流排气的方法提高排气压力,以拓宽可实施EGR的领域;但这种措施由于泵气损失增加而使经济性恶化。

内部EGR式是利用进、排气管中的气体脉动进行EGR的方式。对发动机各工作循环,在进气管和排气管中气流的压力脉动都很大。在排气行程中,汽缸内的压力比较接近排气管压力;而进气行程中,汽缸压力与进气管压力相近。而且在进气行程中,排气管内由于其他汽缸的排气压力的作用,也存在较大的压力脉动。在这种压力脉动的作用下,使某一缸在进气过程中,其排气门处出现正压波。此时,如果能再次开启排气门,就可实现 EGR。这种 EGR 称为内部 EGR 式。为了实现内部 EGR(图7-39),在排气凸轮中除控制排气所需凸轮 1(主凸轮)以外,又增设内部 EGR 专用凸轮 2(EGR 用凸轮)。通过这种机构,在进气的适当时刻开启排气门 3,使排出废气的一部分回流进入汽缸实现废气再循环。由于内部 EGR 系统不需要排气节流,不影响泵气损失,因而不影响经济性,同时也不需要 EGR 阀以及 EGR 管路等,所以结构比较简单。

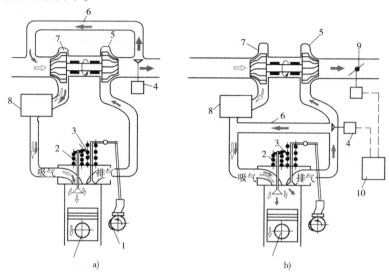

图 7-38 外部 EGR
a) 低压回路 EGR 方式;b) 高压回路 EGR 方式
1-排气凸轮;2-进气门;3-排气门;4-EGR 阀;5-废气涡轮;6-EGR 回流管;7-压气机;8-中冷器;9-排气节流阀;10-控制单元

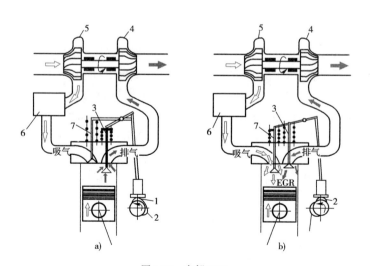

图 7-39 内部 EGR
a) 正常排气;b) EGR 凸轮顶开排气门(内部 EGR)
1-排气用主凸轮;2-EGR 用凸轮;3-排气门;4-废气涡轮;5-压气机;6-中冷器;7-进气门

## 二、后处理装置

柴油机的后处理装置包括$NO_x$还原装置、CO及HC氧化装置以及微粒捕集装置等。其中,作为$NO_x$的还原催化技术,采用的还原剂主要有添加轻柴油、提高排气中HC、添加酒精、添加NH(氨)化合物等。其中比较典型的还原催化技术是酒精还原法和氨气还原法。

(1)酒精还原法。当氧化铝系催化剂采用酒精还原法时,即使在氧和水蒸气共存的排气中,也表现出显著降低$NO_x$的效果。这是因为酒精具有亲水性,与水蒸气的性质相似,而且酒精和氧化铝具有良好的促进$NO_x$还原反应的性质。

(2)氨气还原法($NH_3$-SCR法)。氨气还原法是在排气中导入氨气,并使之在200~400℃与以金属氧化物为主要成分的固体催化剂相接触,由此还原$NO_x$。其还原反应需要与氧气共存,反应式为

$$4NO + 4NH_3 + O_2 \rightarrow 4N_2 + 6H_2O$$
$$NO + NO_2 + 2NH_3 \rightarrow 2N_2 + 3H_2O$$

氧化催化转化装置常采用如前所述的铂(Pt)/铑(Rh)系列氧化剂。对柴油机而言,氧化催化转化装置的成本比$NO_x$的还原装置低,所以对国内尚未达到欧洲1996年开始推行的第二套排放法规标准(欧Ⅱ)的柴油机,多采用氧化型催化转化装置。

柴油机的微粒主要采用过滤法来处理。图7-40所示为微粒过滤器及其工作原理,滤芯4一般由多孔陶瓷制造,排气通过多孔陶瓷滤芯进入排气支管1,而微粒则滞留在滤芯上。过滤器每工作一段时间就须及时清除存积在滤芯上的微粒,以恢复过滤器的功用和减小排气阻力。为此,在过滤器入口处设置燃烧器5,通过喷油器6向燃烧器内喷入少量燃油,并供入二次空气,利用电热塞3或火花塞将其点燃,将滞留在滤芯上的微粒烧掉。

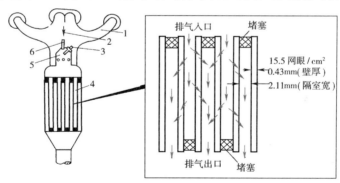

图7-40 微粒过滤器及其工作原理
1-排气支管;2-燃油;3-电热塞;4-滤芯;5-燃烧器;6-喷油器

微粒过滤器按其滤芯材料的不同分为陶瓷纤维板、陶瓷泡沫、金属网以及蜂窝状等几种。图7-41所示为微粒过滤器的陶瓷滤芯结构,它主要由多孔薄壁2和陶瓷孔塞4组合成蜂窝状,它具有微粒捕集效率高、排气阻力小、耐久可靠、易于生产、应用广泛的特点。

微粒过滤器关键及时将滤芯捕集的微粒进行处理,如果处理不及时不彻底,滤芯上微粒堆积过多,使排气背压升高,导致发动机经济性变坏甚至停止工作。

大部分微粒可通过燃烧进行再生处理。由于微粒的着火温度约为600℃,在发动机正常

运转状态下,不能自行燃烧进行再生处理,需要强制着火燃烧。目前所开发研究的再生技术有燃烧器法、电热塞、进排气节流、对燃料添加催化剂以及向滤芯喷射催化剂等几种。

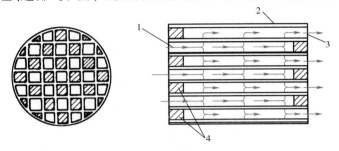

图7-41 微粒过滤器的陶瓷滤芯结构
1-入口;2-多孔薄壁;3-出口;4-陶瓷孔塞

# 第八章　发动机冷却系

## 第一节　概　　述

### 一、冷却系的作用

冷却系的作用就是保持发动机在最佳的温度下工作。发动机工作时,由于燃料的燃烧,汽缸内最高燃烧温度高达2500℃,燃烧室的平均温度也在1000℃以上,发动机零部件温度升高,特别是直接与高温气体接触的零件,若不及时冷却,发动机将会过热,将导致运动件的正常配合间隙被破坏,运动件无法正常运动,零件强度降低,机油变质,零件磨损加剧,最终导致发动机动力性、经济性、可靠性及耐久性全面下降。但冷却过度会造成发动机过冷,导致散热损失及摩擦损失增加,零件磨损加剧,排放恶化,发动机功率下降及燃料消耗率增加。

可见,发动机保持正常的工作温度是保证发动机良好的工作性能及其使用寿命的一个重要条件。冷却系既要防止发动机过热,也要防止发动机过冷,现代汽车发动机正常工作温度一般为95~105℃。

### 二、冷却系的分类

根据所用冷却介质不同,汽车发动机的冷却系可分为风冷式、水冷式。

1. 水冷式

水冷式是以冷却液为冷却介质,热量先由机件传给冷却液,靠冷却液的流动把热量带走而后散入大气中。散热后的冷却液再重新流回到受热机件处。适当调节水路和冷却强度,就能保持发动机的正常工作温度。同时,还可用热水预热发动机,便于冬季起动。

2. 风冷式

风冷式是利用高速流动的空气直接吹过汽缸盖和汽缸体外表面,把热量散到大气中去。

图8-1是风冷发动机示意图。风冷发动机为了增大散热面积,各个汽缸通常分开铸造,然后装到整体的曲轴箱上。汽缸

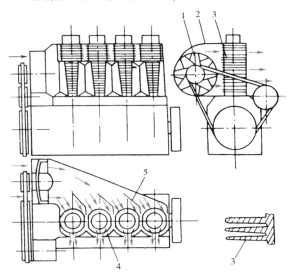

图8-1　风冷式冷却系示意图
1-风扇;2-导流罩;3-散热片;4-汽缸导流罩;5-分流板

体和汽缸盖的表面布满散热片。为加强冷却,风冷发动机大都采用导热较好的铝合金铸造。

由于风冷发动机表面空气阻力较水冷式的大,故风冷发动机都采用功率、流量均较大的轴流式风扇,以加强发动机冷却。为了更有效地利用空气流和保证各缸冷却均匀,一般风冷发动机上装有导流罩2和分流板5。考虑到各缸背风面冷却的需要,有些发动机上还装有汽缸导流罩4。

风冷式冷却系与水冷式冷却系比较,结构简单,质量轻,使用维修方便,起动升温快。但由于材料质量要求高,冷却强度难以调节,工作噪声大等缺点,目前在汽车上的应用不如水冷却系普遍。

汽车发动机,尤其是轿车发动机大都采用水冷,只有少数汽车发动机采用风冷。

### 三、水冷式冷却系的组成

汽车发动机的水冷式冷却系大都采用强制循环,即利用水泵提高冷却液的压力,冷却液在发动机中强制循环流动。强制循环水冷却系由冷却风扇、散热器、水泵、发动机机体和汽缸盖中的水套、温度调节装置(节温器、百叶窗、风扇离合器)、水管、冷却液温度表和传感器等组成(图8-2)。

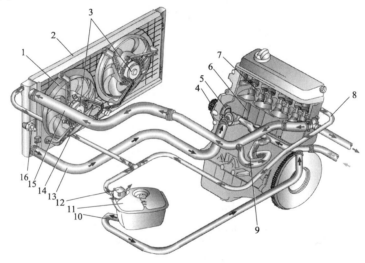

图 8-2　水冷却系组成

1-护罩;2-散热器;3-电动风扇;4-齿形带轮;5-水泵;6-汽缸体水套;7-汽缸盖水套;8-发动机水套排气管;9-节气门热水管;10-膨胀水箱管;11-膨胀水箱;12-膨胀水箱盖;13-冷却液下橡胶软管;14-散热器排气管;15-冷却液上橡胶软管;16-电动风扇双速热敏开关

### 四、冷却系的大小循环

冷却系通过大小循环调节冷却强度。

1. 冷却系大循环

当冷却液温度高于一定温度范围(一般在80~85℃)发动机需要迅速降温时,冷却系进行大循环,如图8-3所示。水泵将冷却液从散热器中吸入并加压,使之在缸体水套中流动,冷却液从缸体水套内吸收热量,温度升高,向上流入汽缸盖水套,再次吸入热量,继而从缸盖流出,在大循环时,高温冷却液通过散热器进水管进入散热器,由于汽车行驶和风扇的强力抽吸作用,空气从前向后高速流过散热器,不断地将流经散热器的冷却液的热量带走,散热器将高温冷却液冷却变为低温冷却液,通过散热器回液管进入节温器室,此时,由于温度高,节温器的大循环阀门开启,进入节温器室的低温冷却液通过大循环阀门进入水泵,水泵将冷却液加压后再次进入汽缸水套。冷却液在冷却系中不断循环,从而保证发动机在最佳温度内工作。

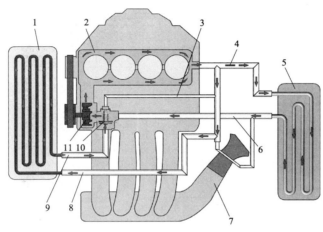

图 8-3　冷却系大循环水路

1-散热器;2-发动机;3-小循环进水管;4-暖风阀门;5-暖风热交换器;6-暖风回水管;7-进气管;8-散热器进水管;9-散热器回水管;10-节温器;11-水泵

在装有暖风机的水冷系中,热的冷却液通过暖风阀门经过暖风进水管流入暖风热交换器,然后经暖风机出水管流回水泵,被暖风热交换器加热的空气,经风机送入车内,提高车内的温度。

参与冷却系大循环过程各零部件实物图片如图 8-4 所示。

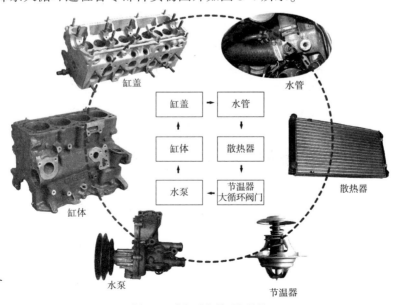

图 8-4　冷却系大循环各零件

## 2. 冷却系小循环

当发动机冷却液温度低于一定温度范围(一般80~85℃)发动机需要保温时,冷却系进行小循环,如图8-5所示。水泵将冷却液吸入并加压,送至缸体水套、缸盖水套,冷却液在水套中吸收热量,从缸盖中流出,通过小循环进水管进入节温器室,由于温度低,节温器的大循环阀门关闭,小循环阀门开启,冷却液通过小循环阀门进入水泵,水泵将冷却液加压后再次进入水套。由于冷却液在此循环过程中没有被冷却,因此,发动机可迅速升温,达到正常工作温度。

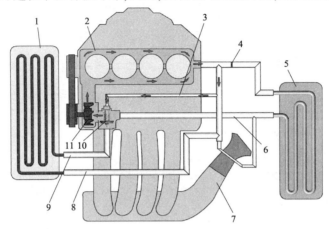

图8-5 冷却系小循环水路

1-散热器;2-发动机;3-小循环进水管;4-暖风阀门;5-暖风热交换器;6-暖风回水管;7-进气管;8-散热器进水管;9-散热器回水管;10-节温器;11-水泵

参与冷却系小循环过程各零部件实物图片如图8-6所示。

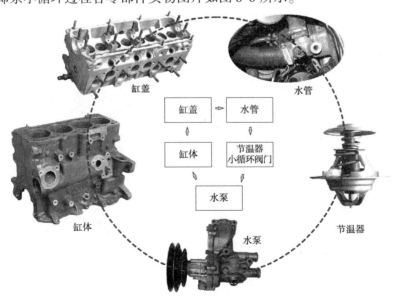

图8-6 冷却系小循环各零件

## 五、冷却液

冷却液是水与防冻剂的混合物。水的冰点为0℃,如果发动机冷却系中的水结冰,发动机机体、汽缸盖和散热器将会胀裂,为了防止冷却液冻结,在水中加入防冻剂制成冷却液。最常用的防冻剂是乙二醇。冷却液中水与乙二醇的比例不同,其冰点也不同(表8-1)。在水中加入防冻剂还同时提高了冷却液的沸点。例如,含50%乙二醇的冷却液在大气压力下的沸点是103℃。

冷却液的冰点与乙二醇质量的关系　　　　　　　　　　表8-1

| 冷却液冰点 | 乙二醇的质量(%) | 水的质量(%) | 密度(kg/m³) |
| --- | --- | --- | --- |
| -10 | 26.4 | 73.6 | 1.0340 |
| -20 | 36.4 | 63.8 | 1.0506 |
| -30 | 45.4 | 54.4 | 1.0627 |
| -40 | 52.6 | 47.7 | 1.0713 |
| -50 | 58.0 | 42.0 | 1.0780 |
| -60 | 63.1 | 36.9 | 1.0833 |

防冻剂中通常含有防锈剂和泡沫抑制剂。防锈剂可延缓或阻止发动机水套壁及散热器的锈蚀或腐蚀。泡沫抑制剂能有效地抑制泡沫的产生。在防冻剂中,一般还要加入着色剂,使冷却液呈蓝绿色或黄色,以便识别。

## 第二节　水冷系的主要机件

### 一、散热器

1. 散热器的作用

散热器的作用就是将高温冷却液变成低温冷却液。

2. 散热器的结构

散热器由上储水室、下储水室及散热器芯(竖直式布置)等三部分构成,如图8-7所示。

按照散热器中冷却液流动的方向不同,散热器可分为纵流式和横流式两种(图8-8)。纵流式散热器芯竖直布置,上接进水室,下连出水室[图8-8a)]。横流式散热器芯横向布置,左右两端分别为进、出水室[图8-8b)],该结构形式提高了冷却液在散热器内的流速,散热器的散热效果较好。

大多数新型轿车均采用横流式散热器。散热器材料多采用耐腐蚀、导热性好的铜或铝片制成。为了使散热器质量减轻、降低生产成本,有些散热器的进、出水室由复合塑料制造。

3. 散热器的工作原理

如图8-9所示,从缸盖出水口出来的高温冷却液从散热器的进水口进入,由左向右然后再从右向左分成许多小股流过散热器芯,高温

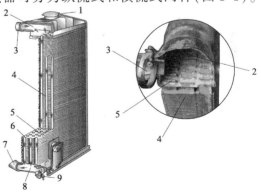

图8-7　散热器结构
1-散热器盖;2-上储水室;3-散热器进水管;4-散热器芯;5-冷却管;6-散热片;7-散热器出水管;8-下储水室;9-放水阀

冷却液将热量传递给散热带,冷却风扇和汽车行驶产生的气流流过散热带,将其热量带走散发到大气中,使冷却液由高温变成低温,冷却液迅速冷却,以保证发动机处于正常的工作温度范围内。

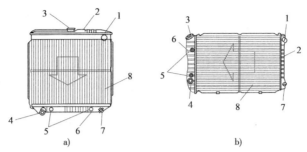

图 8-8 散热器的类型
a) 纵流式散热器;b) 横流式散热器
1—进水口;2—进水室;3—散热器盖;4—出水口;5—变速器油冷却器进、出口;6—出水室;7—放水阀;8—散热器芯

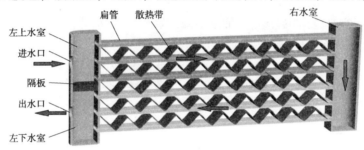

图 8-9 散热器工作原理

4. 散热器盖

散热器盖的作用是密封冷却系统,并调节系统的工作压力。现代汽车广泛采用封闭式冷却系统,散热器盖安装在加水口上。对于封闭式冷却系来说,系统与外界大气不直接相通,可以将冷却液的沸点温度提高到108~120℃,同时也防止了冷却液蒸发。目前,汽车多采用带有自动阀门的散热器盖,即散热器盖上带有蒸汽-空气阀,如图8-10所示。当发动机的温度低时,阀门关闭,冷却系内与大气隔开,以防止水蒸气逸出,并使冷却系内的压力稍高于外界大气压力,从而可提高冷却液的沸点。

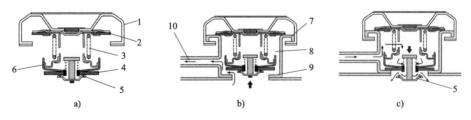

图 8-10 散热器盖结构及工作原理
a) 散热器盖结构;b) 蒸汽阀开启;c) 空气阀开启
1—散热器盖;2—上密封衬垫;3—蒸汽阀弹簧;4—下密封衬垫;5—空气阀;6—蒸汽阀;7—加冷却液口上密封面;8—加冷却液口;9—加冷却液口下密封面;10—溢流管

当发动机温度高时,冷却液因温度升高而体积膨胀,内部压力升高,一般在散热器内压

力达到126~137kPa时,蒸汽阀开启,一部分冷却液经溢流管流入补偿水箱,以防止冷却液胀裂散热器。

发动机停机后,冷却液因温度下降而压力降低,散热器内部便产生一定的真空度,当压力降到99~87kPa时,空气阀在散热器内气压降到99~87kPa时,空气阀开启,补偿水箱内的冷却液被吸回散热器内,以适时补充散热器内冷却液的不足,这样可以避免散热器被大气压力压坏。

轿车散热器盖的蒸汽阀开启压力可达0.1MPa,而冷却液的沸点可升高至120℃。

## 二、补偿水箱

补偿水箱如图8-11所示,其上部用一个较细的软管与水箱的加水管相连,底部通过水管与水泵的进水侧相连接,通常位置略高于散热器。补偿水箱多用半透明材料(如塑料)制成。透过箱体可直接方便地观察到液面高度,无须打开散热器盖。

补偿水箱的作用是:

(1)把冷却系统变成永久性封闭系统,减少了冷却液的损失。当冷却液受热膨胀时,部分冷却液流入补偿水箱;而当冷却液降温时,部分冷却液又被吸回散热器,所以冷却液不会溢失。即补偿水箱内的液面有时升高,有时降低,而散热器却总是被冷却液所充满。

(2)使系统内的压力提高98~196kPa,冷却液的沸点相应地提高到120℃左右,从而扩大了散热器与周围空气的温差,提高了散热器的换热效率。由于散热器散热能力的增强,可以相应地减小散热器尺寸。

(3)避免空气不断进入,给系统内部造成氧化、穴蚀,使冷却系中水、气分离,保持系统内压力稳定,提高了水泵的泵水量,并且提高了水泵和水套的使用寿命。

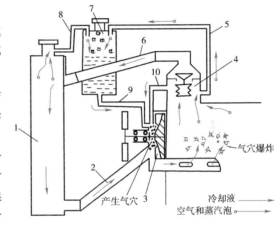

图8-11 补偿水箱示意图
1-散热器;2-水泵进水管;3-水泵;4-节温器;5-水套出气管;
6-水套出水管;7-补偿水箱;8-散热器出气管;9-补充水管;
10-旁通管

一般冷却系冷却液的流动是靠水泵的压力来实现的。水泵吸水的一侧压力低,易产生蒸汽泡,使水泵的出水量显著下降,并引起水泵叶轮和水套的穴蚀,在其表面产生麻点或凹坑,缩短了叶轮和水套的使用寿命。如图8-11所示,加装补偿水箱后,由于补偿水箱和水泵进水口之间存在补充水管9,使水泵进水口处产生较高的水压,减少了气泡的产生。散热器中的蒸汽泡和水套中的蒸汽泡通过出气管5和8进入补偿水箱,从而使汽水彻底分离。由于补偿水箱温度较低,进入的气体得到冷凝,一部分变成液体,重新进入水泵。而积存在补偿水箱液面上的气体起缓冲作用,使冷却系内压力保持稳定状态。

有的冷却系的补偿水箱采用一根管子把散热器和补偿水箱的底部或上部(管口插入液面以下)连通,如图8-12所示。但这种装置只能解决汽水分离及冷却液消耗问题,而对穴蚀没有明显的改善。当冷却液温度升高时,散热器中液体膨胀、汽化,使散热器盖蒸汽阀开启,散热器中的蒸汽或液体沿导管流入补偿水箱。当冷却液温度降低时,散热器内压力下降,液体沿原路径流向散热器。

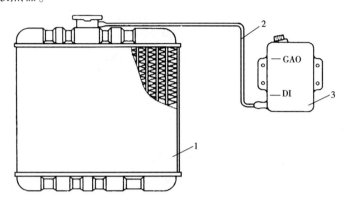

图8-12　单管补偿水箱装置示意图
1-散热器;2-橡胶软管;3-补偿水箱

在补偿水箱的外表面上刻有两条标记线:"低(LOW)"线和"高(FULL)"线,或者"低(DI)"线和"高(GAO)"线(图8-12),补偿水箱内的液面应位于两条标记线之间。冷却液温度在50℃以下,液面应不应低于"低"线,若液面低于"低"线时,应向补偿水箱内补充冷却液。在向补偿水箱内添加冷却液时,液面不应超过"高"线。

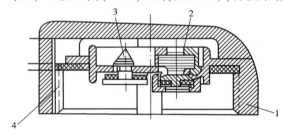

图8-13　散热器盖结构示意图
1-盖;2-蒸汽阀;3-空气阀;4-蒸汽导出口

有的发动机的散热器盖安装在补偿水箱上,它带有自动阀门,如图8-13所示,平时严密盖紧,冷却系与大气隔断。当系统温度上升时,冷却系中冷却液的压力高于大气压,这样可提高冷却液的沸点,加大冷却液温度与外界大气温度的差值,提高散热能力,蒸汽阀开启压力为0.12MPa,此时冷却液的沸点可达135℃。

### 三、水泵

1. 水泵的作用

水泵的作用是对冷却液加压,使之在冷却系中循环流动。

由于离心式水泵具有尺寸小、出水量大、结构简单、损坏后不妨碍水在冷却系中自然循环的特点,故为强制循环式冷却系普遍采用。常见的水泵在机体外安装,与风扇同轴驱动,也有装在机体内(内藏式)单独驱动的。

2. 水泵的结构与工作原理

如图8-14所示,离心式水泵由水泵壳体、水泵轴、叶轮及进、出水管等组成。叶轮呈向后弯曲状,其数目一般为6~9片。

离心式水泵的工作原理如图8-15所示。当曲轴上的皮带轮通过V形带带动水泵叶轮旋转时,水泵中的冷却液被叶轮带动一起旋转。并在自身离心力的作用下,向叶轮边缘甩出,然后经泵体上与叶轮成切线方向的出水管送到发动机水套内。与此同时,叶轮中心处压力降低,散热器内的冷却液经水管吸入叶轮中心。在此连续作用下,使冷却水在系统内不断的循环。

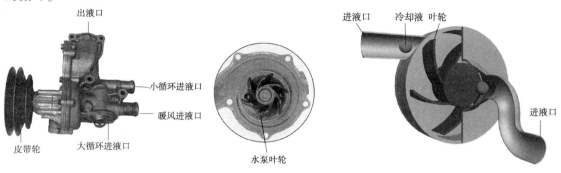

图 8-14  水泵　　　　　　　　　　图 8-15  离心式水泵的工作原理

3. 水泵的传动

水泵一般由曲轴通过 V 形带或齿形带传动,传动带环绕在曲轴带轮与水泵带轮上,因此,水泵转速与发动机转速成正比例。

### 四、冷却风扇

1. 风扇的作用及结构

风扇的作用是提高流经散热器的空气流速和流量,以增强散热器的散热能力并冷却发动机附件。

冷却风扇置于散热器后面(图 8-16)。汽车发动机水冷多采用低压头、大风量、高效率的轴流式风扇,即风扇旋转时,空气沿着风扇旋转轴的轴线方向流动。在风扇外围装有导风罩 3,使风扇 4 吸进的空气全部通过散热器 1,以提高风扇效率。

风扇的扇风量主要与风扇的直径、转速、叶片形状、叶片安装角及叶片数目有关。

风扇的结构类型很多,目前汽车水冷发动机上常用螺旋桨式风扇。叶片形状有叶尖前弯的叶片风扇、尖窄根宽的叶片风扇和尼龙压铸整体风扇三种(图 8-17),风扇叶片有钢板冲压和铸造两种。钢板冲压叶片横断面

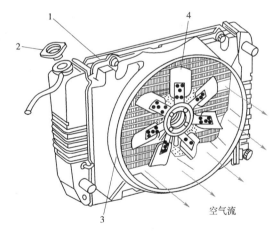

图 8-16  冷却风扇与导风罩
1-散热器;2-散热器盖;3-导风罩;4-风扇

多为弧形,用塑料或铝合金铸成的多为翼型断面。翼型风扇效率高、消耗功率少,在轿车和轻型汽车上得到了广泛的应用。一般叶片与风扇旋转平面成 30°~45°角(叶片安装角)。叶片数为 4、5、6 或 7 片。叶片之间的间隔角或相等,或不相等。间隔角不等的叶片可以减小叶片旋转时的振动和噪声。

当发动机在车架上纵向布置时,风扇一般安装在水泵轴上,并由驱动水泵和发电机的同

一根V形带传动(图8-18)。常将发电机支架做成可移动式的,以便调节V形带的张紧度,一般用大拇指以30~50N的力,按下V形带产生10~15mm的挠度为宜。

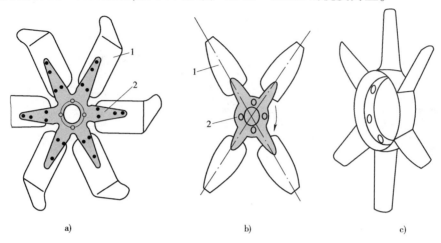

图8-17 风扇类型
a)叶尖前弯的风扇;b)尖窄根宽的风扇;c)尼龙压铸整体风扇
1-叶片;2-连接板

### 2. 电动风扇

大多数轿车和发动机横置或后置的汽车均采用电动风扇。电动风扇由风扇电动机驱动并由蓄电池供电,风扇转速与发动机转速无关,如图8-19所示。

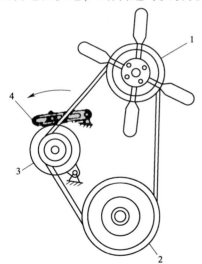

图8-18 风扇的驱动和V形带张紧力的调整
1-风扇及皮带轮;2-曲轴皮带轮;3-发电机;
4-移动支架

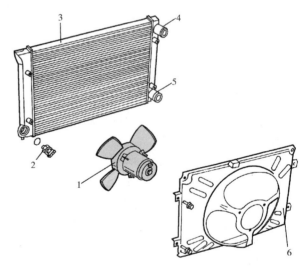

图8-19 电动风扇、散热器及导风罩
1-电动风扇;2-温控热敏电阻开关;3-散热器;4-散热器进水口;5-散热器出水口;6-导风罩

风扇的控制原理如图8-20所示,风扇电动机的开关由散热器的冷却液温度开关控制,并且有高低速两个挡位,低速挡在沸点内使用,高速挡在沸点外使用。当冷却液流出散热器的温度为92~97℃时,热敏开关接通风扇电动机的1挡,风扇转速为2300r/min。当冷却液温度升高到99~105℃时,温控开关接通风扇电动机的2挡,这时风扇转速为2800r/min。若冷却液温度降到92~98℃时,风扇电动机恢复1挡转速。当冷却液温度降到84~91℃时,温控开关切断电源,风扇停转。

桑塔纳2000型轿车发动机有两套风扇(图8-21),且不与水泵同轴。其一是由电动机驱动,其二是由电动风扇带动的从动风扇(由第一只风扇带动),并由受冷却液温度作用的温度开关控制。设置两套风扇,满足了散热器长宽比大及散热器面积大的需要,排风量大,散热效果好。风扇一挡、二挡的控制温度如下。

风扇一挡:工作温度92~97℃,关闭温度84~91℃,工作转速2300r/min;风扇二挡:工作温度99~105℃,关闭温度93~98℃,工作转速2800r/min。

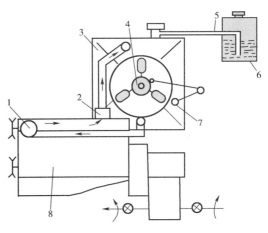

图8-20 电动风扇的控制原理
1-水泵;2-节温器;3-散热器;4-电动机和风扇;5-蒸汽排出和回吸管;6-补偿水箱;7-温控开关;8-发动机

电动风扇与温控开关配合使用,能做好自动控制,并且不受发动机转速的影响。温控开关一般位于发动机缸体出水管口。根据发动机的温度,自动控制风扇两挡转速,来改变散热器的空气流量。图8-22所示为上海桑塔纳轿车的双温蜡质热敏温控开关。它由蜡质感温驱动元件及两挡触点动作机构组成,利用石蜡9受热由固态变为液态时体积突然变大来移动推杆7,控制触点4、5的开闭。该开关安装在散热器的水箱上。

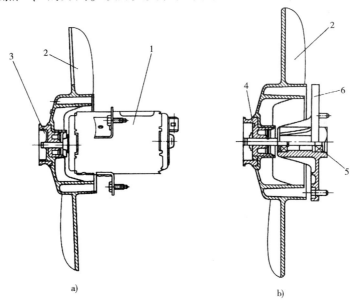

图8-21 双风扇结构示意图
a) 电动风扇结构示意图;b) 从动风扇结构示意图
1-风扇电动机;2-叶片;3-主动带轮;4-从动轮;5-轴承;6-轴承座

电动风扇的优点是结构简单,布置方便,并且不需要检查、调整或更换风扇传动带,维修工作量减少。

在有些电控系统中,电动风扇由电控单元控制。冷却液温度传感器向电控单元传输与冷却液温度相关的信号。当冷却液温度达到规定值时,电控单元使风扇继电器接通,继电器触点闭合并向风扇电动机供电,风扇进入工作。

### 五、节温器

**1. 节温器的作用**

节温器的作用是根据冷却液温度的高低,自动改变流经散热器冷却液的流量和循环路线,保证发动机在适宜的温度下工作,以调节冷却系的冷却强度。

**2. 节温器的组成与工作原理**

蜡式节温器根据结构的不同又分为单阀式与双阀式。

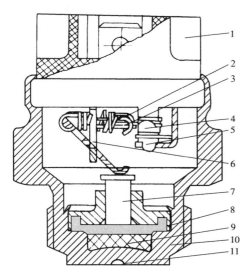

图 8-22 双温蜡质热敏温控开关
1-接线杆座;2-触点1拉簧;3-触点2拉簧;4-触点1;5-触点2;6-拉簧架;7-推杆;8-橡胶密封膜;9-石蜡;10-外壳;11-调整坑

1)双阀蜡式节温器

双阀蜡式节温器的结构如图 8-23 所示。节温器的上支架和下支架与阀座铆成一体。中心杆下端固定在支架的中心,其上部插入橡胶管的中心孔内,中心杆上端呈锥形。橡胶管与感应体外壳之间的空腔里装有石蜡。为了提高导热性,石蜡中常掺有铜粉、铝粉或铜丝网。为防止石蜡外溢,外壳上端向内卷边,并通过上盖和密封垫将橡胶管压紧在感应体壳的台肩上。外壳上下部有联动的大循环阀门和小循环阀。大循环阀上有通气孔,它的作用是在加水时使水套内的空气经小孔排出,保证能加满水。为了防止通气孔阻塞,有的加装一个摆锤。大循环阀门复位弹簧上端支撑在支架上,下端压在大循环阀门上。

双阀蜡式节温器工作原理如图 8-24 所示,当冷却液温度低于 76℃ 时,如图 8-20a)所示,大循环阀门在弹簧弹力的作用下完全关闭,小循环阀门完全开启,此时来自汽缸盖的冷却液经水管进入节温器室的小循环进水口、小循环阀门进入水泵,由于冷却液只是在水泵和水套之间流动,不经过散热器,且流量小,所以冷却强度弱,发动机很快升温。当发动机冷却液温度达到 76℃ 以上时,如图 8-20b)所示,石蜡逐渐变成液态,体积随之膨胀增大,迫使橡胶管收缩,从而对中心杆上部锥面产生向下的推力。由于杆的下端固定,故中心杆对橡胶管及感应体产生向上的反推力,推力克服弹簧弹力使大循环阀门逐渐上移,打开大循环水路,同时带动小循环阀门开度逐渐减小,直至关闭小循环水路。当发动机内冷却液温度升高

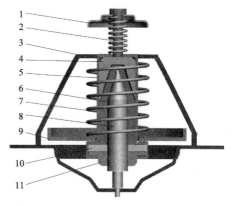

图 8-23 双阀蜡式节温器结构
1-小循环阀门;2-定位弹簧;3-支架;4-石蜡;5-感温体;6-胶管;7-大循环阀门复位弹簧;8-推杆;9-大循环阀门;10-密封圈;11-端盖

到86℃时，大循环阀门完全开启，小循环阀门完全关闭，冷却液全部流经散热器，由于此时冷却液流动水路长，流量大，冷却强度最强。

当冷却液温度在76～86℃之间时，大小循环同时进行。

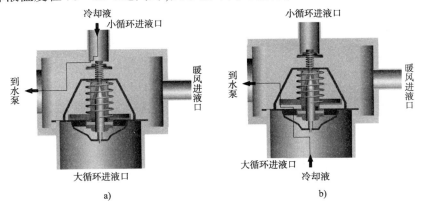

图8-24　双阀蜡式节温器工作原理
a）小循环；b）大循环

2）单阀蜡式节温器

单阀蜡式节温器如图8-25所示。单阀节温器和双阀蜡式节温器的主要区别是单阀节温器仅有大循环阀门，而无小循环阀门。

单阀节温器小循环水路如图8-26所示，水泵泵出的冷却液进入缸体、缸盖，冷却液吸收缸体、缸盖的热量，从缸盖出来的冷却液通过小循环排出水管、回水管进入节温器室，进入节温器室的冷却液直接进入水泵，水泵再次将冷却液泵入水套，冷却系进行小循环。此时，节温器大循环阀门关闭，冷却液大循环水路关闭。

图8-25　单阀蜡式节温器

单阀节温器大循环水路如图8-27所示，水泵泵出的冷却液进入缸体、缸盖，冷却液吸收缸体、缸盖的热量，从缸盖出来的高温冷却液通过散热器进水管、散热器、散热器出水管进入节温器室，此时，节温器大循环阀门开启，冷却液通过大循环阀门进入水泵，水泵再次将冷却液泵入水套。

当打开暖风开关，则从缸盖出来的高温冷却液进入暖风热交换器，暖风热交换器为空调提供热源，经过暖风热交换器的冷却液通过回水管再进入水泵。

应该说明，由于使用单阀节温器无小循环阀门，因此，冷却系在进行大循环的过程中小循环也仍在进行，但小循环的流量较小。

3. 节温器的布置方式

节温器有两种布置方式，传统的布置方式是将节温器布置在出水口，现代的布置方式是将节温器布置在进水口，如图8-28所示。

1）出口水温控制方式

一般冷却系的冷却液都是由机体流进，从汽缸盖流出。大多数节温器布置在汽缸盖出水管路中，即出口水温控制方式。

这种布置方式把节温器安装在位置较高、冷却液温度较高的出水管口中,它的以下特点:

(1) 热源集中、感温灵敏,冷却液在系统中循环流动和添加冷却液时,所产生的气泡容易排出释放,大大降低了"气穴腐蚀"(它是一种物理现象,是离心水泵工作时在低压腔产生气泡,在高压腔被挤压破裂,穴蚀水泵和水套内壁)现象的发生。

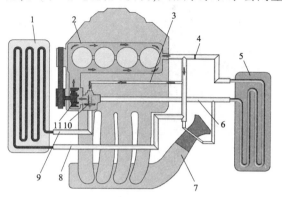 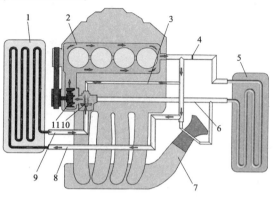

图8-26 单阀节温器冷却系小循环  　　　　图8-27 单阀节温器冷却系大循环

1-散热器;2-发动机;3-小循环进水管;4-暖风阀门;5-暖风热交换器;6-暖风回水管;7-进气管;8-散热器进水管;9-散热器回水管;10-节温器;11-水泵

1-散热器;2-发动机;3-小循环进水管;4-暖风阀门;5-暖风热交换器;6-暖风回水管;7-进气管;8-散热器进水管;9-散热器回水管;10-节温器;11-水泵

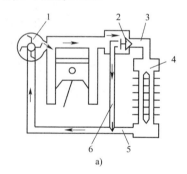 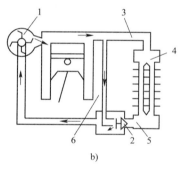

图8-28 节温器的布置方式
a) 出口温度控制方式;b) 进口温度控制方式
1-水泵;2-节温器;3-上水管;4-散热器;5-下水管;6-旁通道

(2) 一旦节温器因石蜡漏泄而损坏,双阀节温器的大循环阀即关闭,发动机不能进行大循环散热,只能进行小循环,导致发动机过热。应急办法是拆除节温器,大小循环同时进行,防止过热。但在冬季冷起动后,热起时间会延长,加大了油耗和发动机的磨损。为此,应及时更换节温器,以确保发动机的各项工作性能正常。

这种布置方式的缺点是节温器在工作时会产生振荡现象。例如,在冬季起动冷发动机时,由于冷却液温度低,节温器阀关闭。冷却液在进行小循环时,温度很快升高,节温器开启。与此同时,散热器内的低温冷却液流入机体,使冷却液又冷了下来,节温器阀重新关闭。等到冷却液温度再度升高,节温器阀又再次打开,会产生较长时间的"开启振荡",直至全开,节温器阀才进入渐变稳定状态不再反复开闭。节温器振荡会增加汽车的燃油消耗量和加速节温器的损坏。

2) 进口水温控制方式

将节温器安装在水泵进水管口中,其特点是:

(1)因节温器在缸盖的下方,在添加冷却液时和流动循环中,气泡不容易排放,多在节温器室处设有放气螺钉,应及时拧开放气。

(2)小循环路线短,缩短了热起时间,降低了热起油耗,减小了发动机磨损。试验证明:热起时间缩短了一倍,冷起动后2min内,冷却液的温度即达60℃,满足了起步行车的要求。

(3)该处的液体温度比出水口低10℃,其温度和压力较稳定,大小阀的开启是顺流方向而动,"开闭振荡"小,延长了节温器的使用寿命。

节温器损坏,应立即换新,如果拆除不用,冷却液经旁通管路进入小循环,将流入大循环管道冷却液短路分流,降低了大循环的流量,也会产生过热故障。

### 六、风扇离合器

对发动机通过曲轴直接驱动的风扇,风扇是发动机有效功率的消耗者,最大时约为发动机功率的10%。试验证明,水冷系只有25%的时间需要风扇工作,也就是说有75%的时间风扇是在做无用功。为了降低风扇功率消耗,减少噪声和磨损,防止发动机温度过低,降低污染,节约燃料,多采用风扇离合器,即需要风扇工作时风扇工作,而不需要风扇工作时,风扇停止工作。

风扇离合器有硅油风扇离合器、机械式风扇离合器和电磁风扇离合器三种。

1.硅油风扇离合器

1)硅油风扇离合器的结构

如图8-29所示,主动轴固定在风扇带轮上由曲轴通过V形带驱动。主动盘紧固在主动轴的左端随主动轴一起旋转。从动盘、前盖和壳体用螺钉连成一体。风扇利用螺栓固定在壳体上,壳体则通过轴承支撑在主动轴上。在前盖上装有螺旋形双金属感温器。感温器的一端固定在前盖上,另一端嵌在阀片传动销中。前盖与从动盘之间的空腔为储油腔,其中储有高黏度硅油。壳体与从动盘之间的空腔为工作腔。从动盘上有进油孔A、回油孔B及泄油孔C。为了加强硅油的冷却,前盖板上铸有散热片。

2)硅油风扇离合器的工作原理

如图8-30a)所示,当发动机冷却液温度低时,通过散热器的气流温度较低,感温器(双金属扭簧)无法带动阀片偏转,从动盘上的进油孔被关闭,储油腔内的硅油不能进入工作腔,离合器的主从动盘有间隙,主动盘不能带动从动盘转动,离合器处于分离状态。主动轴转动时,仅仅由于密封毛毡圈和轴承的摩擦,使风扇随同壳体在主动轴上空转打滑,转速极低。

如图8-30b)所示,当发动机冷却液温度高时,通过散热器的气流温度高,当流经感温器的气流温度超过65℃时,感温器受热变形而带动阀片轴及阀片转动。进油孔被逐渐打开,于是硅油从储油腔进入工作腔。硅油十分黏稠,主动盘即可利用硅油的黏性带动从动盘(壳体和风扇转动)。此时风扇离合器处于接合状态,风扇转速迅速提高。

参见图8-29,由于离心力的作用,硅油被甩到工作腔的四周经回油孔又流回储油腔,硅油在壳体内不断循环。以避免工作腔中的硅油温度过高,黏度下降。这是由于主动盘转速高于从动盘,因此受离心力作用从主动盘甩向工作腔外缘的油液压力比储油腔外缘的油压力高,油液从工作腔经回油孔B流向储油腔,而储油腔又经进油孔A及时向工作腔补充油液。为使硅油从工作腔流回储油腔的速度加快,缩短风扇脱开时间,在从动盘8的回油孔B旁,有一个刮油凸起部伸入工作腔缝隙内,使回油孔一侧压力增高,回油加快。

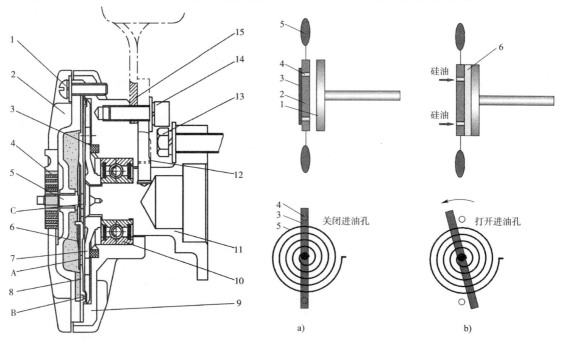

图8-29 硅油风扇离合器
1-螺钉;2-前盖;3-毛毡密封圈;4-感温器(双金属扭簧);5-阀片传动销;6-阀片;7-主动盘;8-从动盘;9-壳体;10-轴承;11-主动轴;12-锁止板;13-螺栓;14-内六角螺钉;15-风扇;A-进油孔;B-回油孔;C-泄油孔

图8-30 硅油风扇离合器工作原理示意图
a)进油孔关闭 b)进油孔打开
1-主动盘;2-从动盘;3-阀片;4-进油孔;5-感温器;6-硅油

当发动机负荷减小,流经感温器的气体温度低于35℃时,感温器恢复原状,阀片将进油孔关闭,工作腔中油液继续从回油孔流回储油腔,直至甩空为止。风扇离合器又回到分离状态。泄油孔C的作用在于防止风扇离合器处于静止状态时硅油从阀片轴周围漏油。

当离合器因故障(如漏油等)失灵时,可采取如下应急措施:松开内六角螺钉,把锁止板12插入主动轴孔中,再拧紧螺钉,使壳体与主动轴连成一体,但此时只靠锁止板传动,不能长期使用,应及时更换新件。

2. 机械式风扇离合器

以形状记忆合金作为温控和驱动元件的机械式自动风扇离合器,其结构如图8-31所示。

主动件与主动轴之间通过花键连接。从动件安装在滚动轴承的外圈上,滚动轴承的内圈安装在主动轴上。风扇则利用螺栓安装在从动件上。

螺旋弹簧是用形状记忆合金材料制造的,安装在主动件上。形状记忆合金材料具有形状记忆效应和超弹性特性,它在临界温度点具有大幅度改变形状的特点,是温控元件的理想材料。该结构中的螺旋弹簧兼有温控和压紧两个作用。

机械式风扇离合器的工作过程:

汽车发动机在小负荷工作时,散热器后面的气流温度在50℃以下时,形状记忆合金螺旋弹簧保持原来形状,使风扇离合器处于分离状态,机械风扇离合器不工作,风扇只靠主从动件间的连接摩擦缓慢转动;当汽车发动机的负荷逐渐增加,发动机温度升高使流经风扇离合器的气流温度上升到50℃以上时,形状记忆合金螺旋弹簧开始伸长,使风扇离合器主从动件逐渐接合,使风扇转速与主动轴转速相等;当散热器后面的空气温度下降到54℃以下时,离合器开始分离,风扇转速逐渐降低,散热器后面的空气温度下降到40℃时,离合器完全分离,风扇只在轴承摩擦力矩驱动下低速运转。

记忆合金控制的机械式风扇离合器的优点:温控灵敏度较高,结构简单,工作可靠,易于维修。

### 七、百叶窗

百叶窗的作用是在冷却液温度较低时改变吹过散热器的空气流量,从而控制冷却强度。

在严寒的冬季,冷却液温度过低时,由于节温器的作用使冷却液只进行小循环,散热器中的冷却液有冻结的危险。此时关闭百叶窗可使冷却液温度回升。

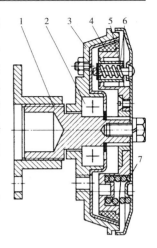

图 8-31　机械式风扇离合器结构示意图
1-主动轴;2-滚动轴承;3-从动件;4-摩擦片;5-主动件;6-复位弹簧;7-形状记忆合金螺旋弹簧

百叶窗安装在散热器前面,它是由许多片活动挡板组成的。挡板垂直或水平安装,由驾驶人通过装在驾驶室内的手柄来操纵其开闭,也可用感温器自动控制。图 8-32 所示为货车上使用的散热器百叶窗的自动控制系统。用来感受来自发动机的冷却液温度的感温器安装在散热器进水管上。在发动机冷起动及暖车期间,百叶窗关闭。当发动机达到正常工作温度后,感温器打开空气阀,压缩空气进入空气缸,推动空气缸内的活塞连同调整杆一起下移,带动杠杆使百叶窗开启。

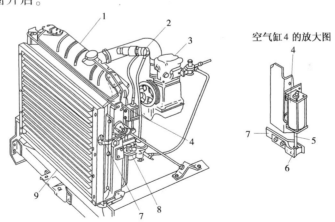

图 8-32　百叶窗自动控制系统
1-散热器;2-感温器;3-制动空气压缩机;4-空气缸;5-调整杆;6-调整螺母;7-杠杆;8-空气滤清器;9-百叶窗

### 八、变速器油冷却器

有些装有自动变速器的汽车和重型汽车必须装备自动变速器油冷却器。自动变速器油过热会降低自动变速器性能,甚至造成自动变速器损坏。

自动变速器油冷却器通常就是一根冷却管,置于散热器的出水室内(图8-33),由冷却液对流过冷却管的自动变速器油进行冷却。在自动变速器和冷却器之间用金属管或橡胶软管连接。

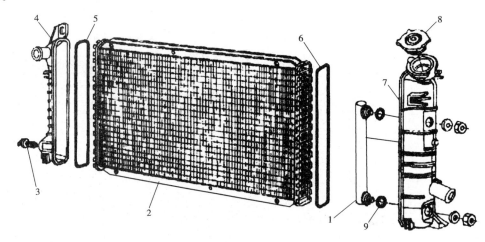

图8-33 自动变速器油冷却器

1-变速器油冷却器;2-冷却器进、出油管;3-散热器;4-左水室;5-左水室密封垫;6-右水室密封垫;7-右水室;8-散热器盖;9-密封垫

## 第三节 电子控制发动机冷却系统

### 一、电子控制发动机冷却系统的控制功能

发动机的工作温度对动力性、经济性、净化性有很大的影响,而机械驱动的离心式水泵和石蜡式节温器,已经满足不了电控汽油喷射发动机转速范围宽、工况多变的需求。因水泵的流量与转速成正比,依靠石蜡式节温器来调节流量,和依靠一个恒速电风扇来调节空气量,已经无法保证最佳温度状态。为了保持发动机最佳工作温度,可采取以下具体措施:

(1)在传统的石蜡式节温器中,加装ECU控制的电加热器,以提高流量控制能力。

(2)采用两个电风扇(主、副),用ECU双速控制(L挡、H挡),以提高冷却能力。

(3)融入ECU控制网络,能随转速、车速、负荷、气温、冷却液温度的变化,而随机智能化调节,有效地防止过热或过冷故障的发生。

### 二、电子控制发动机冷却系统的组成与工作原理

电子控制发动机冷却系统的组成如图8-34所示

在电子控制发动机冷却系统中,发动机ECU接收各个传感器的信号(图8-35),将各种传感器的综合信号分析处理,计算出最佳风扇转速和送风时间的长短,即高速(H)或低速(L)和单风扇工作或双风扇工作,并计算出节温器加热时刻和加热强度,控制节温器加热继

电器和电风扇控制器,使节温器和电风扇按工况需要,智能化地投入工作。

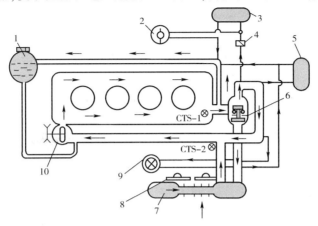

图 8-34 电子控制发动机冷却系统的组成

1-补偿水箱;2-节气门体加热器;3-暖风箱;4-阀;5-ATF 冷却器;6-节油器;7-散热器;8-电风扇;9-润滑油冷却器;10-水泵

其工作特点如下:

(1)在石蜡式节温器中加装加热电阻,如图 8-36 所示,加热电阻根据 ECU 的脉冲电压信号,以占空比的方式进行加热,使膨胀元件快速热起,阀门产生位移,调节冷却液流量,实现渐进开闭的量化控制。

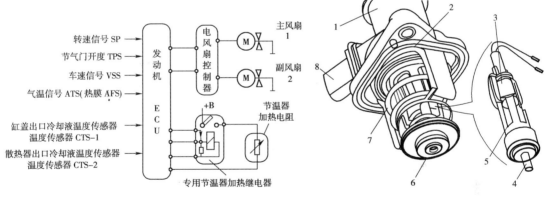

图 8-35 电子控制发动机冷却系统控制电路原理简图

图 8-36 加热式节温器

1-壳体;2-大循环阀;3-加热电阻;4-升程销;5-膨胀元件;6-小循环阀;7-弹簧;8-连接器

(2)加热信号根据缸盖出口温度传感器 CTS-1 和散热器出口温度传感器 CTS-2 的温度差异的量值而定。

(3)冷却液的最佳温度差值应为 8~10℃,高于或低于该量值会造成过热或过冷,ECU 据此决定节温器是否加热,并调节电风扇的挡位及投入数量的多少。

冷却液最佳温度的调节原则:

(1)冷起动热起工况时。冷起动热起工况时,电风扇不运转,节温器不加热,只进行小循环控制,以便快速热起。

(2)小负荷、中负荷、大负荷工况时。小负荷、中负荷、大负荷工况时,对节温器不加热,只依靠电风扇调节空气流量,为大循环阀门微开的大小循环混合控制,使冷却液温度保持在95~110℃范围内。此时,发动机温度较高,使汽化条件和燃烧条件得到改善,动力性、经济性、净化性好。

(3)全负荷工况时。全负荷工况时,对节温器加热,使石蜡完全熔化,大循环阀门全开,小循环阀门全关,为大循环控制,冷却液温度保持在85~95℃范围内。此时,进气加热程度变小,充气效率较高,以保证较高的动力性。

(4)空调系统(冷或热)投入工作时。空调系统(冷或热)投入工作时,该系统的冷热控制可人工调节,两个电风扇都运转。当车速大于100km/h,电风扇即停止工作,利用迎面风冷却。

(5)主电风扇损坏时。如果主电风扇损坏时,则副风扇即被其控制器自动激活投入运转,保持冷却强度。

(6)两个电风扇都损坏时。如果两个电风扇都损坏时,则节温器加热继电器即对节温器进行加热,大循环阀门全开,进行大循环,保持冷却强度。

(7)冷却液温度传感器CTS-1或CTS-2损坏时。如果冷却液温度传感器CTS-1或CTS-2损坏时,电风扇控制器使电风扇用低速挡(L挡)常转,保持冷却液温度为95℃。

(8)两个冷却液温度传感器CTS-1和CTS-2都损坏时。如果两个冷却液温度传感器CTS-1和CTS-2都损坏时,ECU即使节温器加热电阻加载最大脉宽,大循环阀门全开。并使电风扇以高速挡(H挡)常转,保持冷却液温度为95~110℃。

# 第九章　发动机润滑系

## 第一节　概　　述

### 一、润滑系的作用

发动机工作时,各运动零件的相对运动表面(如曲轴与主轴承、活塞与汽缸壁、凸轮轴与轴承等)在很小的配合间隙下作高速相对运动,它们之间必然产生摩擦和磨损。而摩擦产生的阻力,不但增大发动机的功率消耗,而且会严重阻碍零件的运动,加速零件工作表面的磨损,摩擦产生的热量将使零件受热膨胀,导致配合间隙减小,摩擦生热将导致零件表面烧损,致使发动机无法正常运转。因此,为了保证发动机正常工作,提高发动机工作的可靠性,延长其使用寿命,必须对相对运动表面加以润滑,以减少摩擦和磨损。

发动机工作时,发动机的润滑是由润滑系来实现的。润滑系连续不断地将润滑油输送到各摩擦表面,并在摩擦表面形成一层薄的油膜,以减小摩擦阻力,降低功率损耗,减轻机件磨损。润滑系有润滑、清洁、冷却和密封和防蚀五大作用。

1. 润滑作用

如图9-1所示,在两个相对运动的零件表面之间形成油膜,避免它们直接接触,实现液体摩擦,使摩擦系数大大减小,从而减少零件摩擦阻力和零件磨损。

2. 冷却作用

如图9-2所示,由于混合气的燃烧和运动零件的摩擦热,致使某些零件产生较高的温度。循环流动的润滑油经过零件表面润滑的同时也不断地吸收并带走摩擦表面的热量,保持零件的正常工作温度,以使零件摩擦表面不致因温度过高而熔化。

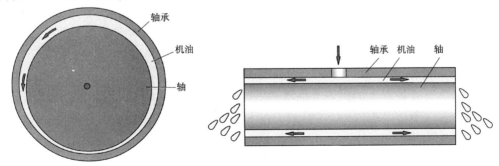

图9-1　机油的润滑作用　　　　　图9-2　机油的冷却作用

3. 清洁作用

如图9-3所示,发动机工作时,不可避免地要产生金属磨屑,空气带入尘埃及燃烧所产生杂质,这些颗粒若进入零件的工作表面,就会形成磨料,大大加剧零件的磨损。具有一定压力和黏度的润滑油在摩擦表面循环流动时,将摩擦面之间的金属磨屑、积炭和尘埃等冲洗下来,并带回到曲轴箱,保持零件表面的清洁。

4. 密封作用

如图 9-4 所示,发动机汽缸壁与活塞、活塞环与环槽之间都留有一定间隙,且零件本身也存在几何偏差。由于润滑油的黏性作用,附着在汽缸壁、活塞和活塞环等零件上的油膜,填充了相互间的间隙,减少了漏气,提高了汽缸的密封效果。

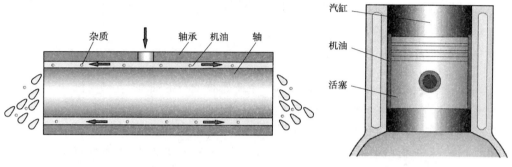

图 9-3　机油的清洗作用　　　　　图 9-4　机油的密封作用

5. 防蚀作用

附着在零件接触表面的润滑油油膜,可吸收零件间的冲击振动,缓解了零件相互间的冲击作用,从而降低了发动机的噪声。油膜还可以防止水、空气和酸性气体与零件表面的直接接触,防止了氧化和腐蚀。

## 二、发动机的润滑方式

发动机工作时,由于各运动零件的工作条件不同,因而所要求的润滑强度和方式也不同。零件表面的润滑,按其供油方式可分为压力润滑和飞溅润滑。现代汽车发动机都采用复合式润滑方式。

1. 压力润滑

对负荷大,相对运动速度高(如主轴承、连杆轴承、凸轮轴轴承等)的零件,以一定压力将机油输送到摩擦面间隙中进行润滑,这种方式为压力润滑。

2. 飞溅润滑

对外露、负荷较轻、相对运动速度较小(如活塞销、汽缸壁、凸轮表面和挺柱等)的工作表面,依靠运动零件飞溅起来的油滴或油雾进行润滑,这种方式称为飞溅润滑。某些零件(如活塞与汽缸壁)虽然工作条件较差,但为了防止过量润滑油进入燃烧室而造成发动机工作恶化,也采用飞溅润滑。

3. 润滑脂润滑

对某些相对运动较小的运动件,采用定期加注润滑脂润滑,这种润滑方式称为润滑脂润滑。近年来有采用含有耐磨润滑材料(如尼龙、二硫化钼等)的轴承代替加注润滑脂的轴承,这种材料制成摩擦副无须润滑。

### 三、润滑系组成

汽车发动机润滑系的组成及油路布置大致相似,只是由于润滑系的工作条件和具体结构的不同而稍有差别。如图9-5所示,为保证发动机得到正常的润滑,发动机润滑系一般由以下几部分组成:

**1. 润滑油储存与输送装置**

润滑油储存与输送装置包括油底壳、机油泵、输油管和汽缸体与汽缸盖上的润滑油道等。其作用是保证润滑油的储存、加压和在润滑系统内循环流动,并在发动机任何转速下都能以足够的压力向润滑部位输送足够数量的润滑油。

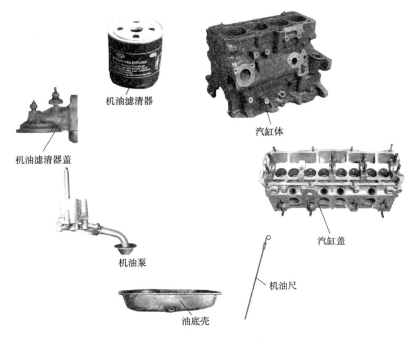

图9-5 润滑系的组成

**2. 润滑油滤清装置**

润滑油滤清装置包括集滤器、滤清器等。其作用是滤除润滑油中的金属磨屑、机械杂质和胶质等。如这些杂质随润滑油进入机件表面,将加剧发动机零件的磨损,也可能堵塞油道。

**3. 润滑油冷却装置**

润滑油在循环过程中,由于吸热而温度升高。若温度过高,则其黏度下降,不利于在摩擦表面形成油膜,零件摩擦表面还会因温度过高而熔化。此外,还会加速润滑油老化变质,缩短润滑油使用期。因此,一些热负荷较高的发动机设有机油散热器,用来降低润滑油的温度,以加强润滑油的冷却,确保润滑油在最佳温度范围(70~90℃)内工作。对一些热负荷不大的发动机则采用风冷的方式冷却油底壳,而不单设机油冷却装置。

**4. 安全和限压装置**

设在机油泵上或主油道中的限压阀、滤清器上的旁通阀,可以限制润滑系中的最高油压,保证润滑系工作时有足够的润滑油量。

5. 润滑系工作检查装置

润滑系工作检查装置包括机油标尺和机油压力过低警告灯等,以便驾驶员能随时检测油压,掌握润滑系的工作状况。

### 四、润滑系油路

汽车发动机润滑系油路大致相同,下面介绍几种典型的润滑油路。

1. 汽油机润滑油路

现代汽车发动机润滑系油路的布置方案及润滑油的流动路线基本相同,只是由于润滑系的工作条件和一些具体结构不同而稍有区别,润滑油路如图9-6所示。

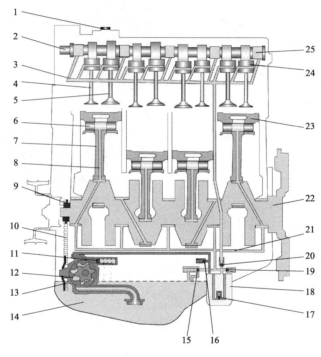

图9-6 润滑系的组成

1-加机油盖;2-凸轮轴;3-缸盖主油道;4-进气门;5-排气门;6-活塞销;7-连杆;8-连杆油道;9-曲轴链轮;10-链条;11-溢流阀;12-机油泵;13-机油泵链轮;14-油底壳;15-限压阀;16-机油压开关;17-旁通阀;18-机油滤清器;19-油压开关;20-止回阀;21-汽缸体主油道;22-曲轴;23-活塞;24-液力挺柱;25-凸轮轴支撑轴颈

发动机通过链条带动机油泵运转,机油泵将油底壳中的机油经集滤器吸入,然后将一定压力的机油输送到机油滤清器中,当机油由滤芯外侧进入滤芯的内腔时,其中的杂质被滤芯挡住,清洁的机油由滤芯内腔进入主油道,并经主油道通往曲轴各道主轴承,到达曲轴主轴承与主轴颈的间隙处进行润滑,然后经曲轴上主轴颈与连杆轴颈之间的斜油道到达连杆轴颈与连杆轴承的间隙处润滑,并由此经连杆中央油道润滑活塞销,并对活塞进行喷油冷却。在主油道的右端,有一沿汽缸体竖直向上的分油道、汽缸盖上的竖直油道,到达缸盖主油道,液力挺柱进油孔为液力挺柱提供工作油压,在缸盖和缸体的一侧布置了回油孔,使缸盖上的机油流回曲轴箱。在机油滤清器盖上有两个油压开关,向仪表板机油压力指示灯提供压力信号。

2. 柴油机润滑油路

由于柴油机与汽油机的结构和工作条件不一样,其润滑系的组成和油路也各有不同。柴油机的机械负荷和热负荷较大,其活塞一般专设油道进行冷却;所配用的高压泵、增压器等也需要润滑,因此,要求柴油机具有良好的润滑性能。为了保证润滑系工作可靠,通常设有机油冷却器。由于柴油机机油泵一般安装在曲轴箱内第一道或第二道主轴承盖处,由曲轴正时齿轮直接或间接驱动。这样,可使机油泵的转速等于或高于发动机转速,以满足柴油机高强度润滑的需要。

图 9-7 所示为斯太尔 WD615 系列柴油机润滑油路示意图。油底壳中的机油经集滤器 2、机油泵 3(附设限压阀 1,开启压力为 1550kPa±150kPa)、机油滤清器 16(附旁通阀 17)、机油冷却器 4 进入主油道。机油冷却器上装有限压阀,当油压过高时,限压阀开启,机油直接由此阀进入主油道,避免机油冷却器损坏。主油道中的机油通过各支油道分别流向增压器 13(若柴油机为自然吸气式则无增压器)、空气压缩机 12、喷油泵 11、经推杆到摇臂轴 9、凸轮轴轴颈 15、曲轴主轴轴颈和连杆轴轴颈等处进行压力润滑。为了保证活塞的冷却,对应各缸处有机油喷嘴,来自于主油道的机油直接喷到活塞内腔。

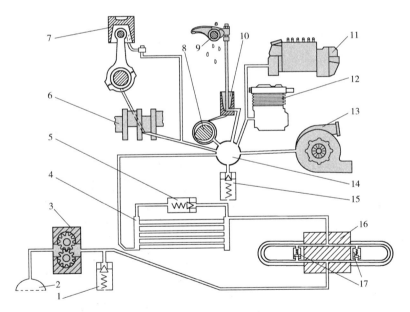

图 9-7 柴油机润滑油路示意图

1-机油限压阀;2-集滤器;3-机油泵;4-机油冷却器;5-机油冷却器限压阀;6-曲轴;7-连杆小头;8-凸轮轴;9-摇臂轴;10-挺柱;11-喷油泵;12-空气压缩机;13-增压器;14-主油道;15-限压阀;16-机油滤清器;17-滤清器旁通阀

此外,润滑系主油道中装有机油压力过低传感器,能自动报警;油底壳底部有磁性放油螺塞;窜入曲轴箱及汽缸体内腔的油气可通过油气分离器,使凝结下来的机油回到油底壳。分离出来的气体则通过增压器压气机进入柴油机进气管。

## 第二节 润 滑 油

发动机上使用的润滑剂有润滑油和润滑脂。

润滑油习惯上称为机油,品种很多。汽油机和柴油机使用的润滑油不同,汽油机润滑系使用的润滑油俗称汽油机机油,柴油机润滑系使用的润滑油俗称柴油机机油。

### 一、润滑油的使用性能

汽车发动机用润滑油应具有下列使用性能。

1. 适当的黏度

黏度过小,在高温、高压下不能形成足够厚度的油膜;黏度过大,润滑油不能被泵送到摩擦表面,冷起动困难。

2. 优异的氧化安定性

氧化安定性是指润滑油抵抗氧化作用不使其性质发生永久变化的能力。当润滑油与空气中的氧气接触而发生氧化作用时,颜色变暗,黏度增加,酸性增大,并产生胶状沉积物。氧化变质的润滑油将腐蚀发动机零件,甚至破坏发动机的工作。

3. 良好的防腐性

润滑油在使用过程中不可避免地被氧化而生成各种有机酸。这类酸性物质对金属零件有腐蚀作用,可能使铜铅和镉镍一类的轴承表面出现斑点、麻坑或使合金层剥落。提高润滑油防腐性的方法,是在润滑油中加入防腐添加剂。

4. 较低的起泡性

润滑油在工作中会产生泡沫。如果泡沫太多,将造成摩擦表面供油不足。控制泡沫生成的方法,是在润滑油中添加泡沫抑制剂。

5. 强烈的清净分散性

润滑油的清净分散性是指润滑油分散、疏松和移走附着在零件表面上的积炭和污垢的能力。提高润滑油清净分散性,方法是在润滑油中加入清净分散添加剂。

6. 高度的极压性

在摩擦表面之间的油膜厚度小于 $0.3\mu m$ 的润滑状态,称边界润滑。高温、高压下的边界润滑,称为极压润滑。润滑油在极压条件下的抗摩性称极压性。汽车发动机的轴承及配气机构等零件的润滑,即为极压润滑。为了提高润滑油的极压性,避免在极压润滑的条件下润滑油被挤出摩擦表面,必须在润滑油中加入极压添加剂。

### 二、润滑油的分类和选用

国际上广泛采用美国 SAE 黏度分类法和 API 使用分类法,而且它们已被国际标准化组织(ISO)确认。

1. 黏度分类法

目前,我国润滑油的黏度分类,已采用国际上广泛使用的美国汽车工程师学会的 SAE 黏度分类法。SAE 黏度分类法把机油分成十个黏度级别,见表9-1。

SAE 黏度分类　　　　　　　　　　　　　　　　　表 9-1

| SAE 黏度等级 | 100℃运动黏度（mm²/s） | |
| --- | --- | --- |
| | 最　　小 | 最　　大 |
| 0W | 3.8 | — |
| 5W | 3.8 | — |
| 10W | 4.1 | — |
| 15W | 5.6 | — |
| 20W | 5.6 | — |
| 25W | 9.3 | — |
| 20 | 5.6 | 低于 9.3 |
| 30 | 9.3 | 低于 12.5 |
| 40 | 12.5 | 低于 16.3 |
| 50 | — | 低于 21.0 |

注：带 W 级号为冬季用油，其他为夏季用油。

2．质量等级分类法

国际上，机油质量分级多数国家都采用美国的 API 质量分级方法，该方法是美国汽车工程学会（SAE）、石油学会（API）和材料试验学会（ASIM）共同研究制定的，见表 9-2。

API 质量分级法　　　　　　　　　　　　　　　　表 9-2

| API 分类 | | 质　　量　　水　　平 |
| --- | --- | --- |
| 汽油机 | SA | 供非常缓和条件下运转的发动机用，为直馏矿物油，不加添加剂 |
| | SB | 供在中等程度条件下运转的发动机使用，加有少量添加剂，具有抗擦伤、抗氧化及防止轴瓦腐蚀的性能 |
| | SC | 没有 PCV 装置的轿车、货车汽油发动机用，具有防止高、低温油泥及防锈抗腐性能 |
| | SD | 有 PCV 装置的轿车、货车汽油发动机用，具有防止高、低温油泥及防腐抗磨等性能 |
| | SE | 轿车、货车汽油发动机用，具有防止高、低温油泥及防锈抗磨等性能，高于 SC、SD 级油 |
| 柴油机 | CA | 使用低硫燃料的在轻中负荷下运转的柴油机用，具有防止高温沉积物的产生及防止轴瓦腐蚀的性能 |
| | CB | 使用高硫燃料的轻中负荷下运转的柴油机用，具有防止高温油泥的产生及防止轴瓦腐蚀的性能。缓和条件下的汽油机也可用 |
| | CC | 有增压器的高负荷柴油机用，在苛刻条件下运转的汽油机也可使用，具有防止高温沉积、防锈、防腐蚀及防止汽油机低温油泥产生的性能 |
| | CD | 有增压器的高速大功率在苛刻条件下运转的柴油机使用，要求具有在上述条件下防止高温沉积、防锈、防腐蚀性能，而且性能高于 CB、CC 级油 |

我国的润滑油分类法参照采用 ISO 分类方法。GB/T 7631.3—1995 规定，按润滑油的性能和使用场合分为：

（1）汽油机润滑油：SC、SD、SE、SF、SG、SH 等 6 个级别。

（2）柴油机润滑油：CC、CD、CD-Ⅱ、CE、CF-4 等 5 个级别。

（3）二冲程汽油机润滑油：ERA、ERB、ERC 和 ERD 等 4 个级别。

### 三、润滑油的选用

1. 根据汽车发动机的强化程度选用合适的润滑油使用级

汽油机的强化程度往往与生产年份有关。后生产的汽车比早年生产的汽车强化程度高，应选用使用级较高的润滑油。

柴油机的强化程度用强化系数 $K$ 表示。强化系数按下式计算：

$$K = p_{mE} c_m \tau$$

式中，$p_{mE}$ 为平均有效压力（MPa）；$c_m$ 为活塞平均速度（m/s）；$\tau$ 为冲程系数（四冲程 $\tau=0.5$，二冲程 $\tau=1$）。

$K \leq 50$ 时，选用 CC 级润滑油；$K > 50$ 时，应选用 CD 级润滑油。

2. 根据地区的季节气温选用适当黏度等级的润滑油

按当地的环境温度选用润滑油时，可参考图 9-8。

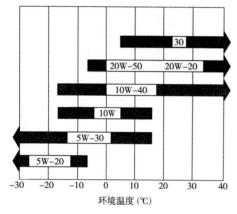

图 9-8　按当地环境温度选择润滑油

## 第三节　润滑系主要总成

### 一、机油泵

机油泵的作用是将一定压力和足够数量的润滑油压送到各摩擦表面，并保证润滑油在系统内的正常循环流动。

机油泵根据结构形式的不同分为齿轮式机油泵和转子式机油泵两种。齿轮式机油泵又分为外啮合式机油泵和内啮合式机油泵两种，一般将前者称为齿轮式机油泵。

应当注意：

（1）机油泵的出油量与它的尺寸、转速及润滑系的阻力有关，出油量是用油量的几倍以上，所以限压阀一直溢油。当发动机磨损增大，回油量减小。当回油停止时，发动机就接近大修了。

（2）出油压力的大小，随发动机转速、机油黏度、润滑油路的阻力及配合间隙的变化而变化，出油压力和出油量成反比。

1. 齿轮式机油泵

1）外啮合齿轮式机油泵

图 9-9 所示为典型的外啮合齿轮式机油泵。机油泵由曲轴通过齿轮或链条驱动，它由泵壳、泵盖、主动齿轮、从动齿轮、主动轴、从动轴和限压阀等组成。主动齿轮轴安装在泵体的轴孔内，上端通过销与机油泵传动齿轮相连，下端则用半圆键与主动齿轮固装在一起。从动齿轮轴固装在泵体上，从动齿轮松套在从动轴上。泵体上的进油口经进油管与集滤器相连，出油口与机体上的油道及机油滤清器连接。整个机油泵用螺栓固定在曲轴箱内一侧，并

淹没在润滑油中。机油泵齿轮与泵体内壁之间的间隙较小,以保证机油泵可靠工作。如果间隙过大,机油压力降低,泵油量减少。

在泵体与泵盖之间有衬垫,既可以防止漏油,又可以用来调整齿轮与泵盖之间的端面间隙。泵盖上安装有限压阀组件,限压阀一端与出油腔相通,另一端与进油腔相连。其作用是将主油道内的油压控制在额定范围内。当出油压力超过预设压力值时,油压克服限压弹簧的预紧力而顶开限压阀,部分润滑油流回进油腔,以达到泄油限压的目的。

外啮合齿轮式机油泵的结构简单,制造方便,工作可靠,所以应用广泛。但需中间传动机构,制造成本高。桑塔纳、捷达、奥迪均采用齿轮泵。

外啮合齿轮式机油泵的工作原理如图9-10所示。机油泵体内装有一对外啮合的齿轮,齿轮的端面由机油泵盖密封,齿轮和泵体之间留有极小的间隙,泵体、泵盖和齿轮的各个齿槽间组成多个工作腔,泵壳上有进出油孔。主动齿轮由曲轴前端齿轮或链条驱动。当发动机工作时,齿轮按图示方向旋转,进油腔由于轮齿逐渐脱离啮合而容积增大,使进油腔内产生一定的真空吸力,在真空吸力的作用下,润滑油经进油孔从油底壳被吸入进油腔,随后机油又被轮齿带到出油腔;在出油腔

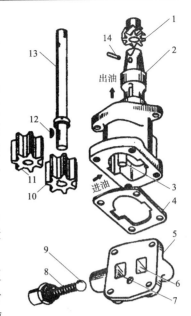

图9-9 齿轮式机油泵结构

1-机油泵传动齿轮;2-泵壳;3-从动轴;4-衬垫;5-泵盖;6-出油腔;7-进油腔;8-限压弹簧;9-限压阀;10-主动齿轮;11-从动齿轮;12-半圆键;13-主动轴;14-销

由于轮齿逐渐进入啮合,容积减小,机油被挤出,润滑油经出油口被不断地压入发动机的主油道中。机油泵不断工作,保证润滑油在油路中循环流动。

2)内啮合齿轮式机油泵

内啮合齿轮式机油泵的结构如图9-11所示。机油泵由泵体、泵盖、内齿轮、外齿圈、月牙形块和限压阀等组成。其内齿轮是主动齿轮,套在曲轴前端,由曲轴直接驱动,外齿圈是从动齿轮,安装在机油泵体内。泵体固定在曲轴的前端。

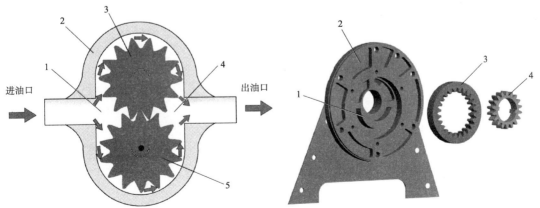

图9-10 齿轮式机油泵工作原理示意图
1-进油腔;2-机油泵体;3-主动齿轮;4-出油腔;5-从动齿轮

图9-11 内啮合齿轮机油泵结构
1-月牙形块;2-泵体;3-外齿圈;4-内齿轮

如图 9-12 所示，内啮合齿轮式机油泵的工作原理与外啮合齿轮式机油泵的工作原理基本相同。发动机工作时，曲轴带动内齿轮接箭头方向旋转，润滑油从进油口被吸入两齿轮的齿隙之间，随齿轮旋转被带到出油室；出油室容积随着内齿轮和外齿圈逐渐进入啮合而减小，出油室油压升高，机油被压入主油道。

内啮合齿轮式机油泵由曲轴直接驱动，不需中间传动机构，所以其零件数量少，制造成本低，占用空间小，传动效率高，故障少，使用范围较广。

2. 转子式机油泵

转子式机油泵结构如图 9-13 所示。主要由泵体、泵盖、内转子、外转子、传动轴和限压阀等组成。主动的内转子用半圆键固定在传动轴上，从动的外转子在泵体内可以自由转动，两者之间有一定的偏心距。内转子有四个凸齿，外转子有五个凹齿，当内转子旋转时，带动外转子一起旋转，无论内、外转子转到任何位置，内外转子每个齿的齿形轮廓总是点接触，两者间可形成四个相互独立的工作腔。

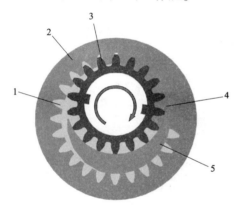
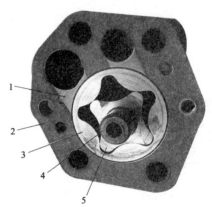

图 9-12 内啮合齿轮机油泵工作原理
1-进油腔；2-外齿圈；3-内齿轮；4-出油腔；
5-月牙形块

图 9-13 转子式机油泵
1-泵体；2-密封垫；3-外转子；4-传动轴；
5-内转子

转子式机油泵的工作原理如图 9-14 所示。发动机工作时，传动轴带动内、外转子同向

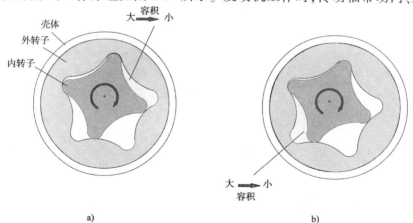

图 9-14 转子式机油泵工作原理
a) 进油过程；b) 压油过程

转动。由于内转子的转速比外转子的转速快(传动比为5:4),又由于偏心距的存在,所以转动时,内、外转子所形成的工作腔容积不断发生变化。当某一工作腔转到进油腔位置时[图9-14a)],工作腔容积由小变大,产生真空吸力,润滑油便从进油道被吸入;当该工作腔转到出油腔位置时[图9-14b)],工作腔容积由大变小,油压升高,润滑油经出油孔压出,如此循环不断完成吸油和压油过程。

转子泵结构紧凑、体积小、质量轻、吸油真空度高、泵油量大以及供油均匀度好,对安装位置无特殊要求,可布置曲轴箱外和位置较高的地方。

## 二、机油滤清器

机油滤清器的作用是滤除润滑油中的金属磨屑、机械杂质、胶质、水和润滑油中的氧化物,保持润滑油的清洁及良好的润滑性能,以延长发动机的使用寿命。

机油滤清器根据滤清效果和位置不同分为集滤器、滤清器。

1. 机油集滤器

机油集滤器装在机油泵进油口之前,一般采用金属滤网式,用来防止润滑油中较大颗粒进入机油泵。

2. 机油滤清器

如图9-15所示,机油滤清器的壳体用薄钢板冲压而成,内装带有金属骨架的纸制式滤芯,滤芯的下部装有旁通阀,一旦滤芯堵塞,机油便从旁通阀直接进入主油道。

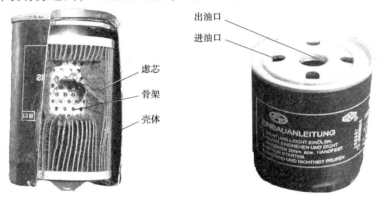

图9-15 机油滤清器组成

机油滤清器的工作原理如图9-16所示,机油泵泵出来的机油通过在缸体中的油道从机油滤清器上端数个分布在四周的小孔进入滤清器,机油经过滤芯过滤,过滤机油中的杂质,干净的机油进入滤清器的中部,从中央的出油口流出滤清器,通过缸体上的进油孔进入缸体主油道。

当滤芯堵塞时,进出油差变大,在油压的作用下,旁通阀打开,机油不经滤清直接进入主油道,防止主油道缺油,影响发动机正常工作,但此种情况下,机油不经滤清而直接进入摩擦副,发动机机件磨损严重。

## 三、机油散热器

在高转速、大功率发动机上,由于热负荷大,仅利用油底壳对机油散热不能对机油很好的冷却,因此必须装设专门的机油散热器。机油散热器的作用是利用机油散热器对润滑油进行强制性冷却,以保证润滑油在最佳温度(70～90℃)范围内工作。

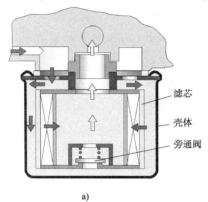 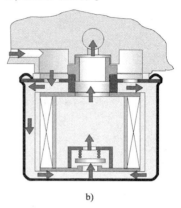

图 9-16　机油滤清器工作原理
a)正常滤清时；b)滤清器堵塞时

机油散热器分为风冷却式和水冷却式两种。风冷却式机油散热器的结构如图 9-17 所示,其基本结构和工作原理与水冷散热器相似。它为管片式结构,中间为芯管,管的周围分布有众多散热片,管、片大多采用导热性好的铜质材料或铝合金制成。机油散热器通常与主油道并联,布置在冷却液散热器的前面,利用汽车行驶时吹来的迎面气流以及风扇的强力抽吸作用,使管中的润滑油冷却。这种机油散热器散热能力强,多用于赛车及热负荷大的增压发动机上。但风冷式机油散热器在发动机起动后,需要很长的暖机时间才能使润滑油达到正常的工作温度。在气温低的季节或润滑油压力低时不使用机油散热器,故在机油散热器前面常串联有手动开关和限压阀。

水冷却式机油散热器的结构如图 9-18 所示。机油散热器与主油道串联,由于冷却液温度能自动控制,所以润滑油温度也能得到一定控制。它由散热器芯和壳体等组成。散热器芯由铜制的圆形或椭圆形管与散热片组成,与两端的进、出水腔相通。发动机工作时,润滑油经滤清器滤清后,直接进入机油散热器,冷却液在散热器芯管外流动,润滑油则在散热器芯管内流动(有的水冷却式散热器流动路线相反),两种流体在散热器内进行热交换,使高温润滑油得以冷却降温。散热器上装有旁通阀,当润滑油温度过低、黏度过大时,旁通阀打开,润滑油不经过冷却直接进入主油道,以保证发动机可靠工作。

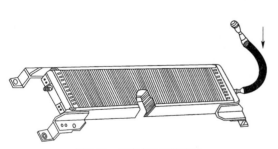 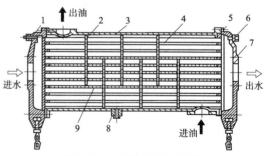

图 9-17　风冷式机油散热器

图 9-18　水冷却式机油散热器
1-前盖；2-隔板；3-壳体；4-散热器芯；5-水油密封垫；
6-放气塞；7-后盖；8-放油塞；9-散热片

本田 NSX 型轿车发动机采用的机油散热器如图 9-19 所示。机油散热器与机油滤清器支架安装在一起,并与主油道串联。利用发动机冷却系统的冷却液流经散热片间的缝隙,带走机油与散热片间交换的热量。从机油滤清器出来的机油,通过机油散热器冷却后再进入主油道。

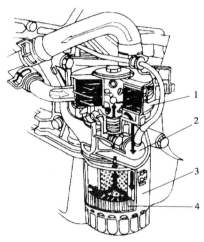

图 9-19　水冷式机油冷却器
1-机油冷却器;2-机油压力开关;3-机油滤清器;4-机油滤清器滤芯

水冷却式机油散热器外形尺寸小,布置方便,温度稳定,又不会使润滑油过度冷却,因此在轿车中得到广泛应用。

# 参 考 文 献

[1] 汽车工程手册编委会.汽车工程手册[M].北京:人民交通出版社,2001.
[2] 冯晋祥.汽车构造[M].北京:人民交通出版社,2007.
[3] 冯晋祥.专用汽车设计[M].北京:人民交通出版社,2007.
[4] 史文库.汽车构造[M].6版.北京:人民交通出版社,2013.
[5] 陈礼璠,杜爱民,陈明.汽车节能技术[M].北京:人民交通出版社,2005.
[6] 王林超.汽车发动机构造图册[M].北京:人民交通出版社,2010.
[7] 吴际璋,王林超.当代汽车电控系统结构原理与检修[M].2版.北京:人民交通出版社,2009.
[8] 陈德阳,衣丰艳.大众系列轿车发动机结构与检修图册[M].北京:人民交通出版社,2010.
[9] 陈德阳.汽车底盘结构图册[M].北京:人民交通出版社,2010.
[10] 陈德阳.汽车防滑控制/安全气囊图册[M].北京:人民交通出版社,2006.
[11] 陈德阳,王林超.自动变速器图册[M].北京:人民交通出版社,2007.
[12] 潘伟荣,刘越琪.汽车结构与拆装[M].2版.北京:人民交通出版社,2014.
[13] 邢艳云.汽车车身电控技术[M].北京:清华大学出版社,2014.
[14] 陈帮陆,龚文资.汽车发动机电控系统检修[M].北京:国防工业出版社,2012.4.
[15] 王耀斌.汽车维修工程[M].北京:北京理工大学出版社,2012.
[16] 王望予.汽车设计[M].北京:机械工业出版社,2011.
[17] 新版重型汽车维修手册.2013.
[18] 丰田凯美瑞维修手册.2007.
[19] 李朝晖.汽车新技术[M].重庆:重庆大学出版社,2012.
[20] 刘玉梅.汽车节能技术与原理[M].2版.北京:机械工业出版社,2011.